V&R

Gottfried Orth

Mach's wie Gott, werde Mensch

Jesus Christus heute

Religionsunterricht praktisch

Unterrichtsentwürfe und Arbeitshilfen
für die Sekundarstufe II

Herausgegeben von
Frauke Büchner, Michael Wermke, Birgit Zweigle

Vandenhoeck & Ruprecht

Bibliografische Information Der Deutschen Bibliothek

Die Deutsche Bibliothek verzeichnet diese Publikation in der Deutschen Nationalbibliografie;
detaillierte bibliografische Daten sind im Internet über <http://dnb.ddb.de> abrufbar.

ISBN 3-525-61417-9

Satz: Weckner Fotosatz GmbH I media+print, Göttingen
Druck und Bindung: Hubert & Co., Göttingen

Gedruckt auf alterungsbeständigem Papier.

Inhalt

A Theologisch-didaktischer Überblick 9

    Lernvoraussetzungen 9
    Konzeptionelle Überlegungen 9
    Thematische Struktur 10
    Didaktisch-methodische Überlegungen 11
    Zielperspektiven 12
    Unterrichtspraktische Hinweise 12
    Literatur 13

B Bausteine 15

I. Christus-Wahrnehmungen

    Theologische und didaktische Aspekte 15
    Intentionen 16
    Unterrichtsideen/Verlaufsplanung/Projektideen 16

    1. *Ein Ausgangspunkt: Mein Bild von Jesus* 16
    2. *Für wen halten die Leute Jesus?* 16
    3. *Jesus als Symbol in der Werbung* 17
    4. *Jesus Christ Superstar: Jesus Christus in der modernen Musik* 17
    5. *Vom Apotheker über den Kosmokrator zum Zuwanderer – Jesus Christus in der Kunst* 18
    6. *„Du bist auserwählt" – Jesus Christus im Film* 18
    7. *Immer – heute noch – ein Galiläer: Jesus Christus in der Literatur* 19
    8. *Den Christus-Wahrnehmungen eine Gestalt geben* 19

    Materialien 20
    Zwischenrede: Emmausjünger und Bilderverbot 24

II. Christologisch denken lernen

    Theologische und didaktische Aspekte 25
    Biographische Notizen 28
    Intentionen 30
    Unterrichtsideen/Verlaufsplanung/Projektideen 30

    1. *Der Ausgangspunkt: Karl Barths theologischer Neuansatz* 31
    2. *Das eigene Urteil: Paul Tillich* 31
    3. *Allein in Jesus ist Gott gegenwärtig: Dietrich Bonhoeffer* 32
    4. *An Jesus glauben: Gerhard Ebeling* 32
    5. *Weg der Befreiung: Helmut Gollwitzer* 33
    6. *Auf den Menschen kommt es an: Friedrich-Wilhelm Marquardt* 33
    7. *Ja zum glücklichen Leben für alle: Dorothee Sölle* 33
    8. *Jesus, Hoffnung der Armen – Jesus, der nichtpatriarchale Mann: Luise Schottroff* 34
    9. *Auferstehung – Wirklichkeit oder Mythologie: Die Kontroverse zwischen Barth, Bultmann und Marxsen* . 34
    10. *Die Faktizität der Auferstehung Jesu: Wolfhart Pannenberg* 35
    11. *Der gekreuzigte und auferstandene Mensch Jesus: Luise Schottroff* 35
    12. *Das Bekenntnis zum Auferstandenen: Hans Martin Barth* 35

    Materialien 36
    Zwischenrede: Jesus Christus im Kirchenjahr 59

III. Der historische Jesus und der Christus des Glaubens

Theologische und didaktische Aspekte 61
Intentionen 62
Unterrichtsideen/Verlaufsplanung/Projektideen 63

1. *Quellen über Jesus* 63
2. *Jesus von Nazareth* 63
3. *Jesu Tod* 63
4. *Jesu Auferstehung* 64
5. *Neutestamentliche Christusbilder* 64
6. *Von Jesus von Nazareth zum Christus der Kirche* 65

Materialien 66

IV. Christologische Entscheidungen

Theologische und didaktische Aspekte 76
Intentionen 81
Unterrichtsideen/Verlaufsplanung/Projektideen 81

1. *Der Ausgangspunkt: Neues Testament* 81
2. *Christologische Entscheidungen der Alten Kirche* 81
3. *Christologie Martin Luthers* 81
4. *Die Barmer Theologische Erklärung* 82

Materialien 83
Zwischenrede: Dekonstruktion – Rekonstruktion. Positionen feministischer Theologie 93

V. Christologie – interkulturell

Theologische und didaktische Aspekte 95
Intentionen 96
Unterrichtsideen/Verlaufsplanung/Projektideen 97

1. *Kreuzigungsdarstellungen aus Afrika, Asien und Lateinamerika* 97
2. *Afrikanische christologische Perspektiven* 97
3. *Asiatische christologische Perspektiven* 98
4. *Lateinamerikanische christologische Perspektiven* 99
5. *Vereinigung der Theologinnen und Theologen der Dritten Welt – eine christologische Perspektive* 100

Materialien 101

VI. Christologie – interreligiös

Theologische und didaktische Aspekte 116
Intentionen 118
Unterrichtsideen/Verlaufsplanung/Projektideen 118

1. *Jesus im Judentum* 118
2. *Jesus Christus im Islam* 119
3. *Jesus Christus im Buddhismus* 120

Materialien 122
Zwischenrede: „Jesus für Atheisten" 136

VII. Mach's wie Gott, werde Mensch!

Theologische und didaktische Aspekte 138
Intentionen 139
Unterrichtsideen/Verlaufsplanung/Projektideen 139

1. *Haben wir einen Gotteskomplex?* 139
2. *Taufe: Es geht um mich!* 140
3. *Abendmahl: Es geht um Gemeinschaft!* 140
4. *Jesus – der Mensch, wie er sein sollte: Phantasie und Gehorsam* 141

Materialien 141

C Lernerfolgsüberprüfungen 147

Klausur 147
Mündliche Abiturprüfung 148
Vorschlag für eine Facharbeit 149

Quellenverzeichnis 150

A Theologisch-didaktischer Überblick

Christologie thematisiert den Zusammenhang von Theologie und Anthropologie, von Gotteslehre und der Lehre vom Menschen: Wer Gott im christlichen Verständnis ist und wer der Mensch sein kann, zeigt sich an der Gestalt Jesu Christi, den die altkirchliche Dogmatik als wahren Gott und als wahren Menschen erkannt hat.

Der als Graffiti-Spruch entdeckte Titel „Mach's wie Gott, werde Mensch!" spricht genau diesen Zusammenhang von Gottesvorstellung und Menschenbild an, wie er Thema der hier vorgetragenen Überlegungen und der zusammengetragenen Materialien ist.

Lernvoraussetzungen

Der Titel des Kurses provoziert, lässt Fragen stellen, ohne sogleich eine Antwort auf die Frage nach Jesus Christus gleichsam „mitzuliefern". Er macht auch darauf aufmerksam, dass für die Frage der Schüler/innen nach sich selbst, nach dem Menschen und seinen Bildern die Frage nach Gott (und im Verständnis christlichen Glaubens damit nach Jesus) bedeutsam ist oder werden kann.

Weil christologische Fragestellungen die wenigsten Schülerinnen und Schüler (= Sch.) unmittelbar ansprechen, nimmt der Kurs seinen Ausgangspunkt in der Lebenswelt der Jugendlichen. Hier zeigt sich: Der vielfach beklagte „Traditionsabbruch" ist angemessen nur differenziert wahrzunehmen. Jesus-Bilder, Aspekte der Biographie und Gestalt Jesu, christologische Elemente unterschiedlichster Art begegnen in der bundesdeutschen Lebenswirklichkeit quasi auf „Schritt und Tritt". Es ist der kirchliche oder verkirchlichte Jesus, zu dem Sch. oftmals auf Distanz gehen; derjenige aber, der ihnen in Filmen oder Videoclips, in Popsongs oder Werbetexten, in Kunst und Literatur, im *Stern* oder *Focus* begegnet, wird wahrgenommen. Jesus Christus fasziniert nach wie vor als derjenige, nach dem sich Christinnen und Christen nennen, als allgemeine „religiöse Person" – umgeben von einer Aura aus Mythen und Wirklichkeiten, aus Gleichnis und Geschichte –, als Vorbild eines faszinierenden Menschen oder einfach nur als einer, der in verschiedenen Facetten immer wieder neu erscheint.

Diese Wahrnehmungen Jesu Christi in der Lebenswirklichkeit der Sch. bieten die große Chance, christologische Fragestellungen und Themen nicht von einem defizitären religionspädagogischen Ansatz her anzugehen, sondern von dem auszugehen, was Sch. erfahren und wahrnehmen. Hier gilt es, die Dinge zu klären: Was an den Bildern Jesu Christi, die in der Lebenswirklichkeit der Sch. begegnen, hat Anhalt am historischen Jesus oder am Christus des Glaubens? Wer ist es, der hinter diesen Bildern steht? Was wurde und wird von ihm gedacht? Warum fasziniert diese Gestalt immer wieder? Und hier besteht die Möglichkeit, die Menschen zu stärken: Welche Lebensmöglichkeiten eröffnet die Kenntnis des Lebens und der Lebensmöglichkeiten Jesu? Welche Hilfen bieten unterschiedliche Autorinnen und Autoren, die über Jesus Christus reflektieren, für das Nachdenken, den Glauben, Zweifel oder Unglauben, für das Leben der Sch.? Welche Chancen bieten christliche Gemeinschaftsformen, Gruppen, Gemeinden und Kirchen? Zwei religionspädagogische Aufgabenstellungen werden hier wichtig: Aufklärung und Seelsorge (D. Stoodt), die Sachen klären und die Menschen stärken (H. v. Hentig).

Konzeptionelle Überlegungen

Im Entdecken der verschiedenen Jesusbilder und im forschenden Nachdenken über Jesus Christus geht es „um Gottes Zusammensein mit dem Menschen. Wer Gott und was er in seiner Göttlichkeit ist, das erweist und offenbart er nicht im leeren Raum seines göttlichen Fürsichseins, sondern authentisch gerade darin, dass er als des Menschen (freilich schlechthin überlegener) Partner existiert, redet und handelt. Der das tut, ist der lebendige Gott. Und die Freiheit, in der er das tut, ist seine Göttlichkeit. Sie ist die Divinität, die als solche auch den Charakter von Humanität hat. ... Eben Gottes recht verstandene Göttlichkeit schließt ein: seine Menschlichkeit.

Woher wissen wir das? Von woher ist dieser Satz erlaubt und geboten? Er ist ein christologischer, vielmehr ein von der Christologie her begründeter und zu entfaltender Satz. ... Eben in Jesus Christus, wie er uns in der Heiligen Schrift bezeugt ist, haben wir es ja gewiss nicht abstrakt mit dem Menschen zu tun. ... Eben in ihm handelt es sich vielmehr um die Geschichte, um den Dialog, in welchem Gott und der Mensch zusammentreffen und zusammen sind, um die Wirklichkeit des von ihnen beiderseitig geschlossenen, gehaltenen und vollendeten Bundes. ...

Im Spiegel dieser Menschlichkeit Jesu Christi offenbart sich die in seiner Göttlichkeit eingeschlossene Menschlichkeit Gottes. So wie er ist Gott. So bejaht er den Menschen. So nimmt er Anteil an ihm. So setzt er sich selbst für ihn ein. ... Die Wahrheit Gottes ... ist mit Titus 3,4 zu reden: seine Menschenfreundlichkeit."

Mit diesen Sätzen Karl Barths ist der konzeptionelle Ausgangspunkt dieses Unterrichtsmaterials für die Sekundarstufe II umschrieben: Wenn von Jesus Christus die Rede ist, ist zugleich von Gott und vom Menschen die Rede, von Gott und von Menschlichkeit! Wer Gott im Verständnis christlichen Glaubens ist und wie Menschen leben können, zeigt „der exemplarische Mensch" Jesu Christus.

Thematische Struktur

Theologie ist – auch im Religionsunterricht – Entscheidungslehre. Deshalb führt der Weg theologischen Arbeitens von Wahrnehmungen in der Lebenswirklichkeit der Sch. (Baustein I) über den langen Klärungsprozess theologischer Reflexion – biblischer Kriterienbildung, des Kennenlernens dogmatischer Entscheidungen und der Wahrnehmung und des Bedenkens Jesu in anderen Kulturen, Religionen und Weltanschauungen – hin zu Lebens- und Handlungsmöglichkeiten der Sch. (Baustein VII). Welche Inhalte und damit auch welche Materialien im Hinblick auf diesen Klärungsprozess für die jeweilige Lerngruppe sinnvoll und wichtig werden, dies bedarf der didaktischen Entscheidung der Religionslehrerin und des Religionslehrers! Das hier zusammengestellte Material ist mein Vorschlag, der zur eigenständig begründeten Auswahl helfen und nötigen soll.

So beginnt der mit diesem Material vorgeschlagene Unterrichtsweg sehr offen; der Zugang zum Thema soll über die Lebenswelt der Sch. erfolgen: Neugier soll geweckt, Wahrnehmungen sollen ermöglicht werden. Ob in U-Bahnen oder auf Plakatwänden, ob in Kinos oder im Radio, ob in säkularen oder religiösen Räumen, ob in Museen oder in Fernsehspots – Jesus-Bilder begegnen in unserer Kultur nahezu überall (Baustein I).

Damit stellen sich freilich die Fragen, ob die jeweiligen Bilder der historischen Gestalt dieses Jesus angemessen sind und ob christliche Theologie als Wissenschaft, die über Jesus Christus und den Glauben an ihn nachdenkt, zur Klärung dieser Bilder einen Beitrag leisten kann. Sind es Phantombilder und/oder Projektionen oder transportieren sie in anderem Gewand spezifisch Christliches? Was hat es überhaupt auf sich mit diesem Jesus von Nazareth, den Christen und Christinnen als Christus, als wahren Gott und wahren Menschen glauben? Was bedeutet er den Sch. oder was könnte er ihnen bedeuten...?

Der angesprochene Klärungsprozess theologischer Reflexion in diesem Unterrichtsmaterial hat ein klares evangelisches und gerade deshalb ökumenisch offenes Profil: Er nimmt seinen Ausgangspunkt bei gegenwärtigen evangelisch-theologischen Positionen zur Christologie (Baustein II). Im Anschluss daran fragt er zurück nach den Aussagen des Neuen Testamentes zu Jesus Christus und sucht sie als Kriterium – als *norma normans* – aller theologischer Arbeit zu verstehen (Baustein III). Dabei lässt sich die Entdeckung machen, dass schon im Neuen Testament ganz unterschiedliche Christologien begegnen: Mit Phantasie und Kreativität aktualisieren die neutestamentlichen Autoren ihr Verständnis Jesu Christi jeweils für ihren spezifischen – kulturellen und religiösen – Kontext. Die bereits im Neuen Testament zu beobachtende Vielfalt macht auch die späteren vielfältigen Aktualisierungen und Kontextualisierungen von Jesusbildern einsehbar: Es gibt kein eindeutig fixierbares Bild von Jesus Christus!

Aber es gibt Stationen in der Geschichte des europäisch gewordenen Christentums, in denen Eindeutigkeit gesucht wurde und erforderlich schien: Stationen der Dogmengeschichte in der alten Kirche, in der Reformationszeit oder auch während der Zeit der Bekennenden Kirche. Die Wichtigkeit dieser Festlegungen ist jedoch nur die eine Seite dieser Entwicklung; immer bedeutete sie auch eine Einschränkung der Glaubens- und Denkmöglichkeiten, worauf feministische Dekonstruktionen dieser im Wesentlichen oder auch ausschließlich von Männern fixierten Eindeutigkeiten hinweisen (Baustein IV).

Wie wenig fixierbar das Bild von Jesus Christus ist, zeigen schließlich die beiden Kapitel „Christologie interkulturell" und „Christologie interreligiös" (Bausteine V und VI), in denen Materialien und Texte zur Wahrnehmung und Reflexion Jesu Christi aus uns fremden Kulturen und Religionen zusammengestellt sind. Interkulturelle und interreligiöse Lernmöglichkeiten werden hier eröffnet, die verdeutlichen: Theologie ist kein Monolog, sie wird dialogisch! Die Lebensfeindlichkeit einer Theologie, die sich selbst in ihrer Abgehobenheit zur Versuchung geworden ist, wird rückgebunden an Erfahrungen aus anderen Kontexten und so zum Bewusstsein ihrer eigenen Kontextualität gebracht. Wenn deutsche Theologie diese Herausforderung annimmt, wird sie prinzipiell ökumenisch: Theologie wird dann selbst als ein konziliarer Prozess verstanden, in dem auf die Wahrheit der jeweils anderen zu hören und die eigene Wahrheit dialogisch zu kommunizieren ist. Doch was im „großen" interkulturellen und interreligiösen Rahmen gilt, gilt dann auch für jedes theologische Gespräch „im Kleinen": Theologie wird zum gemeinsamen Lernprozess unterschiedlicher Männer und Frauen, Erwachsener, Jugendlicher und Kinder. Der Stil theologischen Arbeitens verändert sich: Ohne den jeweils eigenen Wahrheitsanspruch aufzugeben, wird das Gespräch gesucht über die Wahrheit, die größer ist als die jeweils eigene Erkenntnis der Wahrheit. Ein spannender Prozess! „Christologie interkulturell" wie „Christologie interreligiös" nötigt Religionslehrerinnen und Religionslehrer dazu, die Christologien ihrer Sch. in ganz neuer Weise ernst zu nehmen und in einen theologischen Diskurs einzubeziehen.

Dazu gehört dann wenigstens andeutungsweise zum Abschluss des Kurses der nun auch explizite Hinweis auf Lebensmöglichkeiten im Anschluss an christologische Lerninhalte (Baustein VII): „Mach's wie Gott, werde Mensch!" – Diese Einladung zielt auf einen Zugewinn an Hoffnung auf und Verwirklichung von glückendem Leben für den einzelnen Schüler und die einzelne Schülerin wie für alle Menschen.

An einzelne Bausteine schließen sich unterschiedliche „Zwischenreden" an, die entweder die Thematik des Kapitels nochmals von einer anderen Seite zu erschließen suchen (z.B. Baustein II), ergänzende Perspektiven anbieten (z.B. Baustein VI) oder die Thematik des Kapitels „gegen den Strich bürsten" (z.B. Baustein IV). Die „Zwischenreden" eröffnen die didaktisch-methodische Möglichkeit eines ergänzenden Zuganges zum jeweiligen Thema, um so zu möglichst vielen und kontroversen Herangehensweisen an christologische Themen und Fragestellungen anzuregen. Methodisch sind sie alle auch als Einzelthemen im Unterricht zu gestalten.

Didaktisch-methodische Überlegungen

Die vorgeschlagenen Unterrichtsmaterialien bieten unterschiedliche Möglichkeiten der Auseinandersetzung an, die allesamt auf den dialogischen Charakter evangelischen Religionsunterrichtes hinweisen: Sch. werden verschiedene „Dialogpartner und -partnerinnen" angeboten: neutestamentliche, zeitgenössisch-theologische, dogmengeschichtliche sowie solche aus fremden Kulturen und Religionen. Neben der Kenntnis der unterschiedlichen Positionen ist es der Auswahl wesentlicher didaktischer Zweck, dass sich die Sch. eine eigene Position in Übereinstimmung und Differenz zu den unterschiedlichen Materialien erarbeiten können. In Auseinandersetzung mit den verschiedenen christologischen Positionen sollen die Sch. ihre persönlichen Antworten auf die Frage nach der Bedeutung Jesu finden und begründen (!) können.

Der Schwerpunkt der vorgeschlagenen Unterrichtsmaterialien liegt dabei im Bereich vielfältiger Texte: wissenschaftlich-theologische finden sich neben dogmatischen oder biographischen Texten, dazu Lieder und Gedichte. Hinzu kommen Hinweise auf Filmmedien, Rock- und Popsongs, Videoclips, Kunstwerke und Bildmedien unterschiedlicher Art. Die Möglichkeiten des Internet, Texte, Videos oder Bilder zum Thema zu recherchieren, sollen ebenso für die Beschaffung von Unterrichtsmedien genutzt werden wie Erkundungen und Interviews im eigenen Lebensumfeld. Die Schwerpunktbildung hinsichtlich der Texte lässt sich leicht rechtfertigen: Religionsunterricht leistet einen bedeutsamen Beitrag zur Lesekompetenz wie vor allem zur hermeneutischen Kompetenz der Sch. Der Schwierigkeitsgrad der Texte ist dabei durchaus unterschiedlich. Es finden sich freilich auch eine Reihe wirklich schwer zu entschlüsselnder Texte, die von den Sch. zunächst eine eher kleinschrittige Gliederung und eine sorgfältige Nachzeichnung der Argumentation und Erkundung der verwendeten Begriffe verlangen. Im Kontext eines wissenschaftsorientierten gymnasialen Oberstufenunterrichtes im Fach Evangelische Religion sollte dies freilich ebenso selbstverständlich sein wie die Notwendigkeit, auch solche Texte zur Erarbeitung hinzuzuziehen, die Sch. nicht unmittelbar ansprechen: Das individuelle Interesse oder der persönliche Bezug eines Schülers oder einer Schülerin zu einem Text kann nicht das einzige Kriterium seiner Thematisierung sein; ebenso bedeutsam ist die sachlogische Notwendigkeit oder die historische oder auch wissenschaftsgeschichtliche Bedeutung, innerhalb derer bestimmte Positionen wahrzunehmen sind.

Mit der Lektüre und Erarbeitung der Texte und der anderen Materialien sind eine Reihe von Projekten und Präsentationen, Textzusammenfassungen und Kurzreferate verbunden. Diese sollen ebenso die Selbstpräsentation der Sch. einüben wie die didaktisch reflektierte und methodisch abwechslungsreiche Darstellung inhaltlich fremder Positionen mittels verschiedener, die Referate unterstützender Medien, wie beispielsweise power point, Lernposter, mind mapping oder Overheadfolien. Sämtliche Präsentationen dienen der Ausbildung und Förderung religiöser Reflexions-, Sprach- und Ausdrucksfähigkeit der Sch.

Der Einübung religiöser Sprach- und Ausdrucksfähigkeit dienen schließlich auch die in den didaktisch-methodischen Hinweisen zu den Materialien vielfach vorgeschlagenen Gruppenarbeiten der Sch. Hier sind die Sch. zunächst einmal untereinander gefordert, ihre theologischen Positionen und religiösen Urteile zu kommunizieren und sich verständlich zu machen, ehe die Gruppe insgesamt dann die Aufgabe hat, die Ergebnisse ihrer Arbeit vor der Klasse zu präsentieren.

Religiöse Sprach- und Ausdrucksfähigkeit der Sch. ist schließlich gerade auch im Gesamtzusammenhang der schulischen Fächer wichtig zu erlernen. Die hier angebotenen Unterrichtsmaterialien ermöglichen eine Reihe fächerübergreifender Bezüge:

- zum Fach Deutsch angesichts der literarischen und poetischen Texte,
- zum Fach Geschichte angesichts der dogmengeschichtlichen Entscheidungen der Kirche (Alte Kirche, Reformationszeit, Drittes Reich),
- zum Fach Kunst angesichts der Christusdarstellungen in der bildenden Kunst Europas wie der aus fremden Kulturen,
- zum Fach Musik angesichts des Einbezugs moderner musikalischen Materials,
- zum Fach Politik/Soziologie angesichts der vielfach angesprochenen Frage nach dem Menschenbild.

Zielperspektiven

Die Sch. sollen

- unterschiedliche christologische Positionen kennen lernen und in ihrer Argumentation wiedergeben können,
- ihre eigene Beziehung zu Jesus Christus und ihre eigene Christologie in Auseinandersetzung mit fremden Positionen formulieren und begründen (!) können,
- die verschiedenen Menschenbilder und Gottesvorstellungen, die mit unterschiedlichen christologischen Überlegungen verbunden sind, ausfindig machen, darstellen und für ihr eigenes Menschenbild reflexiv nutzen können.

Mit dieser ebenso umfassenden wie anspruchsvollen Zielperspektive, die voraussetzt, Sch. als religiös und theologisch produktive Subjekte ernst zu nehmen, sind unterschiedliche einzelne Ziele des Kurses verbunden, deren drei wichtigste ich nennen möchte.
Die Sch. sollen

- sich (auch) mit ihnen fremden theologischen Positionen auseinander setzen, ihre Argumentationsstruktur verstehen und präsentieren können,
- sprachfähig werden hinsichtlich ihres eigenen Glaubens, Zweifels oder Unglaubens,
- diskursfähig werden hinsichtlich christologischer Themen.

Unterrichtspraktische Hinweise

Die hier zusammengestellten Unterrichts-Materialien sind zu umfangreich, als dass sie alle in einem Kurs bearbeitet werden können. Dem Religionslehrer und der Religionslehrerin (= L.) obliegt die didaktische Entscheidung, welche der Materialien in ihrem Unterricht „jetzt dran" und für den Fortgang der Erarbeitung des Themas hilfreich und bedeutsam sind.

Den einzelnen Materialien zugeordnet sind jeweils Hinweise auf einführende Literatur zur Vorbereitung des L.; ebenfalls sind kurze didaktische und methodische Kommentare sowie Bearbeitungsfragen und -aufgaben zur Gestaltung der Unterrichtsgespräche beigegeben, die die Vorbereitung und Durchführung des Unterrichts erleichtern sollen.

Ich empfehle, dem vorliegenden didaktisch-methodischen Aufbau zu folgen, der seinen Ausgangspunkt bei Wahrnehmungen nimmt und seinen Endpunkt bei möglichen Praxisformen christlichen Lebens findet, und eher Ausschnitte aus dem jeweiligen Materialangebot anzustreben, als ganze Kapitel und damit Lernschritte auszulassen.

Leicht aber können aus den vorliegenden Materialien auch einzelne kürzere Unterrichtssequenzen zu speziellen Themen zusammengestellt werden:

■ Baustein III „Der historische Jesus und der Christus des Glaubens" kann als einziges Kapitel der Kursmaterialien für sich allein stehen: Es geht um die neutestamentlichen Grundlage des Verständnisses Jesu von Nazareth und der urchristlichen Christologien.

■ Mit den Materialien 10 bis 12 des Bausteins II kann die systematisch-theologische Diskussion um Kreuz und Auferstehung erarbeitet werden, wenn dazu die entsprechenden Materialien aus Baustein III hinzugezogen werden.

■ Baustein IV „Christologische Entscheidungen" kann als Einführung in dogmatische Konsensbildung in der Alten Kirche, der Reformation und der Bekennenden Kirche genutzt werden, wenn dazu Aspekte des neutestamentlichen Christuszeugnisses (Baustein III) ergänzend hinzugezogen werden.

■ Baustein I kann mit den Bausteinen III und VII gemeinsam bearbeitet werden, wenn die dogmatischen Aspekte des Themas eher ausgeblendet werden sollen: Die gesellschaftlichen und kulturellen Wahrnehmungen Jesu Christi können dann mit ihren neutestamentlichen Ursprüngen verglichen werden; davon ausgehend kann danach gefragt werden, was Christus heute für die Sch. praktisch bedeuten kann.

Literatur

L. Boff, Jesus Christus – der Befreier. Freiburg 1986.

R. Jost, E. Valtink (Hg.), Ihr aber, für wen haltet ihr mich? Auf dem Weg zu einer feministisch-befreiungstheologischen Revision von Christologie. Gütersloh 1996.

U. Kühn, Christologie. Göttingen 2003.

G. Orth, Theologie kompakt: Systematische Theologie. Stuttgart 2002.

J. Roloff, Jesus. München 2000.

P. Rosien, Mein Credo. Bd. 1 und 2. Oberursel 1999 und 2000.

L. Schottroff, W. Stegemann, Jesus von Nazareth. Hoffnung der Armen. Stuttgart 1990.

G. Theißen, A. Merz, Der historische Jesus. Göttingen 1997.

U. Wilkens, Auferstehung. Stuttgart 1970.

H. Zahrnt, Die Sache mit Gott. München 1970.

B Bausteine
I. Christus-Wahrnehmungen

Theologische und didaktische Aspekte

Theologie ist Entscheidungslehre, deshalb beginnt sie mit dem Gebrauch der Sinne: Wahrnehmung ist die erste theologische Aufgabe. Wo nichts wahrgenommen wird, kann nichts entschieden werden.

Kirchen und Theologien beklagen vielfach einen Traditionsabbruch. Elementare Kenntnisse christlichen Glaubens seien kaum noch präsent, christliche Traditionen kaum noch in Gebrauch. Gleichwohl wählen Weihnachtsausgaben großer deutscher Zeitschriften – 2002 z.B. *Der Spiegel* und *Stern*, 2003 z.B. *Geo* und *Focus* – dezidiert theologische Themen – Jesus, das Alte und Neue Testament, biblische Archäologie, Entmythologisierung – als Aufmacher auf dem Titelbild. Ein Interesse kann also vorausgesetzt werden, sonst würden die Zeitschriften, zentral auf ihre Auflagenhöhe angewiesen, solche Themen nicht wählen. Liegen hier also Versäumnisse von Kirchen und Theologien in Sachen christlicher und theologischer Alphabetisierung vor?! Schon vor Jahrzehnten sprach Oscar Cullmann davon, dass die kritische Theologie der Kirchen bestgehütetes Geheimnis ist.

Ein Beispiel: Nachdem Friedrich Schleiermacher im 19. Jahrhundert die Engel aus der Theologie verabschiedet hatte, waren sie bis auf die ausgeführte Angelologie in Karl Barths Kirchlicher Dogmatik kein oder bestenfalls ein absolut marginales theologisches Thema. Nachdem sie aber in der Öffentlichkeit – Werbung, Film, Literatur, etc. – munter überlebt und in den vergangenen zwei Jahrzehnten glanzvolle Comebacks gefeiert haben, werden sie auch in der Theologie wieder bedacht.[1]

Aus nahe liegenden Gründen ist Jesus Christus nie derart in das theologische Abseits geraten, wie es bei den Engeln angemessen erschien. Gleichwohl aber scheint es ein Vermittlungsdefizit theologischer Erkenntnis und theologischen Wissens sowie christlicher Glaubenslehre zu geben – wie sonst wäre die Rede vom Traditionsabbruch zu verstehen?

Derweil ist Jesus Christus wahrnehmbar in Werbung und Musik, Film und Literatur, Kunst und Öffentlichkeit. Jesus-Bilder, Christus-Bilder lassen sich überall wahrnehmen. Wie wird er dargestellt? Wofür wird er gebraucht? Wo sind sein Bild, sein Name wie eingesetzt? Wofür und wogegen steht er? Wie werden mit ihm und seinen Bildern Jeans verkauft, wie wird Werbung gemacht? Warum lässt er Rock- und Popkünstler/innen und moderne Literat/innen nicht los und begegnet in ihren Songs und Texten? Was sagen die Leute, wer Jesus sei, und was halten sie von ihm? Und schließlich: Welche Rolle spielt er in Biographien von Sch., was verbinden sie mit Jesus Christus?

Wahrnehmung ist das Thema dieses ersten Kapitels; es geht um nichts anderes als um Neugier, Entdecken-Wollen, aufmerksames Zur-Kenntnis-Nehmen (und dessen ansatzweise Reflexion). Was die theologischen Gelehrten, was die biblischen Traditionen, die dogmengeschichtlichen Entscheidungen, die Religionen und Kulturen zu Jesus sagen – das ist später in diesem Kurs Thema. Jetzt soll *wahrgenommen* werden! Eigenen und fremden Jesus-Bildern soll auf die Spur gekommen werden, Materialien werden gesammelt, die später im Kurs immer wieder herangezogen werden können.

---

1 Vgl. G. Begrich, Engel und Engelgeschichten in der Bibel. Stuttgart 2000; D. Heidtmann, Die Engel – Grenzgestalten Gottes. Neukirchen-Vluyn 1999.

Intentionen

Die Sch. sollen ihren eigenen gegenwärtigen Bildern von Jesus Christus auf die Spur kommen und sich deren Genese biographisch verdeutlichen.

Die Sch. sollen entdecken, für wen „die Leute" Jesus halten (vgl. Lk 9,18).

Die Sch. sollen Bilder (Texte) von (über) Jesus Christus in Werbung und Öffentlichkeit wahrnehmen, beschreiben, klassifizieren und interpretieren.

Die Sch. sollen Jesus Christus in literarischen Texten, moderner Musik und in der Kunst entdecken; sie sollen beschreiben, wie er dargestellt wird, und diese Darstellungen verstehen.

Die Sch. sollen wahrnehmen und interpretieren, wie Jesus Christus in modernen Filmen dargestellt wird.

Die Sch. sollen mit Hilfe der unterschiedlichen Medien jeweils beschreiben können, wie Jesus hier vorkommt und ihren Christus-Wahrnehmungen eine Gestalt geben unter der Überschrift aus Lk 9,18: Jesus fragt: „Für wen halten mich die Leute?"

Unterrichtsideen/Verlaufsplanung/Projektideen

Den ersten und den letzten Baustein dieses Kapitels sollen die Sch. gemeinsam in der gesamten Lerngruppe bearbeiten. Die Bausteine dazwischen können in arbeitsteiliger Gruppenarbeit erarbeitet werden.

1. Ein Ausgangspunkt: Mein Bild von Jesus Christus

Die Sch. beginnen mit einer Schreibwerkstatt, um ihrem gegenwärtigen Bild von Jesus Christus auf die Spur zu kommen.

Vorgegeben wird vom L. der Name „Jesus Christus". Nun werden die Sch. gebeten, dazu sich
- drei Substantive,
- drei Adjektive,
- drei Verben
- und eine Farbe

auszuwählen, die für sie zu dem Namen „Jesus Christus" passen. Mit Hilfe der ausgewählten Wörter sollen die Sch. ein Gedicht schreiben. In diesem Gedicht müssen alle ausgewählten Wörter vorkommen; es können dazu auch andere Wörter benutzt werden.

Die Sch. werden gebeten, – freiwillig (!) – Ergebnisse vorzutragen. Wenn dies zu schwierig ist, weil möglicherweise die Texte einigen Sch. sehr nahe sind,

können die Texte eingesammelt und anonymisiert als „Ausstellung" oder als „Gedichtbüchlein" den Sch. wieder zur Verfügung gestellt werden.

In einem zweiten Schritt geht es darum, dass sich die Sch. die Genese ihres gegenwärtigen Bildes von Jesus Christus verdeutlichen. Die Sch. erhalten dazu **M1**, um Erinnerungen – positive wie negative, wenn sie denn über solche verfügen – auf dem Schaubild einzutragen.

L.-Impulse

- Was für ein Bild von Jesus Christus wurde Ihnen wann/wie/in welcher Form vermittelt, etwa im Kontext von Taufe, Elternhaus, Kindergarten, Grundschule, Kindergottesdienst, Konfirmation, Kirchengemeinde, durch einen Kinobesuch, einen literarischen Text, einen Witz, ein Werbefoto…?
- Tragen Sie positive Erinnerungen zu dem jeweiligen Lebensjahr in der linken Hälfte des Schaubildes ein, negative entsprechend in der rechten Hälfte.

Ein Gespräch in kleinen Gruppen oder in der gesamten Lerngruppe kann sich anschließen. Es ist aber nicht notwendig; die Arbeitsblätter verbleiben in jedem Fall bei den Sch.

Wichtig an diesem ersten Baustein ist die Selbstvergewisserung der einzelnen Sch. über ihr momentanes Bild von Jesus Christus und seine biographische Herkunft. Denn damit beginnt jeder und jede diesen Kurs.

2. Für wen halten die Leute Jesus?

Die Sch. führen in ihrem Schulort eine kleine Befragung mit ca. 50 zufällig im Ort angetroffenen Passanten durch, um herauszufinden, für wen diese Menschen Jesus halten.

Die Arbeit dazu besteht *aus drei Teilen*:
- Zunächst müssen die Fragen formuliert werden: Was wollen die Sch. von den Leuten in der Befragung wissen? Es empfiehlt sich, keine geschlossenen Fragen zu stellen (höchstens zum Auftakt; die Antwort fällt leichter, oft ist dies dann ein *opener*) und insgesamt nicht mehr als fünf Fragen zu formulieren, da sonst die Passantenbefragungen zu lange dauern und die Auswertung zu aufwendig wird. (Beispiele für Fragen: Sagt Ihnen der Name Jesus Christus etwas? Was bedeutet Jesus Christus Ihnen? Glauben Sie an Jesus Christus? Hat Ihnen der Glaube oder ein Gedanke an Jesus Christus schon einmal irgendwie geholfen? Ist Jesus Christus Ihrem Leben hinderlich? Was denken Sie darüber, dass in der Bibel steht, Jesus Christus sei auferstanden?).

■ Sodann wird mit Kassettenrecordern die Befragung durchgeführt. Die Interviewerinnen und Interviewer stellen sich den Passanten kurz vor, begründen ihr Interesse an einem kurzen Interview, stellen die Fragen und bedanken sich für die Antworten.

■ In der Auswertung werden die Antworten nach Möglichkeit verschriftet, ähnliche Antworten zueinander sortiert, „Ausreißer" gesondert festgehalten; die Antworten ggf. nach Männern und Frauen getrennt ausgewertet. In einem kleinen Text wird über die Antworten und die Interviewerfahrungen so berichtet, dass möglichst viel O-Ton erhalten bleibt.

3. Jesus als Symbol in der Werbung

Literatur zur Vorbereitung

A. Mertin, H. Futterlieb, Werbung als Thema des Religionsunterrichtes. Göttingen 2001.

A. Geck, Consumo, ergo sum. Biblische Motive in kommerzieller Werbung. In: ZPT 2/00. S. 151–162.

Unterrichtsideen

www.glauben-und-kaufen.de ist eine Internetadresse, unter der Werbung mit religiösen Inhalten zu finden ist – eine wahre Fundgrube! Sch. finden hier Jesus als Werbesymbol. Wichtig erscheint mir jedoch, dass sie nicht nur aufgrund dieser Internetadresse Jesus Christus als Element der Werbung wahrnehmen, sondern auch sonst mit offenen Augen durch ihre Stadt oder ihr Dorf gehen und in der Werbung in Straßen- oder U-Bahnen, in Zeitschriften, im Fernsehen, im Kino, in Videoclips oder auf Plakatwänden Jesus Christus oder mit ihm verbundene Zeichen und Inhalte entdecken, registrieren und festhalten.

Allein mit dem unter dem Stichwort „Werbung" aufzufindenden Material könnte man mühelos eine Ausstellung über Christus-Bilder in der Gegenwart gestalten; erst einmal aufmerksam geworden nicht nur auf die Person Jesu Christi in der Werbung, sondern vor allem auch auf mit dieser Person und ihrer Geschichte verbundene Zeichen und Symbole, erscheint „Christophanie" allgegenwärtig ...

Zunächst sollen möglichst viele verschiedene Werbeträger mit den entsprechenden Inhalten gesammelt werden. In einem zweiten Schritt geht es darum, die fünf oder sieben am meisten kontrastierenden Werbungen auszuwählen, sie näher zu betrachten, ihre einzelnen Elemente wahrzunehmen, deren Zusammenstellung zu bedenken und nun insgesamt über die ausgewählten Werbematerialien nachzudenken. Welche Fragen könnten jetzt wichtig werden? – Die Sch. sollten eigene Fragen an das Material formulieren, deren Bedenken oder deren Beantwortung ihnen lohnend erscheint.

Mögliche *Bearbeitungsfragen* könnten sein:

■ Wer soll durch die Werbung angesprochen werden?

■ Was in mir soll vor allem angesprochen werden, mein Verstand, mein Gefühl, meine Spiritualität, mein Körper?

■ Zielt die Werbung auf meine Gegenwart? Sollen Erinnerungen geweckt und vergegenwärtigt werden? (Wenn ja: welche?)

■ Mit welchen Elementen unseres kollektiven kulturellen und/oder religiösen Gedächtnisses arbeitet die Werbung?

■ Warum werden religiöse Elemente in der Werbung ausgewählt, warum Christus?

■ Geht es überhaupt zuerst um Produktwerbung? Oder geht es eher zuerst um Beheimatung, zu der dann auch bestimmte Produkte und Accessoires gehören?

4. Jesus Christ Superstar: Jesus Christus in der modernen Musik

Literatur zur Vorbereitung

G. Buschmann/J. Dieter, „Jesus" Müller-Westernhagen ikonographisch. In: ZPT 2/00. S. 203–217.

A. Mertin, Videoclips im Religionsunterricht. Göttingen 1999.

R. Sistermann, Musikvideo – Ein neues Medium für den Religionsunterricht. In: ZPT 2/1998. S. 203–214.

R. Zwick, Christusfiguren im Musikvideo. In: Kunst und Kirche 57/1994. S. 163–169.

Unterrichtsideen

Das Musical von Lloyd Webber steht längst nicht mehr für sich allein. Jesus Christus wurde zwar nicht zum Superstar, aber zu einem überall begegnenden Gegenüber in der modernen Musik: Sein Name, Elemente seiner Biographie und Schlüsselworte seiner Verkündigung begegnen in vielen Songs und ihren Videos, von Madonna, Nirvana, Depeche Mode, R.E.M., Die Doofen, Müller-Westernhagen, Mark Knopfler und vielen anderen.

Hier bietet es sich zunächst an, die Sch. auf eine Entdeckungsreise in die Texte der Musik einzuladen, die sie sowieso hören:

■ Wo begegnen in den Liedern Jesus, Elemente seiner Biographie und Schlüsselworte seiner Verkündigung?

■ Wie erscheint Jesus in moderner Musik – eher als exemplarischer Mensch, als historischer Jesus oder als göttliche Person?

- Hat er für die Inhalte von Songs legitimierenden Charakter oder eröffnet seine Nennung oder die Erzählung von ihm neue Perspektiven auf Menschen und „Welt"?

Die Textauszüge können im Unterricht in einer Sprachcollage zusammengestellt werden. Daran anschließend könnte einer der Songs, in denen die Sch. entsprechende Textfragmente ausfindig gemacht haben, näher analysiert werden.

Bearbeitungsfragen

- Welche biblischen Bezüge lassen sich ausfindig machen?
- Welche Bezüge zur Tradition der Kirchen und des christlichen Glaubens lassen sich angeben?
- Wozu dient in dem Song der Bezug auf Jesus?

5. Vom Apotheker über den Kosmokrator zum Zuwanderer – Jesus Christus in der Kunst

Literatur zur Vorbereitung

G. Lange, Christus im Spiegel der Kunst – Einblicke in die Geschichte des Christusverständnisses anhand exemplarischer Bilder. In: Jahrbuch der Religionspädagogik. Bd. 15 (1999). Neukirchen-Vluyn 1999. S. 173–194.
N. Grubb (Hg.), Christliche Kunst vom 6.–20. Jahrhundert. Stuttgart 1997.
J. Pelikan, Jesus Christus. Erscheinungsbild und Wirkung in 2000 Jahren Kulturgeschichte. Zürich 1986.

Unterrichtsideen

In dem Aufsatz von G. Lange findet sich eine Zusammenstellung exemplarischer Jesusbilder durch die Kunstgeschichte. Mit Hilfe dieser Bilder kann sich leicht ein Überblick über die Geschichte der Jesusbilder verschafft werden; in den anderen genannten Titeln findet sich ebenfalls eine Fülle von Bildern Jesu Christi. Ein anderes Beispiel ist hier abgedruckt (**M2**): Nahezu einmalig ist das Bild „Jesus, der Apotheker", das in der evangelischen Kirche in Werder/Havel zu sehen ist.

Es lohnt sich dieses Bild ikonographisch zu beschreiben und zu interpretieren.

Bearbeitungsfragen

- Was ist alles auf dem Bild zu sehen (exakte Aufzählung der Gegenstände und Farben)?
- Was ist Thema des Bildes? Wie ist das Thema gestaltet? Wie das Bild aufgeteilt?
- Worin liegt die Bedeutung und Aussage des Bildes, seiner „Gegenstände" wie seiner Farbgebung?

6. „Du bist auserwählt" – Jesus Christus im Film

Literatur zur Vorbereitung

E. Gottwald, Mehr als nur Hollywood – Jesus im Spiegel massenmedialer Kommunikation. In: Jahrbuch der Religionspädagogik. Bd. 15 (1999). Neukirchen-Vluyn 1999. S. 195–206.
C. Urban, Jesustypen im Film: Gibt es den typischen Jesusfilm? In: ZNT 6 (3. Jg. 2000). S. 54-63.
M. Tiemann, Jesus comes from Hollywood. Religionspädagogisches Arbeiten mit Jesus-Filmen. Göttingen 2002 (mit laufend aktualisiertem Film-Verzeichnis: www.v-r.de/tiemann/hollywood.html.

Unterrichtsideen

Die Landesfilmbildstellen und die Medienzentralen der Kirchen verfügen über eine Fülle ganz unterschiedlicher Jesusfilme. Eine Filmnacht mit Jesusfilmen bietet sich an, um das breite Spektrum dieser Gestalt in den Filmen wahrzunehmen.

Für den Unterricht eignen sich dagegen eher als solche langen Spielfilme Kurzfilme; der dänische Kurzfilm „Ernst und das Licht" (12 min) ist hervorragend geeignet, eine Fülle von Diskussionen zur Wahrnehmung Jesu auszulösen! Diesen Film als audiovisuellen Text zu „lesen", kann den Sch. zeigen, dass die ursprüngliche Geschichte Jesu unabgeschlossen ist und sich in gegenwärtigen subjektiven Brechungen und Deutungen fortsetzt.

Bearbeitungsaufgaben/-fragen

- Teilen Sie den Film in einzelne Sequenzen ein und geben Sie diesen kurze prägnante Titel.
- Wo können Sie sich mit Ernst, wo mit dem Licht identifizieren?
- Wie erscheint Jesus in diesem Film?
- Was löst das Jesusbild dieses Films bei Ihnen an Gefühlen, Gedanken, Assoziationen aus?
- Wie würden Sie auf dieses Licht, diesen Jesus reagieren?

■ Halten Sie diese Jesusdarstellung für „Gotteslästerung"?

7. Immer – heute noch – ein Galiläer: Jesus Christus in der Literatur

Literatur zur Vorbereitung

U. Baltz-Otto, Poesie wie Brot. Religion und Literatur: Gegenseitige Herausforderung. München 1989.
K.-J. Kuschel, Jesus im Spiegel der Weltliteratur. Düsseldorf 1999.
Die digitale Bibliothek der deutschen Lyrik. Frankfurt 2003.

Unterrichtsideen

„Der Jesus der Literaten ist nicht eine Gestalt, die man schulterklopfend vereinnahmen kann, mit der man Arm in Arm durchs Leben kommt, die man schon verstanden hat, von der man somit genau weiß, wie sie einzuordnen ist. Der Jesus der Literaten ist im Gegenteil der Fremde, der Unheimliche, der Unverstehbare, der Geheimnishafte – und zugleich unser Bruder, unsere Identifikations- und Solidaritätsgestalt."[2]

Der genannte Band von Kuschel enthält eine Fülle literarischer Texte, die in ganz unterschiedlicher Weise Jesus Christus (mit) zum Thema haben; einige Gedichte mit christologischen Bezügen enthält der Band von Baltz-Otto. Die oben genannte digitale Lyrikbibliothek lässt sich auch stichwortartig erschließen und so finden sich auch dort eine Fülle von Gedichten, in denen Jesus Christus eine Rolle spielt.

Für die Bearbeitung aller dieser Texte kommt es zentral darauf an – und dies lässt sich an den beiden Beispielen in **M3** gut zeigen –, Distanz und Nähe der Gestalt Jesu Christi zu erarbeiten.

Bearbeitungsfragen

■ Wie ist der Text der beiden Gedichte aufgebaut?
■ Welche Assoziationen und Gefühle lösen die beiden Texte bei den Sch. aus?
■ Wie spiegelt sich in den Gedichten jeweils Distanz und Nähe Jesu bzw. Christi?
■ Wie „erfahren" die Sch. beim Lesen der Gedichte Jesus bzw. Christus?
■ Würden sie gern der Autorin bzw. dem Autor der Gedichte etwas mitteilen (Zustimmung, Einspruch usw.)?

8. Den Christus-Wahrnehmungen eine Gestalt geben

Die Sch. verfügen nun, am Ende der Wahrnehmungsphase, über eine Fülle von Materialien: eigene Gedichte, fremde Texte, Interviewausschnitte, Bilder unterschiedlicher Art und Herkunft. Mit diesen Materialien sind unterschiedliche Erfahrungen, Gedanken und analytische Überlegungen verknüpft. Es ist ein Ausschnitt aus der Präsenz Jesu Christi in unserer – nach wie vor – zentral vom Christentum geprägten Kultur.

Diese Wahrnehmungsübung abschließend können die Sch. den gesammelten Materialien unter der Überschrift „Jesus fragt: Für wen halten mich die Leute?" eine Gestalt geben. Sie können eine Ausstellung aufbauen mit kommentierenden Texten zu den Exponaten. Die Gestaltung einer Collage ist eine weitere Möglichkeit. Oder die Sch. können sich ein Buch ihrer Christus-Wahrnehmungen zusammenstellen, das sie später im Kurs immer wieder einmal hervorholen, um zu schauen, ob die vielen theologischen Überlegungen, die dann anstehen, in irgendeiner Form anschlussfähig sind an die in unserer Gesellschaft gegenwärtigen Bilder Jesu Christi oder ob dies zwei Welten sind, die unvermittelt und unvermittelbar einander gegenüberstehen.

---

2 K.-J. Kuschel, Jesus im Spiegel der Weltliteratur. Düsseldorf 1999. S. 16.

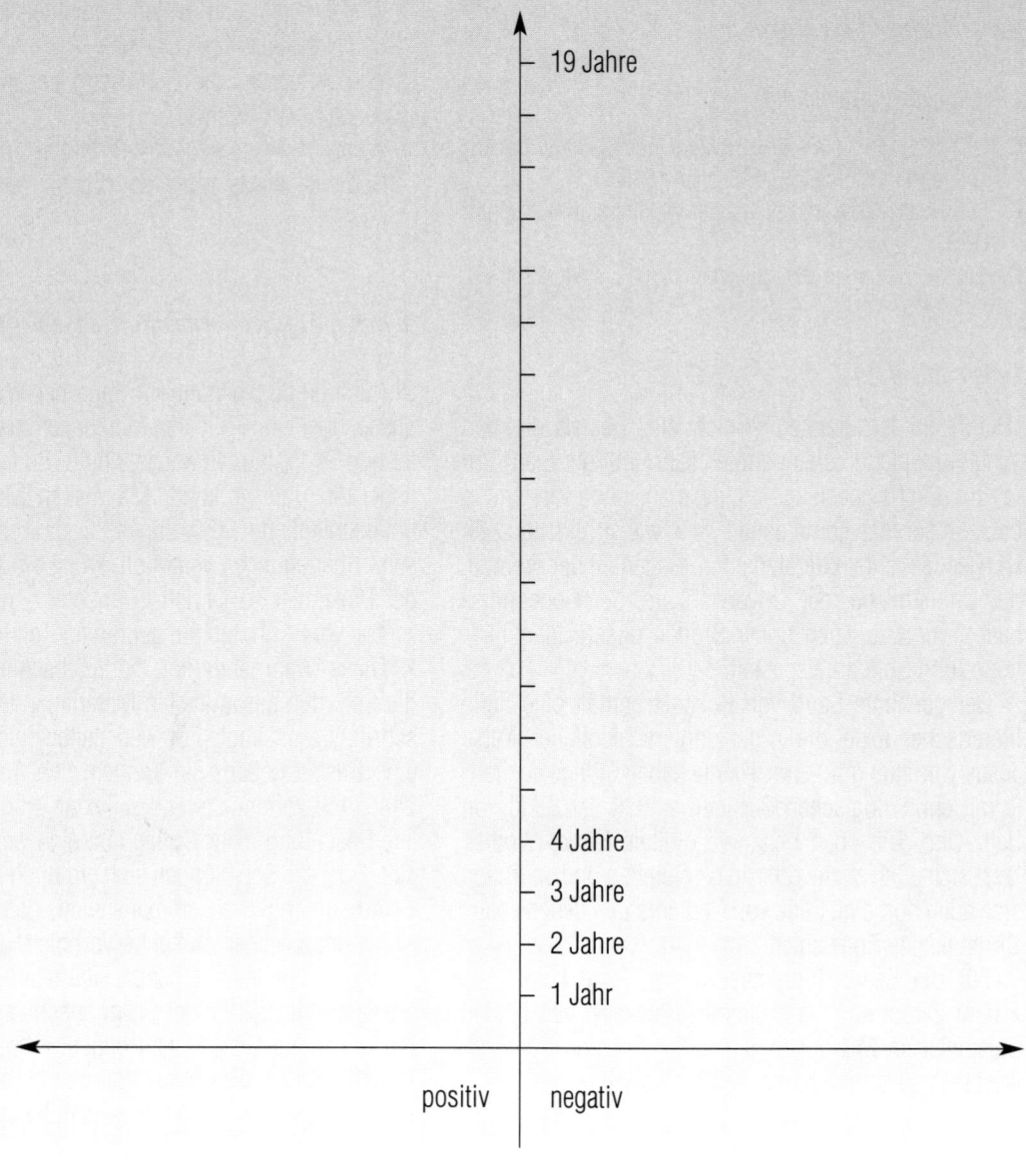

© Annedore Klinksiek

Ich vergesse so viel
Das meiste
Nur einiges nicht

Nicht die englische Tänzerin
Mit den roten Schuhen
Nicht den brennenden Bergahorn
Vor der Eigernordwand

Auch nicht die Toten
Mit Kalk übergossen
Wie sie glänzten im Mondlicht

Zeit schöner Engel
Mit dem Kranz im Haar
Und der Pistole im Gürtel

Im Briefkasten liegt ein Zettel
Verlaß das Haus
Und ein anderer Jesus war bei dir

Jesus wer soll das sein?
Ein Galiläer
Ein armer Mann
Aufsässig
Eine Großmacht
Und eine Ohnmacht
Immer
Heute noch.

Marie Luise Kaschnitz 1972

Choral

O Herre Christ, erbarm!
Ich bin voll Stimmen.
Von guten Stimmen voll
doch voller noch von schlimmen.

O Gotteslamm, zur Hilf!
Ich glaub, die schlimmen
tun eben grad
die guten überstimmen!

O Gott, du Schaf, zu spät!
Nur eine Stimme
spricht fürder noch aus mir:
Die stolze.

Robert Gernhardt 2000

Bilderverbot

Du sollst dir kein **Gottesbild** machen
und keine **Darstellung** von irgendetwas
am **Himmel** droben,
auf der **Erde** unten
oder im **Wasser** unter der Erde.

Ex 20,4

Zwischenrede: Emmausjünger und Bilderverbot

Werbung und Kunst liefern uns Bilder von Jesus Christus, Texte unterschiedlichster Art entwerfen Bilder von Jesus Christus, wir selbst haben solche Bilder im Kopf, vielleicht auch emotional tief verankert im Herzen.

Auch die Jünger hatten solche Bilder im Kopf und in ihrem Herzen. Nach Jesu Kreuzigung gehen zwei von ihnen weg aus Jerusalem zurück in ihr Dorf, nach Emmaus. Ein dritter Mann gesellt sich zu ihnen, sie gehen zusammen und unterhalten sich darüber, was in Jerusalem geschehen war. Sie kommen an, zu Hause in Emmaus. Die Jünger laden den Fremden ins Haus. Sie bitten ihn zu Tisch. Als dieser das Brot bricht, erkennen sie: Das ist Jesus Christus. Aber in diesem Moment ist er ihnen entschwunden.[3]

Diese Auferstehungsgeschichte lässt sich auch als eine narrative Fassung des alttestamentlichen Bilderverbotes lesen.

Gegenwärtigkeit und Abbruch von Tradition sowie die Schwierigkeiten einer – ungewollten – Übereinstimmung mit Tradition verdeutlicht eine kleine Notiz in der Novelle „Der fremde Freund. Drachenblut" von Christoph Hein, die ich hier wiedergebe auch als Anregung, Religion in Literatur wahrzunehmen: Claudia hat zunächst keine Antwort auf die Frage, warum sie nur Landschaften fotografiert, und denkt darüber nach: „Ich glaube, das Fotografieren von Menschen ist für mich ein indiskreter Eingriff in fremdes Leben. Die Vorstellung, ich könnte jemanden auf einem Bild festbannen, ist ohnehin unsinnig. Irgendwo habe ich gelesen, dass es Naturvölker gibt, die es aus religiösen Gründen ablehnen, sich fotografieren zu lassen. (Ich erinnere mich daran, weil es mich verwirrte, eine Haltung von mir mit einer religiösen Motivation wiederzufinden. Ich war verwundert, weil ich bereits bei einigen Religionen eigene Haltungen entdeckt hatte. Dabei spielen Glaubensdinge und Transzendenz bei mir nie eine Rolle. Es gab für mich nie einen Anlass, mich dazu zu verhalten oder auch nur darüber nachzudenken. Als Kind beschäftigte es mich einige Zeit. Später nicht mehr.)"[4]

Unterrichtsidee

Das Bilderverbot in **M4** wie die Emmausgeschichte laden ein zu einer kritischen Reflexion der Bilder Jesu Christi, die in diesem Kapitel Gegenstand von Wahrnehmung, Interpretation und kritischer Reflexion waren. Wie hängt beides miteinander zusammen?

Bearbeitungsfragen

- Worauf bezieht sich das Bilderverbot?
- Was meint das Bilderverbot, wenn wir doch ohne Bilder nicht auskommen?
- Welche kritische Schranke richtet das Bilderverbot auf gegenüber allem, was über, auf und unter der Erde ist?

Diskussionsfrage

- Worin liegt die kritische Potenz des Bilderverbotes gegenüber allen in Bildern gefassten oder in Texten festgeschriebenen Menschen- und Gottesbildern sowie Christus-Wahrnehmungen?

---

3 Vgl. Lukas 24,13-35.
4 Frankfurt 2002. S. 87.

II. Christologisch denken lernen

Theologische und didaktische Aspekte

Einführend sind zunächst zwei Einschränkungen zu formulieren: Die hier zur Sprache kommenden theologischen Texte beschränken sich auf Autorinnen und Autoren des 20. Jahrhunderts und sie beschränken sich auf Texte ausschließlich aus dem Raum der evangelischen Theologie.

Bei aller angestrebten Vielfalt ist auch die Auswahl unter dem ersten Gesichtspunkt subjektiv; eine textorientierte Wissenschaftsgeschichte der christologischen Debatte im vergangenen Jahrhundert strebe ich weder an noch halte ich sie in dem hier gegebenen didaktischen Rahmen für sinnvoll. Es geht um eine – meine – Auswahl einander ergänzender wie einander widersprechender Positionen, deren Differenz und Übereinstimmung ich für den Religionsunterricht in der gymnasialen Oberstufe für bedeutsam halte. Neben der Kenntnis dieser Texte ist es der Auswahl wesentlicher didaktischer Zweck, dass die Sch. die thematische und methodische Vielfalt christologischen Denkens im 20. Jahrhundert kennen lernen und in Übereinstimmung und Differenz zu den unterschiedlichen Materialien sich eine eigene Position erarbeiten können. In Auseinandersetzung mit den unterschiedlichen christologischen Positionen sollen die Sch. ihre persönlichen Antworten auf die Frage nach der Bedeutung Jesu finden und begründen können.

Die zweite Einschränkung, die konfessionelle Begrenzung, hat eine doppelte Begründung: Zum einen sollte die (eh schon zu) große Textfülle nicht weiter ausgedehnt werden, zum anderen ist mit Ulrich Kühn festzuhalten, dass in „der gegenwärtigen theologisch-christologischen Gesprächssituation eine spezifische Differenz zwischen evangelischen und katholischen Entwürfen kaum zu entdecken" ist.[5] Wenn dem aber zugestimmt werden kann, so gibt es keinen sinnvollen Grund dafür, sich im evangelischen Religionsunterricht nicht zunächst auch auf evangelische Positionen in

ihrer Vielfalt zu beschränken, zumal in dem Abschnitt „Christologie – interkulturell" auch konfessionell anders geprägte Stimmen zum Zuge kommen, ohne dass freilich aufgrund von deren Konfessionalität das Urteil Kühns zu revidieren wäre.

Schließlich sei einführend auf eine weitere Schwierigkeit aufmerksam gemacht, die in der Frage liegt, wie denn die hier vorzustellenden Christus-Entwürfe zu gliedern seien. Unterschiedliche Gliederungsmöglichkeiten sind ja durchaus denkbar. Man könnte nach Themen gliedern: Inkarnationstheologische, kreuzestheologische, am historischen Jesus orientierte oder eher kerygmatische, männliche oder feministische Gesichtspunkte, Aspekte einer sich selbst als politische Theologie verstehenden gegenüber einer eher unpolitisch sich verstehenden Theologie (als ob es Letzteres gäbe) könnten die Gliederung der Texte bestimmen.

Aus pragmatischen Gründen, die durchaus didaktisch gerechtfertigt werden können, habe ich mich für eine Zweiteilung entschieden: In einem ersten Teil folgen die Texte schlicht der Chronologie der Lebensdaten ihrer Autorinnen und Autoren; die Texte hier könnten unter der allgemeinen Überschrift stehen: Wer ist und was bedeutet Jesus Christus für christlichen Glauben? Hierher gehören zunächst Textausschnitte von Karl Barth, Paul Tillich, Dietrich Bonhoeffer, Gerhard Ebeling, Helmut Gollwitzer, Friedrich-Wilhelm Marquardt, Dorothee Sölle und Luise Schottroff. In einem zweiten Teil finden sich Texte, die thematisch zusammengestellt wurden; Leitmotiv ist hier die Frage nach Kreuz und Auferstehung Jesu; hierhin gehören Texte von Karl Barth, Rudolf Bultmann, Willy Marxsen, Wolfhart Pannenberg, Luise Schottroff und Hans-Martin Barth. In beiden Textgruppen finden sich manch gleiche Namen, was einerseits auf die Zusammengehörigkeit der Texte in diesem Kapitel hinweist und andererseits noch einmal auf die Pragmatik der Trennung. Beides ermöglicht denjenigen, die mit diesem Material arbeiten, auch durchaus andere Zuordnungen im konkreten Unterricht ihrer Klasse:

---

5 U. Kühn, Christologie. Göttingen 2003. S. 278.

Natürlich können die Texte der jeweils gleichen Autorinnen und Autoren auch gemeinsam bearbeitet werden, um deren besonderes Profil anderen Positionen gegenüber zu verdeutlichen. Die Zweiteilung bietet freilich auch an, sich nur auf eine der beiden Textgruppen zu beschränken oder aber eine völlig eigene Auswahl für die jeweilige Lerngruppe zusammenzustellen.

Der Neuansatz der Theologie im 20. Jahrhundert hat mit einer Zeitungsannonce zu tun: 93 Intellektuelle begrüßten Anfang August 1914 die Kriegspolitik Kaiser Wilhelms und den Beginn des später so genannten Ersten Weltkrieges. Karl Barth, der diese Zeitungsannonce las, entdeckte als deren Unterzeichner nahezu alle seine theologischen Lehrer. Das gab ihm zu denken: Wenn sich die Rede von Gott so leicht in Kanonenkugeln umwandeln lasse, müsse mit der Theologie etwas nicht stimmen. Infolgedessen distanzierte sich Barth von der so genannten liberalen Theologie, vom Kulturprotestantismus und insbesondere auch von dem bewusstseinstheologischen Ansatz *Schleiermachers* mit seiner spezifischen Christologie: Christus sei das Urbild der Frömmigkeit; Jesus habe über ein einzigartiges Gottesbewusstsein verfügt, in das er die Gläubigen aufnehmen könne; dies bedeute dann deren Erlösung.

Diesen bewusstseinstheologischen Entwurf des „Kirchenvaters des 19. Jahrhunderts" sprengte *Barth*, indem er zunächst Gott und Mensch als strenges Gegenüber dachte. Angesichts des fundamentalen Unterschieds zwischen Gott und Mensch erhält Christus (beim frühen Barth) seine besondere Aufgabe: „In der Auferstehung berührt die neue Welt des Heiligen Geistes die alte Welt des Fleisches. Aber sie berührt sie wie die Tangente einen Kreis, ohne sie zu berühren, und gerade indem sie sie nicht berührt, berührt sie sie als ihre Begrenzung, als neue Welt."[6] Der Christus der Auferstehung – nicht der historische Jesus, der als solcher lediglich ein Weltphänomen sei (hier distanziert sich Barth zugleich von der so genannten Leben-Jesu-Forschung und tendenziell von der historischen Kritik) – ist der Ort der Offenbarung Gottes. So von Jesus Christus zu denken und zu reden, bedeutet, ihn neu und erneut inkarnationstheologisch – in Aufnahme der altkirchlichen Bekenntnisse und der reformatorischen Theologie – als Kommen Gottes in die Welt zu verstehen, wodurch dann von der Auferstehung her das Leben Jesu wieder an Bedeutung gewinnt (entsprechend der Entstehungsgeschichte der Evangelien).

Der Christus der Auferstehung als Ort der Offenbarung Gottes – von diesem Grundentscheid ausgehend, entfaltet Barth seine gesamte „Kirchliche Dogmatik" konsequent als Christologie. Damit widerspricht er nicht zuletzt dem kulturprotestantischen Theologen Adolf von Harnack, der die historische Jesusforschung zur Grundlage seiner Kritik des altkirchlichen Dogmas machte und für den klar war: „Nicht der Sohn, sondern allein der Vater gehört in das Evangelium, wie es Jesus verkündigt hat, hinein."[7] In seiner folgenden theologischen Arbeit hat Barth die hier nur kurz skizzierten Grundgedanken seiner Christologie reformuliert und kontextuell (!) variiert, bis er – das strenge Gegenüber von Gott und Mensch festhaltend – von seiner Christologie her behaupten kann, dass Gottes recht verstandene Göttlichkeit seine Menschlichkeit einschließt.

Die ausgewählten Texte Barths verdeutlichen den christologischen Anspruch seiner gesamten Theologie. Von ihnen her lassen sich auch differente Menschenbilder erschließen, die mit Barths jeweiligen theologischen Positionen korrespondieren.

Diesen theologischen Neubeginn am Anfang des 20. Jahrhunderts konnte keine/r der folgenden Theologinnen oder Theologen, sei es in Anknüpfung, sei es im Widerspruch, übergehen.

Im letzten Drittel des 20. Jahrhunderts erfolgte ein neuer Aufbruch: die feministische Theologie. Sie durchforstet in einer groß angelegten Revision und zunächst gründlichen Dekonstruktion die gesamte – meist von Männern bestimmte und von solchen geschriebene – Kirchen-, Theologie- und Dogmengeschichte. Im Rahmen einer umfassenden Patriarchatskritik wurden auch „insofern alle Formen von Herrschaft und Unterdrückung, die sich als Folge der mit Universalitäts- und Exklusivitätsansprüchen verbundenen herkömmlichen Christologien ausmachen ließen, in den Blick genommen. ... So wurde (u.a., v.m.) gezeigt, wie die Lehre von der absoluten Einzigartigkeit Jesu auf der Ebene der Ekklesiologie zu einer Geschichte von Ausgrenzung und Unterwerfung geführt hat: zu kirchlichem Triumphalismus und Imperialismus, zu einer durchgängigen Tradition kirchlichen Antijudaismus, zur Abwertung anderer Religionen, Kulturen und Völker in Form von Rassismus und Kolonialismus und zu einer Geschichte des Sexismus als Form theologischer und praktischer Marginalisierung und Abwertung von Frauen."[8] Dabei

---

6 K. Barth, Der Römerbrief. 2. Aufl. München (1921/22) 1926. S. 6.
7 A. v. Harnack, Das Wesen des Christentums. Leipzig 1900. S. 91.
8 R. Jost, E. Valtink, Ihr aber, für wen haltet ihr mich? Auf dem Weg zu einer feministisch-befreiungstheologischen Revision von Christologie. In: Dies. (Hrsg.), Ihr aber, für wen haltet ihr mich? Auf dem Weg zu einer feministisch-befreiungstheologischen Revision von Christologie. Gütersloh 1996. S. 7.

wurde auch der sich der Systematisierung und dogmatischen Festschreibung widersetzende Charakter der neutestamentlichen Christologien entdeckt, die jeweils eigene, kontextuelle und zeitgebundene Antworten auf die Frage provozieren, wer denn dieser Jesus sei, eben Bekenntnisaussagen. So kann Dorothee Sölle formulieren: „Es ist nicht die Sprache der Herrschaft, auch nicht die Sprache von Dogmatikern und Philosophen, es ist die Sprache des Gotteslobes, der Gottesliebe und Freude über die Nähe Gottes, die der Messias Jesus erfahrbar macht."[9] Damit werden die Erfahrungsorientiertheit und Situationsgebundenheit christologischer Aussagen deutlich. Fragen nach Jesus Christus stellen sich stets in konkreten Situationen und auf Grund spezifischer Erfahrungen. Entsprechend gibt es Christologie nun nur noch im Plural. Die Vielfalt wie die Unabgeschlossenheit möglicher Redeweisen von Jesus Christus sind für die feministisch-theologische Arbeit selbstverständlich: „Antworten ohne Fragen erbringen Orthodoxie, – Fragen mit offenen Antworten helfen glauben, lieben und hoffen."[10]

Ein weiterer Grundzug feministischer Christologien wird hier deutlich: ihre Praxisorientierung. Konstitutiv ist die Verbindung von Bekenntnis und einer daraus resultierenden Praxis behutsamer Achtsamkeit wie friedensorientierter Gerechtigkeit. „Was oder wer für uns *Christusbedeutung* haben kann, wird sich zeigen an den zeitgenössischen Scheidewegen des religiösen/spirituellen Pluralismus, der globalen Bewegungen zur Befreiung von Unterdrückung, des feministischen Engagements für Gerechtigkeit, für Frauen, für alle, die unter Ungerechtigkeit leiden, und im Einsatz für eine gesunde und respektvolle Beziehung zur Erde und ihren unterschiedlichen Kreaturen. ... Wir erfahren *Christus* am intensivsten in unseren konkreten (sinnlichen und erotischen) Beziehungen zueinander, zu anderen Kreaturen und zur Erde."[11] Auch zu dieser und den in den Texten sich spiegelnden christologischen Positionen lässt sich überlegen, wie die Autorinnen Menschen, Männer und Frauen, sehen und verstehen, insbesondere wenn sie gegenwärtigen Menschen oder Bewegungen von Menschen „Christusbedeutung" zusprechen.

„Zwischen" den beiden theologischen und christologischen Aufbruchsbewegungen des 20. Jahrhunderts, in jeweils größerer oder geringerer Distanz dazu, sind die anderen Texte theologischer Autoren und Autorinnen dieses Kapitels zu verorten. Während K. Barth und die feministische Theologie[12] mit mehreren Texten vertreten sind, um wenigstens einen kleinen Eindruck ihres spezifischen christologischen Ansatzes zu verdeutlichen, erschließen sich die Texte der anderen Theologen jeweils thematisch.[13]

■ Die Texte von *Karl Barth* erläutern zum einen wesentliche Elemente seiner Christologie und seines Gottesbegriffes und verdeutlichen zum andern, dass Barth seine gesamte Theologie christologisch konzipiert.

■ *Paul Tillich* thematisiert den Zusammenhang von Jesus und Wahrheit und darin die altkirchliche Frage nach der Gottheit Jesu.

■ *Dietrich Bonhoeffer* redet von dem Menschen Jesus – Ecce homo! – und denkt darüber nach, wie in ihm Gott zur Welt kommt.

■ *Gerhard Ebeling* behauptet die Verbindung von Jesus und Glaube und verdeutlicht und begründet dies im Zusammenhang der Reich-Gottes-Botschaft Jesu und seines Rufes zur Nachfolge.

■ *Helmut Gollwitzer* erläutert in der spannenden Differenz von bekenntnisartigem Zeugnis und theologischer Reflexion, was Jesus in seinem Leben bedeutet, wie dies biographisch gewirkt hat und was ihm durch die Vermittlung der christlichen Überlieferung heute als theologischem Lehrer als das Wichtigste von Jesus Christus erscheint.

■ *Friedrich-Wilhelm Marquardt* denkt theologisch (nicht religionswissenschaftlich) im Dialog zwischen Christentum, Judentum und Islam darüber nach, dass sich das Christentum nicht zuerst im Verhältnis der Gläubigen zu Gott, sondern in ihrem Verhältnis zu den menschlichen Religionsstiftern von anderen Religionen unterscheidet, sofern es die Frage Bonhoeffers, wer Jesus Christus für uns heute ist, theologisch ernst nimmt.

■ *Dorothee Sölle* berichtet in einem ersten Text, warum sie sich nach einem Menschen nennt, der vor 2000 Jahren zu Tode gefoltert wurde und dennoch nicht umzubringen war, und wie sich diese Beziehung heute gestaltet (die Nähe zu Bonhoeffers Frage, bei der auch Marquardt ansetzt, ist unmittelbar deutlich) – auch hier zuerst eine erfahrungsorientierte biographische Darstellung. In einem weiteren Text begründet sie theologisch, warum sie Jesus für den glücklichsten Menschen hält, der je gelebt hat, und welche Phantasie für das Leben dieses Glück ermöglicht.

---

9 D. Sölle, zit. in C. Janssen, Christologie. In: C. Janssen, B. Joswig (Hrsg.), Erinnern und aufstehen – antworten auf Kreuzestheologien. S. 41-47, hier S. 45.
10 F.-W. Marquardt, Eine Christologie. Bd. 2: Das christliche Bekenntnis zu Jesus, dem Juden. München 1991. S. 32.
11 C. Heyward, Eine feministische Befreiungschristologie jenseits des „Jesus der Geschichte" und des „Christus des Glaubens". Eine methodische Untersuchung. In: R. Jost, E. Valtink (Hrsg.), aaO. S. 29-41, hier S. 40.
12 S. auch Kap. IV, S. 91f.
13 Zu dem gesonderten Abschnitt „Kreuz und Auferstehung" s.u.

■ *Luise Schottroff* stellt zwei Thesen auf und begründet sie: Jesus sei die Hoffnung der Armen und er sei ein nichtpatriarchaler Mann.

Weitere Texte sind dem Themenbereich Kreuz und Auferstehung gewidmet. Ich habe diese Texte deshalb gesondert aufgeführt, da hier eine zentrale und in besonderer Weise umstrittene christologische Thematik zur Sprache kommt:

■ Ist die Auferstehung das „Zentraldatum" christlichen Glaubens?
■ Wie gehören die Kreuzigung Jesu und die Auferstehung/Auferweckung Jesu zusammen?
■ Ist das Kreuz zuerst und grundlegend historisches Faktum oder Mythos oder Symbol?
■ Wie ist die Auferstehung/Auferweckung Jesu theologisch zu denken? Ist die Rede von der Auferstehung mythologische Rede, zu verstehen nur im Kontext des damaligen Weltverständnisses, oder ist von der Faktizität der Auferstehung auszugehen und diese festzuhalten?
■ Wie schließlich ist das Verhältnis von Jesus Christus und Gott zu denken, wenn Jesus Christus als „wahrer Gott" bekannt und als solcher am Kreuz hingerichtet wird? Das spezifische christliche Gottesverständnis steht hier zur Debatte.

In den Texten von *Karl Barth, Rudolf Bultmann* und *Willy Marxsen* geht es um die Frage der Bedeutung der Auferstehung Jesu, wie sie in der ersten Hälfte des 20. Jahrhunderts kontrovers diskutiert wurde und in ihren unterschiedlichen Varianten seitdem immer wieder auftaucht: War Jesus nach Kreuzigung, Tod und Begräbnis „als lebendiger Mensch aufs neue unter ihnen" (K. Barth), wie es die Evangelien berichten und Paulus es erfahren haben will, oder ist „Jesus ins Kerygma auferstanden" (R. Bultmann)? Bedeutet Auferstehung, dass die Sache Jesu weitergeht (W. Marxsen)? Ist die Rede von der Auferstehung mythologische Redeweise, die der Entmythologisierung und der existentialen Interpretation bedarf?

Wolfhart Pannenberg hat diese Fragen mit einem besonderen Akzent wiederum aufgenommen und historisch wie theologisch den Nachweis zu führen versucht, dass das leere Grab Jesu ein Faktum ist und dass von der Faktizität und Historizität der Auferstehung Jesu ausgegangen werden muss.

In sozialgeschichtlicher Perspektive geht es *Luise Schottroff* um den Weg zurück vor die Symbolisierungen des Kreuzes und hin zu der historischen Realität des gekreuzigten Menschen Jesus aus Galiläa. Dies hält sie deshalb für entscheidend, weil der christliche Glaube, wie sie sagt, um seine Substanz gebracht werde, wenn er sich in einen abgegrenzten religiösen Bereich zurückziehe oder zurückdrängen lasse.

Einen gegenüber den unterschiedliche Positionen integrativen Ansatz bietet schließlich der Text von *Hans Martin Barth:* Er versucht eine Zusammenschau unterschiedlicher neutestamentlicher Traditionen, unterschiedlicher Auslegungstraditionen wie differenter dogmatischer Positionen, die darin weiterführend ist, dass sie die Frage nach Kreuz und Auferstehung in den Kontext des vorösterlichen Jesus und des Bekenntnisses zum gegenwärtigen und wiederkommenden Jesus Christus stellt.

Didaktisch stellt sich mit jedem der Texte sowohl des ersten wie auch des der Frage nach Kreuz und Auferstehung gewidmeten zweiten Teils die Frage nach dem konkreten Schülerbezug der Texte; dazu finden sich Hinweise, wenn es jeweils um die Bearbeitung der einzelnen Texte geht. Eine prinzipielle Überlegung aber vorweg: So wichtig diese Frage ist, so künstlich erscheinen mir manchmal die Antwortversuche. Das individuelle Interesse oder der persönliche Bezug eines Schülers oder einer Schülerin zu einem Text kann nicht das einzige Kriterium seiner Thematisierung im Kontext eines wissenschaftsorientierten gymnasialen Oberstufenunterrichts im Fach Religion sein.

Biographische Notizen

Karl Barth, 1886–1968, „Kirchenvater des 20. Jahrhunderts". Nach dem Theologiestudium 1914 Bruch mit der liberalen Theologie, Eintritt in die Sozialdemokratische Partei der Schweiz, Neulektüre der Bibel. Bis 1921 der „rote Pfarrer" von Safenwil. 1919/1921 erste und zweite Auflage von „Der Römerbrief". Seit 1925 Professor für Dogmatik/Systematische Theologie. Mitarbeit in der Bekennenden Kirche während seiner Zeit als Professor in Bonn; währenddessen auch Eintritt in die SPD. 1935 Dienstentlassung wegen der Verweigerung des Eides auf Hitler. Seit 1935 Theologieprofessor in Basel. 1947ff. Beteiligung an der Gründung und Arbeit des Ökumenischen Rates der Kirchen. Hauptwerk: „Kirchliche Dogmatik" (insgesamt 12 Bände), in der er Theologie streng christologisch ausgerichtet – immer wieder neu auf den Anfang zurückgeworfen – formuliert.

Paul Tillich, 1886–1965. Nach Theologiestudium, Pfarramt und einer Zeit als Feldprediger im 1. Weltkrieg u.a. in Verdun, Professor zunächst für Systematische Theologie, dann für Religionswissenschaft und schließlich für Philosophie. Emigration und ab November 1933 verschiedene Professuren in den USA. Tillichs Theologie steht in enger Verbindung zu der des 19. Jahrhunderts; ihm geht es um die Vermittlung zwischen christlichem Glauben und wissenschaftlicher Kultur. Mit der Methode der Korrelation betreibt er eine „apologetische" oder „antwortende Theologie", die bei dem Menschen in der modernen Welt ansetzt, um die christliche Botschaft so zu formulieren, dass sie auch wirklich die Fragen dieses Menschen betrifft.

Dietrich Bonhoeffer, 1906–1945. Seit 1931 Mitarbeit in ökumenischen Organisationen und Gremien und damit verbunden seine Entscheidung für einen christlichen Pazifismus. 1933–1935 Auslandspfarramt in London. Danach Direktor des illegalen Predigerseminars der Bekennenden Kirche in Finkenwalde. Ab August 1939 Beteiligung am militärischen Widerstand gegen Hitler. 1943 Verhaftung, 1945 Ermordung im Konzentrationslager Flossenbürg. Die Erfahrung, „dass man erst in der vollen Diesseitigkeit des Lebens glauben lernt" verdeutlichen seine Briefe aus der Haft, veröffentlicht in „Widerstand und Ergebung", deren inspirierende Kraft in Zustimmung und Widerspruch die Theologie der 2. Hälfte des 20. Jahrhunderts prägte.

Gerhard Ebeling, 1912–2001. Ebelings Werk ist geprägt von Luthers Denken und seiner Mitarbeit in der Bekennenden Kirche während der Zeit der Nazidiktatur; so war Ebeling Teilnehmer an Bonhoeffers Vikarskursen im Predigerseminar in Finkenwalde. Hauptwirkungsstätte als Professor für Systematische Theologie (bzw. Hermeneutik und Fundamentaltheologie) war die Universität Zürich. Hier gründete er 1962 das Züricher Institut für Hermeneutik. Gemäß reformatorischen Prinzipien war seine Theologie stark auf „Wort und Glaube" ausgerichtet (so heißen seine vier Aufsatzbände). Gerade deshalb ging es ihm auch um die Lebenspraxis, in der sich Wort und Glaube bewähren.

Helmut Gollwitzer, 1908–1993. Er versteht sich als „Schüler Barths und Lehrling Luthers". Nach der Verhaftung Martin Niemöllers übernahm er in der Bekennenden Kirche dessen Pfarramt in Berlin-Dahlem. 1940 Redeverbot wegen seines Eintretens für die Juden. Sanitäter an der Ostfront und fünfjährige Gefangenschaft. Seit 1950 Professor für Evangelische Theologie in Bonn und Berlin. Politisches Engagement gegen die Wiederbewaffnung der Bundesrepublik in den 50er und für die Studentenbewegung in den 60er Jahren. Erneuerung des christlich-jüdischen Dialogs, Mitarbeit am christlich-marxistischen Dialog und in der ökumenischen Bewegung.

Friedrich-Wilhelm Marquardt, 1928–2002. Schüler von Barth und Gollwitzer, der Ende der 50er Jahre seine eigene Berufung nach Berlin von Marquardts Einsetzung als Studentenpfarrer (gegen den damaligen Bischof Dibelius) abhängig machte. Er gehörte 1961 zu den Gründern der Kirchentagsarbeitsgemeinschaft „Christen und Juden". 1963 Assistent bei Gollwitzer. 1967 Dissertation über Israel im Denken Karl Barths, dafür Auszeichnung mit der erstmals vergebenen Buber-Rosenzweig-Medaille. 1972 Habilitation mit einer Arbeit über „Theologie und Sozialismus" am Beispiel Karl Barths. 1976 Nachfolger Gollwitzers als Professor für Evangelische Theologie an der TU Berlin. Bis zu seinem Tod Arbeit an einer siebenbändigen Dogmatik, die „die Tradition gegen den Strich bürstet" (Pangritz).

Dorothee Sölle, 1929–2003. Studium der Philosophie, Philologie, Literaturwissenschaft und Theologie. Theologin und Schriftstellerin. Sie arbeitet als Lehrerin in Köln und als Dozentin in Aachen und Köln. 1968 Beginn des Politischen Nachtgebetes. 1971 Habilitation und anschließend Professuren in den USA. 1994 (!) Ehrenprofessur in Hamburg, nachdem ihr eine Professur an einer deutschen Universität zeitlebens verweigert wurde. In ihren theologischen und literarischen Schriften verbindet die bedeutendste deutsche feministische Theologin des 20. Jahrhunderts mythisch-narrative, religiös-konfessorische und argumentativ-reflektorische Sprachebenen. Sie will „erzählen und dichten", „bekennen und beten", „denken und reflektieren".

Luise Schottroff, geb. 1934. Studium der Theologie in Berlin, Bonn und Göttingen. 1969 Habilitation für das Fach Neues Testament. Professorin für Neues Testament in Mainz, seit 1986 in Kassel. Arbeitsschwerpunkte: Sozialgeschichte des frühen Christentums, Befreiungstheologie und feministische Theologie im Kontext der „ersten" Welt. Die profilierteste feministische Neutestamentlerin in Deutschland hat ein bewegendes Zeugnis ihrer Biographie unter dem Titel „Gelebte Theologie" veröffentlicht (L. Schottroff, Sucht mich bei meinen Kindern. München 1986. S. 69–87).

Rudolf Bultmann, 1884–1976. Seit 1921 Professor für Neues Testament in Marburg. Mit seinem Namen sind über die theologischen Fächergrenzen hinaus die Stichworte „Entmythologisierung" und „existentiale Interpretation" verbunden: Das in den biblischen Texten vorausgesetzte Weltbild sei für den modernen Menschen „erledigt". Doch die im Rahmen dieses Weltbildes formulierten Glaubensaussagen seien Auslegung der menschlichen Existenz. Deshalb seien die mythischen

Aussagen nicht zu eliminieren, sondern existential zu interpretieren. Hauptwerke: „Die Geschichte der synoptischen Tradition" (1921), „Jesus" (1926), „Theologie des Neuen Testaments" (1953).

Willy Marxsen, 1919–1993. Neutestamentler. 1945–1948 Theologiestudium. 1949–1953 Pastor an St. Aegidien in Lübeck. Habilitation für das Fach Neues Testament. Professor für Neues Testament in Bethel und Münster. Seine Beschäftigung galt in besonderem Maße dem Markus-Evangelium und der frühchristlichen Theologie. Die Habilitationsschrift zu Markus machte Marxsen zu einem der führenden Initiatoren der religionsgeschichtlichen Methode innerhalb der deutschsprachigen Exegese. Unter den bibeltheologischen Themen wandte er, ausgehend von der traditionsgeschichtlich orientierten Frage nach dem historischen Jesus, sein Augenmerk besonders der Auferstehungsthematik zu. Seiner großen internationalen Reputation stand auf Seiten konservativer Theologen häufig massive Kritik an seiner kritischen Exegese gegenüber. Er selbst sah seine historisch-kritische Auslegungsarbeit immer als Dienst an der kirchlichen Verkündigung.

Wolfhart Pannenberg, geb. 1928. Seit 1947 Studium der Philosophie und Theologie. Unter seinen Lehrern in der Philosophie waren Nicolai Hartmann, Karl Jaspers, Karl Loewith. Seine wichtigsten Lehrer in der Theologie waren Karl Barth, Gerhard v. Rad und Edmund Schlink. 1958–1961 Professor für Systematische Theologie an der Kirchlichen Hochschule in Wuppertal, ab 1961 Universität Mainz, von 1967 bis zu seiner Emeritierung 1994 lehrte er an der Evangelisch-Theologischen Fakultät der Universität München. Neben seiner Tätigkeit als Professor für Systematische Theologie gründete er ein ökumenisches Institut, dessen Aktivitäten sich in erster Linie dem Dialog mit der römisch-katholischen Theologie widmen. Im Bereich der Ökumene war Pannenberg von 1975–1990 Delegierter der Evangelischen Kirche in Deutschland bei der Kommission für Glauben und Kirchenverfassung.

Hans Martin Barth, geb. 1939. 1958–1963 Studium in Erlangen, Heidelberg, an der Facoltà Valdese di Teologia in Rom sowie an der Pontificia Universitas Gregoriana, Rom. Seit 1978 Professor für Systematische Theologie in Gießen und dann Marburg; hier Gründung der Forschungsstelle Ökumenische Theologie. Arbeitsgebiete: Theologische Anthropologie, Theologie Luthers, Ökumenische Theologie und Konfessionskunde (Römischer Katholizismus, Orthodoxie), interreligiöser Dialog.

Intentionen

Die Sch. sollen ausgewählte christologische Positionen und Themen der gegenwärtigen theologischen Diskussion kennen und verstehen lernen und über christologische Fragestellungen reflektiert und kritisch Auskunft geben können.

Die Sch. sollen die beiden Kontroversen hinsichtlich der Thematik „Kreuz und Auferstehung" zwischen Barth und Bultmann sowie Marxsen einerseits und den genannten und Pannenberg andererseits kennen und verstehen und in Auseinandersetzung mit dem Text von Luise Schottroff, die nochmals eine eigenständige Positionen dazu einnimmt, zu einem eigenen Urteil gelangen.

Die Sch. sollen die neuen und kritischen Fragestellungen und Perspektiven feministischer Christologien, die ja mittlerweile auch von Theologen positiv und eigenständig aufgenommen werden, kennen und verstehen lernen. Sie sollen beurteilen und begründet benennen können, inwieweit die hier deutlich werdenden theologischen Positionen und Optionen auch für sie selbst wichtig oder unwichtig sind.

Die Sch. sollen die Differenz zwischen Christus-Zeugnis und christologischer Reflexion (Texte von H. Gollwitzer und D. Sölle) wahrnehmen und verstehen können und angeben können, „was Jesus in ihrem Leben bedeutet".

Die Sch. sollen anhand der Materialien für sich selbst entdecken und klären, welche christologischen Fragen und Positionen ihnen wichtig sind. Mit Hilfe einiger selbst ausgewählter Überlegungen der Texte sollen sie zu eigenen christologisch reflektierten Aussagen gelangen hinsichtlich ihres Verständnisses von Jesus Christus, ihres Christus-Glaubens oder Nicht-Glaubens und begründet Auskunft geben können über die Bedeutung Jesu für sie selbst.

Unterrichtsideen/Verlaufsplanung/Projektideen

Die Texte können natürlich alle auch von der gesamten Lerngruppe oder in arbeitsgleichen Gruppenarbeiten gelesen und bearbeitet werden. Da dies aber in den seltensten Fällen möglich ist, schlage ich folgende didaktisch-methodische Alternativen vor:

Zunächst werden die beiden Neuansätze theologischer Arbeit (**M1** Karl Barth sowie **M7a**, **M7b** und **M8** Feministische Theologie, D. Sölle und L. Schottroff) in Arbeitsgruppen behandelt. So wird zum einen der theologische Neuansatz zu Beginn des 20. Jahrhunderts deutlich und zum anderen können kritische Fragen seitens der feministischen Theologie, die sich ja nicht nur von dieser aus stellen, formuliert werden. Schließlich wird in der Differenz von Barth einerseits und Sölle sowie Schottroff andererseits der große Spannungsbogen christologischer Entwürfe des 20. Jahrhunderts erkennbar.

Sollen sämtliche hier vorgeschlagenen Texte zur Bearbeitung kommen, werden in einem zweiten Schritt arbeitsteilig die Materialien **M2** bis **M6** gelesen, bearbeitet, der gesamten Lerngruppe präsentiert und von dieser diskutiert. Natürlich ist es auch möglich, sich in diesem zweiten Schritt auf eine geringere Auswahl von Texten zu beschränken. So wäre es z.B. durchaus sinnvoll, die eher biographischen und auf die eigene Frömmigkeit bezogenen Texte von Gollwitzer (**M5**) und Sölle (**M7a**) zu erarbeiten, zu vergleichen und daran anschließend den Sch. die Aufgabe zu stellen, zu notieren, was Jesus von Nazareth für sie jeweils bedeutet (s.u.).

Eine andere und nicht wenig reizvolle Variante könnte darin bestehen, dass sich die Schüler der Texte **M1** bis **M6**, die Schülerinnen der Texte **M7a**, **M7b** und **M8** annehmen, jeweils unter gemeinsamen Fragestellungen, die leicht aus den unten notierten Bearbeitungs- und Diskussionsfragen bzw. -aufgaben zusammenzustellen sind. Anschließend präsentieren sie ihre Ergebnisse der gesamten Lerngruppe. Die neuen Wege feministischer Theologien gegenüber männlichem Reden von Gott können so deutlich herausgearbeitet werden. Der Abschluss einer solchen Herangehensweise an die Materialien könnte darin bestehen, dass sich Schülerinnen und Schüler zunächst über die Gegensätze männlicher und feministischer Theologie verständigen und anschließend christologische Inhalte und Kriterien finden und besprechen, die ihnen gemeinsam wichtig und Sinn gebend erscheinen.

Die Texte **M9a** bis **M12** zu dem speziellen Thema „Kreuz und Auferstehung" können, da sie jeweils unterschiedliche Aspekte ansprechen, entweder in Auswahl oder aber in arbeitsteiligen Gruppen bearbeitet werden. Hinsichtlich einer möglichen Auswahl der Texte schlage ich vor, in jedem Fall **M11** (Luise Schottroff) und den unterschiedliche Aspekte zusammenfassenden Text von Hans-Martin Barth **M12** hinzuzuziehen. Werden die Texte in arbeitsteiligen Gruppen zum Thema gemacht, schlage ich vor, je eine Gruppe zu **M9a** und **M9b** (die Kontroverse zwischen Barth und Bultmann bzw. Marxsen), zu **M10** (Behauptung und Nachweis der Faktizität der Auferstehung Jesu durch Pannenberg), und zu **M11** (das sozialgeschichtlich feministische Verstehen des Kreuzes durch Schottroff) zu bilden; mit **M12** können dann unterschiedliche Aspekte zusammengetragen werden.

1. Der Ausgangspunkt: Karl Barths theologischer Neuansatz

Literatur zur Vorbereitung

E. Busch, Karl Barths Lebenslauf. München 1986.
U. Kühn, Christologie. Göttingen 2003. S. 258–264

Unterrichtsideen

Die Arbeit beginnt mit einer kurzen biographischen, zeit- und theologiegeschichtlichen Einführung zu K. Barth durch L. oder einen Sch.

Sodann werden in arbeitsgleichen Gruppen die Texte Barths in **M1** gelesen und erarbeitet.

Bearbeitungsfragen

- Wie bestimmt Barth Gott?
- Wie bestimmt Barth den Zusammenhang von Schöpfung, Bund und Gnade?
- Was bedeutet nach Barth Prädestination?
- Wie bestimmt Barth Jesus Christus? Wie bestimmt er Gottes Verhältnis zu Jesus Christus?
- Welches Bild vom Menschen lässt sich aus Barths Texten erschließen?

Diskussionsfragen

- Was ist Ihnen an Barths Überlegungen neu und wichtig? Was lehnen Sie ab?
- Barth vertritt in einem der Texte eine Allversöhnungslehre. Ist Ihnen dies einleuchtend oder glauben/argumentieren Sie eher an/mit einem doppelten Ausgang der Geschichte (ewiges Leben versus Hölle)? Wo sehen Sie Probleme einer Allversöhnungslehre?

2. Das eigene Urteil: Paul Tillich

Literatur zur Vorbereitung

W. Schüßler, Paul Tillich. München 1997.
U. Kühn, Christologie. Göttingen 2003. S. 269–272.

Unterrichtsideen

Die Arbeit beginnt mit einem kurzen Hinweis zur Kontextualisierung Tillichs. Der Text aus einer Rede Tillichs **M2** fordert gerade in christologischen Fragen das jeweils eigene persönliche Urteil – unabhängig von und selbstständig gegenüber den Lehren der Kirchen oder gar den Theologen oder Theologinnen. Damit bestätigt

Tillich einen Anspruch der Sch., eigenständig und wohl auch kirchenkritisch christologisch denken und entscheiden zu können. Eine Frage könnte sich anschließen: Warum ist dennoch christologische Lehre nötig (auch Tillich hat ja eine Christologie geschrieben und dies nicht nur, um ein persönliches Bekenntnis abzulegen...)?

Bearbeitungsfragen

■ Wie unterscheidet Tillich die Lehre Jesu, die kirchlichen und theologischen Lehren über Jesus und Jesus selbst?
■ Wie begründet Tillich die Notwendigkeit der Wahl für protestantische Christinnen und Christen?

Diskussionsfrage

■ Wie beurteilen Sie die von Tillich geforderte prinzipiell antiautoritäre Eigenständigkeit, in der evangelische Christinnen und Christen mit der Wahrheitsfrage konfrontiert sind? Glaubt dann jede und jeder, was er/sie will? Was ist Kriterium evangelischen Glaubens?

3. Allein in Jesus ist Gott gegenwärtig: Dietrich Bonhoeffer

Literatur zur Vorbereitung

S. Dramm, Dietrich Bonhoeffer: eine Einführung in sein Denken. Gütersloh 2001. Bes. S. 62–72.
R. Wind, Dem Rad in die Speichen fallen. Weinheim 1996.

Unterrichtsideen

Die Arbeit beginnt mit einer Einleitung zur Biographie Bonhoeffers und dem engen Zusammenhang zwischen seiner biographischen und theologischen Entwicklung. Der Text **M3a** und **M3b** enthält Bonhoeffers christologischen Ansatz im „Reinformat" (S. Dramm), wobei zu beachten ist, dass Bonhoeffers Theologie insgesamt christologisch geprägt ist, geht es ihm doch zentral um eine theologische Antwort auf die Frage, „wer Christus heute für uns eigentlich ist" (vgl. Widerstand und Ergebung. DBW Bd. 8. S. 402).

Bearbeitungsaufgaben/-fragen

■ Gliedern Sie den Text **M3a** in Einzelabschnitte und geben Sie diesen Überschriften.
■ Welches sind die zentralen Begriffe, mit denen Bonhoeffer Jesus in **M3a** und **M3b** beschreibt?
■ Wie denkt Bonhoeffer in **M3a** den Zusammenhang von Gott und Welt, Gott und Menschen? In welches Verhältnis setzt er diesen Zusammenhang zu Jesus Christus?
■ Wie denkt Bonhoeffer das Verhältnis von Gott, Mensch und Jesus in **M3b**?
■ Vergleichen Sie die beiden Texte miteinander und versuchen Sie in eigenen Worten Bonhoeffers Position wiederzugeben.
■ Warum „reicht" nicht *Jesus der Mensch?* Worin liegt das Geheimnis des „Gottmenschen"?

4. An Jesus glauben: Gerhard Ebeling

Literatur zur Vorbereitung

H. Zahrnt, Die Sache mit Gott. München 1970. S. 339ff. und 345ff.
U. Kühn, Christologie. Göttingen 2003. S. 54–57.

Unterrichtsideen

In seiner „Dogmatik des christlichen Glaubens" (Bd. 2, Tübingen 1979, S. 474f.) hält Ebeling fest, was auch für den hier in **M4** zu diskutierenden Text gilt: „Die Christologie steht und fällt damit, dass sie an Jesus selbst Anhalt hat. Würde es sich erweisen, dass ihm mit den christologischen Aussagen etwas angedichtet worden ist, was keinen Grund in ihm selbst hat, ... dann würde die Christologie zur Mythologie. ... In dem Falle eines Konflikts zwischen Jesus selbst und der Christologie gibt Jesus stets den Ausschlag. Die Christologie hat an ihm ihr Kriterium." In **M4** wird dieser „Anhalt an Jesus" an seinen Gleichnissen und an seiner Reich-Gottes-Botschaft verdeutlicht. Nach einem kurzen Hinweis auf wesentliche Lebensdaten Ebelings wird der Text erarbeitet und diskutiert.

Bearbeitungsfragen/-aufgaben

■ Was heißt „glauben"?
■ In welcher Weise gehören nach Ebeling Jesus und Glauben zusammen?
■ Was ist die Zentralbotschaft Jesu und wie kann ihr geglaubt werden?

- Was hat die Zentralbotschaft Jesu mit Ihnen zu tun? Wirkt sie eher ansteckend auf Sie oder lässt Sie diese unberührt?
- Versuchen Sie einige der Reich-Gottes-Gleichnisse, die Ebeling anspricht, in den Evangelien zu finden und besprechen Sie, was für Sie selbst ggf. das Besondere dieser Sprachform „Gleichnis" und ihres Inhaltes ist.
- Warum ist „an Jesus glauben" und „an Jesus als den Auferstandenen glauben" für Ebeling ein und dasselbe?

Diskussionsfragen

- Ist es (Ihnen) möglich, an Jesus zu glauben und zugleich seine Auferstehung als unwirklich, also als mythologisch anzusehen?

5. Weg der Befreiung: Helmut Gollwitzer

Literatur zur Vorbereitung

G. Orth, Zur Solidarität befreit. Helmut Gollwitzer. Mainz 1995.

Unterrichtsideen

Befreiung und Solidarität sind die Zentralworte, mit denen Gollwitzer seine 1975 erschienene Einführung in die Theologie kennzeichnet. Sie begegnen dem Inhalt nach auch in den **M5** abgedruckten Texten, die wiederum nach einem kurzen Hinweis auf die persönliche, theologische und politische Biographie Gollwitzers (die drei Dimensionen hängen bei ihm besonders eng zusammen) bearbeitet werden.

Bearbeitungsfragen/-aufgaben

- Wie unterscheiden sich die beiden Texte: sprachlich, inhaltlich, theologisch?
- Welcher Text erscheint Ihnen ansprechender und bedeutungsvoller und warum?
- Vergleichen Sie den biographischen Text Gollwitzers mit dem Sölles (**M7a**) und benennen Sie die wichtigsten Übereinstimmungen und Differenzen. Welcher Text sagt Ihnen warum eher zu?
- Schreiben Sie einen Text zum Thema: „Wer ist Jesus von Nazareth – für mich?" Stellen Sie aus den Texten Ihrer Lerngruppe ein *Jesusbuch* zusammen und diskutieren Sie wesentliche Übereinstimmungen und Differenzen Ihrer Texte.

6. Auf den Menschen kommt es an: Friedrich-Wilhelm Marquardt

Literatur zur Vorbereitung

A. Pangritz, „Mich befreit der Gott Israels". Friedrich-Wilhelm Marquardt – eine theologisch-biographische Skizze. Berlin 2003.
U. Kühn, Christologie. Göttingen 2003. S. 83–85 (allerdings mit anderem Schwerpunkt).

Unterrichtsideen

Der Text **M6** vergleicht die Gestalten Mose, Jesus und Mohammed und macht theologisch und nicht religionswissenschaftlich den Unterschied der drei Religionen – Judentum, Christentum und Islam – zunächst nicht in ihrem jeweiligen Gottesverhältnis fest, sondern im Verhältnis zu deren menschlichen Hauptgestalten. Nach einer kurzen biographischen Vorstellung Marquardts wird der Text bearbeitet.

Bearbeitungsfragen/-aufgaben

- Machen Sie sich kundig über Mose und Mohammed und überprüfen Sie die Argumentation Marquardts.
- Sind die Differenzen zwischen den menschlichen Hauptgestalten der drei Religionen für Sie bedeutsam oder eher nicht?
- Was ist das Besondere an Jesus?
- Warum liegt in den drei menschlichen Hauptgestalten eher die Differenz der monotheistischen Religionen als in ihrem Gottesverständnis?

Diskussionsfrage

- Das Bekenntnis der Kirchen bekennt Jesus als den vergangenen Jesus und den gegenwärtigen und wiederkommenden Christus. Welche Bedeutung hat diese Aussage für Ihr Verständnis Jesu bzw. für Ihren Glauben an Jesus?

7. Ja zum glücklichen Leben für alle: Dorothee Sölle

Literatur zur Vorbereitung

M. Korte, „Gott um Leben bitten hören jeden Tag". Zur Theologie Dorothee Sölles. Bonn 2001.

Unterrichtsideen

Zwei unterschiedliche Texte der gleichen Autorin sind in **M7a** und **M7b** zusammengestellt, die nach einem Hinweis auf Sölles Biographie zu bearbeiten sind: Zum einem ein eher die persönliche Frömmigkeit beschreibender Text und zum andern ein eher wissenschaftlicher Text, der Jesus als den glücklichsten Menschen beschreibt, den Sölle kennt. Beide Texte ergänzen einander auf spezifische Weise: Beider Ziel ist das selbstbewusste und nichts und niemanden gering achtende Glück für alle Menschen innerhalb der Schöpfung Gottes.

Bearbeitungsfragen/-aufgaben

- Warum sind Sie Christ? Sölle beantwortet diese Frage damit, dass sie sagt, sie sei Christin, um wie Christus zu werden …
- Sölle betont, dass sich ihr Christsein durch *kritisch auswählende Bejahung* auszeichne. Was hat sie kritisch ausgewählt? Vermissen Sie etwas? Wenn Sie wählen müssten: Was wären für Sie die drei wichtigsten Gesichtspunkte christlichen Glaubens?
- Ich partizipiere, also bin ich. – Ich denke, also bin ich. – Ich revoltiere, also bin ich. Und Sie? Welche der drei Begründungen erscheint Ihnen am einleuchtendsten? Was würden Sie sagen?
- Vergleichen Sie Sölles (**M7a**) und Gollwitzers (**M5**) biographische Texte.
- Ist Ihnen Sölles Perspektive auf Jesus neu? Einleuchtend? Oder halten Sie die von Sölle kritisierte eher traditionelle Beschreibung Jesu für angemessener?
- Kennen Sie den Zusammenhang von Glück, Phantasie und Macht aus Ihrem Leben oder dem anderer Menschen?
- Welches Menschenbild wird in Sölles Texten deutlich?

Diskussionsfrage

- Verwischt Sölle unzulässig die Grenzen zwischen Menschen auf der einen, Gott auf der anderen Seite und Jesus Christus?

8. Jesus, Hoffnung der Armen – Jesus, der nichtpatriarchale Mann: Luise Schottroff

Literatur zur Vorbereitung

L. Schottroff, Sucht mich bei meinen Kindern. München 1986. S. 69–87.
L. Schottroff/W. Stegemann, Jesus von Nazareth. Hoffnung der Armen. Stuttgart 1990.

Unterrichtsideen

Die feministische Neutestamentlerin Luise Schottroff, deren biographische Daten kurz genannt werden, zeichnet aus den Texten des Neuen Testamentes in **M8** ein Jesusbild, das dasjenige von Dorothee Sölle weiter konkretisieren kann; Jesus wird hier ausgelegt als Hoffnung der Armen und als ein nichtpatriarchaler Mann.

Bearbeitungsfragen

- Was bedeutet Jesus für Reiche?
- Was bedeutet Jesus für Männer?
- Welche Forderungen an Menschlichkeit lassen sich aus Schottroffs Jesusbild ableiten?

Diskussionsfrage

- Ist Jesus für alle in gleicher Weise „der Herr" oder ist Jesu Verhalten und seine Rede je nach Zielgruppen auch heute zu differenzieren? Was bedeutet das eine, was das andere?

9. Auferstehung – Wirklichkeit oder Mythologie: Die Kontroverse zwischen Barth, Bultmann und Marxsen

Literatur zur Vorbereitung

U. Wilckens, Auferstehung. Stuttgart 1970. Bes. S. 156ff.

Unterrichtsideen

M9a und **M9b** dokumentieren insgesamt drei Texte: Barth hält daran fest, dass der Mensch Jesus nach seiner Kreuzigung und zwischen Ostern und Himmelfahrt vierzig Tage unter den Jüngern und Jüngerinnen aufs Neue lebendig war. Bultmann und Marxsen halten dies für mythologische Rede, die ausdrückt, dass die Sache Jesu weiterging und der Gekreuzigte und Auferstandene verkündigt wurde, und die existential interpretiert werden muss als geschichtliches Geschehen (nicht als historisches Ereignis) des befreienden Gerichtes über den Menschen.

Bearbeitungsfragen

- War Jesu Grab am Ostermorgen „voll" oder „leer"?
- Was ist nach Barth der Sinn der österlichen Erscheinungen des auferstandenen Jesus?
- Wie argumentiert Barth und wie begründet er seine Position?

- Was ist nach Bultmann und Marxsen der Sinn der Rede von der Auferstehung Jesu?
- Was bedeutet für Sie Auferstehung und wie begründen Sie ihre Position?

Diskussionsaufgabe

Diskutieren Sie unter Hinzuziehung von **M4** in III. die Kontroverse zwischen Barth und Bultmann sowie Marxsen: Welche Position erscheint Ihnen plausibler? Wie würden Sie selbst gegenüber der Ihnen weniger plausibel erscheinenden Position argumentieren, wie Ihre eigene argumentativ stark machen?

10. Die Faktizität der Auferstehung Jesu: Wolfhart Pannenberg

M10 enthält einen für die Sch. sicher schwierigen Text, der deswegen hier aufgenommen wurde, weil Pannenberg einer der wenigen gegenwärtigen Theologen ist, der aus theologischen und historischen Gründen zu erweisen sucht, dass die Auferstehung Jesu ein historisches Faktum ist. Weil ihm beide Gesichtspunkte bedeutsam sind, unterscheidet er sich natürlich nicht nur von Bultmann und Marxsen, sondern ebenso von Barth, der aus theologischen Gründen (So haben es die Evangelien als Wort Gottes verkündet!) an der leiblichen Auferstehung festhält.

Bearbeitungsfragen/-aufgaben

- Gliedern Sie den Text kleinschrittig und zeichnen Sie seine Argumentation sorgfältig nach.
- Was erscheint Ihnen einleuchtend? Was nicht? Klären Sie die offenen Fragen des Textverständnisses.
- Wie begründet Pannenberg die historische Faktizität der Auferstehung Jesu? Versuchen Sie, möglichst alle seine Begründungen festzuhalten.
- Ist die Auferstehung Jesu für Sie ein historisches Faktum?

Diskussionsfrage

- Braucht christlicher Glaube eine solche historische Begründung?

11. Der gekreuzigte und auferstandene Mensch Jesus: Luise Schottroff

Im Überschneidungsbereich neutestamentlicher und systematisch-theologischer Arbeit argumentiert in **M11** die feministische Neutestamentlerin L. Schottroff. Zur Diskussion ihres Textes können auch die Texte **M7a** und **M7b** hinzugezogen werden.

Bearbeitungsfragen

- Wogegen grenzt sich Schottroff ab?
- Worin liegt ihr theologisches Interesse?
- Wie bestimmt sie das Verständnis des Kreuzes Jesu gegen die von ihr als Missbrauch interpretierte Verwendung in der Kirchengeschichte?
- Wie versteht sie Auferstehung? Können Sie diesem Verständnis zustimmen? Oder „fehlt" Ihnen etwas? Oder ist Auferstehung für Sie ein zu vernachlässigendes biologisches Mirakel?

Diskussionsaufgabe

- Diskutieren Sie das Verhältnis von Wirklichkeit und Symbol am Beispiel des Kreuzes.

12. Das Bekenntnis zum Auferstandenen: Hans Martin Barth

Der Text **M12** entstammt einem hervorragenden aktuellen Lehrbuch der Dogmatik. Er nimmt einige der in diesem Baustein von den Sch. erarbeiteten Argumente auf und bündelt sie dahingehend, dass H. M. Barth nicht das Bekenntnis zur Auferstehung, wohl aber zum Auferstandenen für bedeutsam hält.

Bearbeitungsfragen/-aufgaben

- Welche Argumentationen Barths sind Ihnen bekannt? Geben Sie diese ausführlich wieder und begründen Sie sie.
- Ist Ihnen die Differenz zwischen dem Bekenntnis zur Auferstehung/Auferweckung und dem Bekenntnis zum Auferstandenen plausibel und einleuchtend? Wenn ja, welche Gründe würden Sie anführen? Wenn nein, warum nicht?
- Schreiben Sie eine ähnlich kurze und prägnante Zusammenfassung Ihres Lernergebnisses aufgrund der Texte in **M9** bis **M12**.

Der Ausgangspunkt: Karl Barths theologischer Neuansatz

In Jesus Christus Gott erkennen

Wenn die Heilige Schrift von Gott redet, dann erlaubt sie uns nicht, unsere Blicke und Gedanken willkürlich schweifen zu lassen, um in irgendeiner Höhe oder Tiefe die Feststellung eines mit vollkommenster Souveränität und vielen anderen Vollkommenheiten ausgestatteten Wesens zu vollziehen. Sondern wenn die Heilige Schrift von Gott redet, dann sammelt sie unsere Blicke und Ge-
5   danken auf einen einzigen Punkt.
    Und wenn wir noch genauer zusehen und fragen: Wer und was ist an jenem einen Punkt, auf den die Schrift unsere Blicke und Gedanken versammelt, als Gott zu erkennen? Dann führt sie uns von ihrem Anfang und von ihrem Ende her auf den Namen Jesus Christus. Es gibt keine tiefere Tiefe des Wesens und Wirkens Gottes als die, die in diesem Geschehen und also unter diesem Namen offen-
10   bar geworden ist. Denn eben in diesem Geschehen und unter diesem Namen hat er sich selbst offenbart. Unsere Augen sehen Gott, und unsere Gedanken haften an Gott, indem ihr Gegenstand der Träger dieses Namens wird, indem sie auf Jesus Christus gerichtet werden.

K. Barth 1959

Im Bund zwischen Gott und Mensch Gottes Willen erkennen

Der Bund zwischen Gott und Menschen ist der Sinn und die Ehre, der Grund und das Ziel des Himmels und der Erde und also der ganzen Kreatur. Indem wir Bund sagen, sagen wir Jesus Christus. Aber es ist nicht so, dass der Bund zwischen Gott und Mensch sozusagen etwas Zweites, etwas Hinzukommendes wäre, sondern der Bund ist so alt wie die Schöpfung selber. Indem das Sein der
5   Kreatur beginnt, beginnt auch das Handeln Gottes mit den Menschen. Denn es ist alles, was ist, insofern auf den Menschen hin geordnet, als alles, was ist, schon die Absicht Gottes sichtbar macht in der Richtung auf sein Handeln, wie es dann offenbar und wirksam wird in dem Bund mit Jesus Christus. Der Bund ist nicht nur ebenso alt wie die Schöpfung, er ist älter als diese. Ehe die Welt war, ehe Himmel und Erde waren, ist der Beschluss, das Dekret Gottes im Blick auf dieses Geschehen, in
10   welchem Gott mit dem Menschen Gemeinschaft halten wollte, wie es begreiflich, wahr und wirklich wurde in Jesus Christus. Und wenn wir nach dem Sinn des Daseins und der Kreatur fragen, nach ihrem Grund und nach ihrem Ziel, dann haben wir diesen Bund zwischen Gott und Mensch zu bedenken.

K. Barth 1947

Im Versöhntsein mit Gott des Menschen Bestimmung erkennen

Gott will und wirkt also nicht zuerst das Sein der Welt und des Menschen, um diesen dann auch noch zum Heil zu bestimmen. Sondern damit es ein für das Heil, zu einem vollkommenen Sein, zur Teilnahme an seinem eigenen Sein bestimmtes, von ihm verschiedenes Wesen gebe, weil er als der in Freiheit Liebende beschlossen hat, Heilsgnade zu üben – und um dieser seiner Heilsgnade einen
5   Gegenstand, um sich selbst als deren Empfänger einen Partner zu geben, darum, zum vornherein mit diesem Ziel und in dieser Absicht schafft, erhält und regiert Gott den Menschen.

K. Barth 1960

Die Gnade als die einzig denkbare Perspektive des Menschenlebens erkennen

Die Gnadenwahl ist der ewige Anfang aller Wege und Werke Gottes in Jesus Christus, in welchem Gott in freier Gnade sich selbst für den sündigen Menschen und den sündigen Menschen für sich bestimmt und also die Verwerfung des Menschen mit allen ihren Folgen auf sich selber nimmt und den Menschen erwählt zur Teilnahme an seiner eigenen Herrlichkeit.

5   Gott will verlieren, damit der Mensch gewinne. Sicheres Heil für den Menschen, sichere Gefahr für Gott selber!

       Wenn es recht ist, dass man in der Prädestinationslehre immer von einem Doppelten, immer von Erwählung und Verwerfung, von Vorherbestimmung zur Seligkeit und zur Verdammnis, zum Leben und zum Tode geredet hat, dann können wir also jetzt schon sagen: In der Erwählung Jesu Christi,

10 die der ewige Wille Gottes ist, hat Gott dem Menschen das Erste, die Erwählung, die Seligkeit und das Leben, sich selber aber das Zweite, die Verwerfung, die Verdammnis und den Tod zugedacht. Wenn das göttliche Wohlgefallen, das der Anfang aller Dinge bei Gott ist, auch die Gefahr, auch die Drohung einer Negation bedeutet, dann ist, weil der Menschensohn gewordene Gottessohn dieses göttliche Wohlgefallen darstellt und selber ist, die Gefahr und Drohung dieser Sache der Teil, den

15 eben der Gottessohn und also Gott selber auf sich genommen hat.

       Es ist also die Prädestination, sofern in ihr auch ein Nein ausgesprochen ist, auf alle Fälle kein den Menschen treffendes Nein. Sie ist, sofern sie auch Ausschluss und Verwerfung ist, nicht des Menschen Ausschluss und Verwerfung. Sie ist, sofern sie auch auf Verdammung und Tod zielt, nicht auf die Verdammung und den Tod des Menschen gerichtet. Darum heißt Glaube an Gottes Prädesti-

20 nation an sich und per se: Glaube an die Nicht-Verwerfung des Menschen, Nicht-Glaube an seine Verwerfung.

K. Barth 1959

In Gottes Göttlichkeit zugleich seine Menschlichkeit erkennen

Es geht um Gottes Zusammensein mit dem Menschen. Wer Gott und was er in seiner Göttlichkeit ist, das erweist und offenbart er nicht im leeren Raum eines göttlichen Fürsichseins, sondern authentisch gerade darin, dass er als des Menschen (freilich schlechthin überlegener) Partner existiert, redet und handelt. Der das tut, ist der lebendige Gott. Und die Freiheit, in der er das tut, ist seine

5 Göttlichkeit. Sie ist die Divinität, die als solche auch den Charakter von Humanität hat ... Eben Gottes recht verstandene Göttlichkeit schließt ein: seine Menschlichkeit.

       Woher wissen wir das? Von woher ist dieser Satz erlaubt und geboten?

       Er ist ein christologischer, vielmehr: ein von der Christologie her begründeter und zu entfaltender Satz. Eben in Jesus Christus, wie er uns in der Heiligen Schrift bezeugt ist, haben wir es ja gewiss

10 nicht abstrakt mit dem Menschen zu tun. Eben in ihm handelt es sich vielmehr um die Geschichte, um den Dialog, in welchem Gott und der Mensch zusammentreffen und zusammen sind, um die Wirklichkeit des von ihnen beiderseitig geschlossenen, gehaltenen und vollendeten Bundes. Wer und was Gott und wer und was der Mensch in Wahrheit ist, das haben wir nicht frei schweifend zu erforschen und zu konstruieren, sondern dort abzulesen, wo ihrer beider Wahrheit wohnt: in der in

15 Jesus Christus sich kundgebenden Fülle ihres Zusammenseins, ihres Bundes.

       Im Spiegel dieser Menschlichkeit Jesu Christi offenbart sich die in seiner Göttlichkeit eingeschlossene Menschlichkeit Gottes. So wie er ist Gott. So bejaht er den Menschen. So nimmt er Anteil an ihm. So setzt er sich selbst für ihn ein. Ist Jesus Christus das Wort der Wahrheit, der „Spiegel des väterlichen Herzens Gottes", dann ist Nietzsches Satz, der Mensch sei etwas, was überwunden

20 werden muss, eine freche Lüge; dann ist gerade die Wahrheit Gottes diese und keine andere – mit Titus 3,4 zu reden: seine Menschenfreundlichkeit.

K. Barth 1956

M2 | Das eigene Urteil: Paul Tillich

Wenn Jesus sagt: „Ich bin die Wahrheit", so verkündigt er damit, dass in ihm die wahre, unverfälschte, unbedingte Wirklichkeit gegenwärtig ist, oder mit anderen Worten, dass in ihm Gott gegenwärtig ist, unverhüllt, ohne Entstellung, in seiner unendlichen Tiefe, in seinem unnahbaren Geheimnis. Jesus ist nicht darum die Wahrheit, weil seine Lehren wahr sind, sondern seine Lehren sind wahr, weil sie
5 die Wahrheit, die er selbst ist, zum Ausdruck bringen. Er ist mehr als seine Worte. Und er ist mehr als jedes Wort, das über ihn gesagt worden ist. Die Wahrheit, die uns frei macht, ist weder Jesu Lehre noch die Lehre über Jesus. Auch die Lehren über Jesus sind nicht die Wahrheit, die frei macht. Ich sage euch das als jemand, der sein Leben lang um einen wahrhaftigen Ausdruck für die Wahrheit, die der Christus ist, gerungen hat. Aber je mehr man daran arbeitet, um so klarer wird einem,
10 dass unsere Ausdrücke sowie alles, was unsere Lehrer und die kirchliche Lehre aller Zeiten uns vermittelt haben, nicht die Wahrheit sind, die uns frei macht.

Die Kirche vergaß sehr früh das Wort unseres Evangeliums, dass der Christus die Wahrheit ist, und forderte die Anerkennung, dass ihre Lehren über ihn die Wahrheit seien. Aber diese Lehren, so gut und notwendig auch immer sie waren, erwiesen sich nicht als die Wahrheit, die frei macht. Nur
15 zu bald wurden sie zu Werkzeugen der Unterdrückung, der Versklavung unter Autoritäten. Sie wurden Werkzeuge für die Verhinderung einer aufrichtigen Wahrheitssuche, wurden Waffen zur Spaltung der Menschenseelen zwischen Treue gegen die Kirche und Ehrlichkeit gegenüber der Wahrheit. Und auf diese Weise gaben sie zugleich denen, die im Namen der Wahrheit die Kirche und ihre Lehren angriffen, tödliche Waffen in die Hand. Nicht jedermann empfindet diesen Konflikt. Es
20 gibt viele Menschen, die sich unter dem Gesetz eines Dogmas am geborgensten fühlen. Sie sind in Sicherheit, aber in der Sicherheit eines Menschen, der seine geistige Freiheit und sein wahres Selbst noch nicht gefunden hat. Es ist die Würde und Gefahr des Protestantismus, dass jeder seiner Anhänger der Unsicherheit ausgesetzt wird, in der er sich der Wahrheitsfrage stellen muss. In die Freiheit und Verantwortlichkeit persönlicher Entscheidungen hinausgestoßen, wird ihm das Recht ge-
25 geben, zu wählen zwischen den Wegen der Skeptiker und denen der Orthodoxen, zwischen denen der gleichgültigen Massen und dem Weg dessen, der die Wahrheit ist. Denn das ist die Größe des Protestantismus, dass er über die Lehren Jesu und auch über die Lehren der Kirche hinausweist auf ihn, dessen Wesen die Wahrheit ist.

Paul Tillich 1959

M3a: Ecce homo!

Ecce homo – sehet welch ein Mensch! In ihm geschah die Versöhnung der Welt mit Gott. Nicht durch Zertrümmerung, sondern durch Versöhnung wird die Welt überwunden. Nicht Ideale, Programme, nicht Gewissen, Pflicht, Verantwortung, Tugend, sondern ganz allein die vollkommene Liebe Gottes vermag der Wirklichkeit zu begegnen und sie zu überwinden. Wiederum ist es nicht
5   eine allgemeine Liebesidee, sondern die wirklich gelebte Liebe Gottes in Jesus Christus, die das vollbringt. Diese Liebe Gottes zur Welt zieht sich nicht aus der Wirklichkeit zurück in weltentrückte edle Seelen, sondern sie erfährt und erleidet die Wirklichkeit der Welt aufs härteste. Am Leibe Jesu Christi tobt sich die Welt aus. Der Gemarterte aber vergibt der Welt ihre Sünde. So geschieht die Versöhnung. Ecce homo.
10   Die Gestalt des Versöhners, des Gottmenschen Jesus Christus, tritt in die Mitte zwischen Gott und Welt, tritt in den Mittelpunkt alles Geschehens. An ihr enthüllt sich das Geheimnis der Welt wie sich in ihr das Geheimnis Gottes offenbart. Kein Abgrund des Bösen kann dem, durch den die Welt mit Gott versöhnt wird, verborgen bleiben. Aber der Abgrund der Liebe Gottes umfasst auch noch die abgründigste Gottlosigkeit der Welt. In unbegreiflicher Umkehrung alles gerechten und frommen
15   Denkens erklärt Gott sich selbst für schuldig an der Welt und löscht damit die Schuld der Welt aus; tritt Gott selbst den demütigen Versöhnungsgang an und spricht damit die Welt frei; will Gott schuld sein an unserer Schuld, nimmt er Strafe und Leiden, die die Schuld über uns gebracht hat, auf sich. Gott steht ein für die Gottlosigkeit, die Liebe für den Hass, der Heilige für den Sünder. Nun gibt es keine Gottlosigkeit, keinen Hass, keine Sünde mehr, die Gott nicht auf sich selbst genommen, er-
20   litten und abgebüßt hätte. Nun gibt es keine Wirklichkeit, keine Welt mehr, die nicht mit Gott versöhnt und in Frieden wäre. Das tat Gott in seinem lieben Sohn Jesus Christus. Ecce homo!
Ecce homo – seht den menschgewordenen Gott, das unergründliche Geheimnis der Liebe Gottes zur Welt. Gott liebt den Menschen. Gott liebt die Welt. Nicht einen Idealmenschen, sondern den Menschen, wie er ist, nicht eine Idealwelt, sondern die wirkliche Welt. Was uns verabscheuungswür-
25   dig ist in seiner Widergöttlichkeit, wovor wir uns zurückziehen in Schmerz und Feindschaft, der wirkliche Mensch, die wirkliche Welt, das ist für Gott Grund unergründlicher Liebe, damit vereint er sich aufs innigste. Gott wird Mensch, wirklicher Mensch. Während wir uns bemühen, über unser Menschsein hinauszuwachsen, den Menschen hinter uns zu lassen, wird Gott Mensch und wir müssen erkennen, dass Gott will, dass auch wir Menschen, wirkliche Menschen seien. Während wir
30   unterscheiden zwischen Frommen und Gottlosen, Guten und Bösen, Edlen und Gemeinen, liebt Gott unterschiedslos den wirklichen Menschen. Er duldet es nicht, dass wir die Welt und die Menschen einteilen nach unseren Maßstäben und uns zu Richtern über sie aufwerfen. Er führt uns ad absurdum, indem er selbst wirklicher Mensch wird und ein Genosse der Sünder, und indem er uns damit zwingt, Gottes Richter zu werden. Gott tritt auf die Seite des wirklichen Menschen und der wirklichen
35   Welt gegen alle ihre Verkläger. Er lässt sich mit dem Menschen, mit der Welt verklagen und macht so seine Richter zu den Angeklagten.
Aber es [ist] nicht genug damit gesagt, dass Gott sich der Menschen annimmt. Dieser Satz ruht auf einem unendlich viel tieferen, in seinem Sinn undurchdringlicheren, nämlich: dass Gott in der Empfängnis und Geburt Jesu Christi die Menschheit leibhaftig angenommen hat. Gott überhebt
40   seine Liebe zu den Menschen jedes Vorwurfs der Unechtheit und des Zweifels und der Ungewissheit, indem er selbst in das Leben der Menschen eingeht als Mensch, indem er Natur, Wesen, Schuld und Leiden des Menschen leibhaftig auf sich nimmt und trägt. Aus Liebe zum Menschen wird Gott Mensch. Er sucht sich nicht den vollkommensten Menschen, um sich mit ihm zu verbinden, sondern er nimmt menschliches Wesen an, wie es ist. Jesus Christus ist nicht die Verklärung hohen
45   Menschentums, sondern das Ja Gottes zum wirklichen Menschen, nicht das leidenschaftslose Ja

des Richters, sondern [das] barmherzige Ja des Mitleidenden. In diesem Ja ist das ganze Leben und die ganze Hoffnung der Welt beschlossen. In dem Menschen Jesus Christus ist das Urteil über die ganze Menschheit ergangen, wiederum nicht das teilnahmslose Urteil des Richters, sondern das barmherzige Urteil dessen, der das Geschick der ganzen Menschheit selbst durchleidet und trägt.

50 Jesus ist nicht *ein* Mensch, sondern der Mensch. Was an ihm geschieht, geschieht am Menschen, geschieht an allen und darum auch an uns. Der Name Jesus schließt die ganze Menschheit und den ganzen Gott in sich.

D. Bonhoeffer 1992

M3b: Dasein für andere

Wer ist Gott? Nicht zuerst ein allgemeiner Gottesglaube an Gottes Allmacht etc. Das ist keine echte Gotteserfahrung, sondern ein Stück prolongierter Welt. Begegnung mit Jesus Christus. Erfahrung, dass hier eine Umkehrung alles menschlichen Seins gegeben ist, darin, dass Jesus nur „für andere da ist". Das „Für-andere-Dasein" Jesu ist die Transzendenzerfahrung! Aus der Freiheit von sich

5 selbst, aus dem „Für-andere-Dasein" bis zum Tod entspringt erst die Allmacht, Allwissenheit, Allgegenwart. Glaube ist das Teilnehmen an diesem Sein Jesu. (Menschwerdung, Kreuz, Auferstehung.) Unser Verhältnis zu Gott ist kein „religiöses" zu einem denkbar höchsten, mächtigsten, besten Wesen – dies ist keine echte Transzendenz –, sondern unser Verhältnis zu Gott ist ein neues Leben im „Dasein für andere", in der Teilnahme am Sein Jesu. Nicht die unendlichen, unerreichbaren Auf-

10 gaben, sondern der jeweils gegebene erreichbare Nächste ist das Transzendente. Gott in Menschengestalt! Nicht wie bei orientalischen Religionen in Tiergestalten als das Ungeheure, Chaotische, Ferne, Schauerliche; aber auch nicht in den Begriffsgestalten des Absoluten, Metaphysischen, Unendlichen etc.; aber auch nicht die griechische Gott-Menschgestalt des „Menschen an sich", sondern „der Mensch für andere"! Darum der Gekreuzigte. Der aus dem Transzendenten lebende

15 Mensch.

D. Bonhoeffer 1998

An Jesus glauben: Gerhard Ebeling

Schon der Doppelname Jesus Christus fixiert ja den Sachverhalt, nach dem wir nun zu fragen haben. Jesus: der Mensch, der vor nahezu zweitausend Jahren in Palästina gelebt hat; und Christus: der Würdetitel, durch den ihn der Glaube bekennt als den, der gegenwärtig Herr und Heiland ist. Also nicht eigentlich ein Doppelname, sondern die Urform des christlichen Glaubensbekenntnisses:

5 Jesus der Christus. Damit soll gesagt sein: Jesus und Glaube gehören aufs engste zusammen. Und zwar einmal so, dass der Glaube angewiesen ist auf Jesus: Er ist Glaube an Jesus. Und darum offenbar auch so, dass dieser Jesus gewissermaßen angewiesen ist auf den Glauben: Nur der Glaube vermag ihn als den zu erkennen, als der er erkannt sein will.

Den Kernbegriff seiner Verkündigung bildete zweifellos die Gottesherrschaft. ... Nicht auf der

10 Nähe eines spektakulären apokalyptischen Geschehens, sondern auf der Nähe Gottes selbst liegt der Akzent. An der Nähe der Herrschaft Gottes ist das Wesentliche die Herrschaft des nahen Gottes. Und wenn etwas unableitbar Besonderes an Jesu Verkündigung der Herrschaft Gottes ist, so ist es m. E. *dies,* dass der Ruf zur Buße hier wunderbarerweise ein Ruf zur Freude wird. Doch wohl darum, weil Jesu Verkündigung nicht darauf abzielt, Schrecken einzujagen, sondern Mut zu machen zur Nähe

15 Gottes. Die Bezeichnung Gottes als „Vaters" ist zwar nicht neu, gewinnt aber bei Jesus in neuer Prägung entscheidende Bedeutung. Und wenn man sich fragt, worin inhaltlich Jesu Aussagen über die Herrschaft Gottes ihr Eigentümliches haben, so muss man feststellen: in einer ermutigenden Mitteilung dessen, was da auf einen zukommt. Beherrschender Gesichtspunkt ist das gegenwärtige Verhalten angesichts dessen, was schon im Kommen ist. Da hat einer einen vergrabenen Schatz ent-

20 deckt. Er wäre ja dumm, so denkt er, wenn er nicht sein bisschen Geld zusammenkratzte, um das Grundstück zu erwerben. Die Schläfrigen aufzurütteln gehört auch zu dieser Ermutigung: Es kann plötzlich zu spät sein. Gott kann über einen hereinbrechen wie ein Dieb in der Nacht. Also habt Mut zum Wachen! Es kann mit dem Kommen Gottes auch unerwartet lange dauern. So habt Mut zur Geduld! Wer aber Grund hat zur Furcht, wie jener verkommene Bursche, der seinem Vater davonge-

25 laufen ist, der fasse Mut gerade zur Nähe des Vaters! Denn da wird er mit Freude erwartet. Wie viele Gleichnisse Jesu münden aus in die Freude! Und sie alle stellen ja ein Geschehen dar, an dem man so oder so schon beteiligt ist. Das Reden in so konkreten Gleichnissen ist ebenfalls eine unverwechselbare Eigenart der Reich-Gottes-Verkündigung Jesu. Die Form entspricht dem Inhalt. Die Nähe der Gottesherrschaft spricht sich aus in der anschaulichen Sprache alltäglicher Wirklichkeitserfahrung.

30 Du brauchst bloß der Mutter in der Küche beim Teigkneten zuzuschauen oder dem Bauer bei der Aussaat, so hast du die Sprache, in der von Gottes Herrschaft geredet werden kann. So nah ist Gott! Ja, werden Jesu Gleichnisse nicht noch konkreter? Da geht einer predigend über Land, freilich für viele vergeblich, aber bei einigen bleibt es haften und bringt Frucht, wie im Gleichnis vom Sämann. Da hält ein Bußprediger fröhliche Tischgemeinschaft mit Sündern, wie der Vater im Gleichnis. „So

35 verhält es sich mit dem Reich Gottes", heißt es zur Erläuterung. Sollte man nun nicht merken, was es heißt, dass die Herrschaft Gottes nahe ist? Sollte man daraufhin nicht Mut fassen zu dieser Nähe, und das heißt: Sollte man daraufhin nicht glauben?

Alles, worauf die Botschaft Jesu abzielt: die Nähe der Gottesherrschaft, die Klarheit des Willens Gottes und die Einfalt der Nachfolge und damit: Freude, Freiheit und Nichtsorgen − all das ist ja nur

40 Interpretation eines einzigen, nämlich des Rufs zum Glauben. Aber nun sehen wir das alles im Zusammenhang mit jener eigentümlichen Vollmacht der Person Jesu. Wenn Nachfolge heißt: an Jesu Weg teilhaben, dann heißt ja Verstehen seiner Predigt vom Willen Gottes: teilhaben an seiner Freiheit, und Verstehen seiner Botschaft von der Gottesherrschaft: teilhaben an seiner Freude, an seinem Gehorsam, an seinem Mut zur Nähe Gottes.

45 Was heißt „an Jesus glauben"? Es heißt, ihn als Zeugen des Glaubens Glaubensgrund sein lassen und darum sich auf ihn und seinen Weg einlassen; an ihm und seinem Wege partizipieren und darin an dem partizipieren, woran dem Glauben zu partizipieren verheißen ist, nämlich an der Allmacht Gottes. Angesichts des Gekreuzigten, dieses Gekreuzigten, und zwar dieses seines im Sterben sich vollendenden Glaubenszeugnisses glauben, heißt eo ipso: an ihm die Allmacht Gottes, und das
50 heißt: die Macht des totenerweckenden Gottes bekennen. An Jesus glauben und an ihn als Auferstandenen glauben ist ein und dasselbe.

G. Ebeling 1965

M5 ## Weg der Befreiung: Helmut Gollwitzer

Was Jesus in meinem Leben bedeutet, soll ich sagen, wenn ich die Aufforderung recht verstehe. Nicht also zusammenfassen, was mir von dem, was ich durch die Vermittlung der christlichen Überlieferung von ihm höre, als das Wichtigste erscheint, sondern wie dies in meinem Leben, soweit es mir bewusst geworden ist, gewirkt hat.

5 Das Wichtigste, aus dem alles andere folgt: Ich bin durch das Hören dessen, was von ihm zu hören ist, nie allein gewesen. Wohl habe ich mich, wie jeder Mensch, oft genug allein gefühlt, verlassen, hilflos preisgegeben, aber in dieses Alleinsein sprach er mit seinem „Ich bin da!" herein. Ich sprach mit ihm, fragte ihn, hörte sehr deutliche Worte, die er mir sagte, hatte mich damit zu beschäftigen – der Bann des Alleinseins war gebrochen.

10 Er gab und gibt mir zu tun. Er steht in einem großen Werk, dem größten hier auf Erden: die Revolution des Menschengeschlechts, der einzelnen und aller, zu einem neuen Leben, zum wirklichen, erfüllten Menschsein. Daran beteiligt er den, den er zu seinem Jünger gewinnt. Daran beteiligt zu werden ist selbst schon Teilhabe am neuen Leben. Wir haben auch ohne ihn allerlei zu tun, allerlei, was wir tun wollen, und allerlei, was wir – aus den verschiedensten Gründen – tun müssen. Darauf
15 legt sich immer wieder der Staub der Vergänglichkeit, einer letzten Sinnlosigkeit. Der Zusammenhang mit Jesu großem Werk gibt auch dem Unscheinbarsten eine ewige Bedeutung; es wird nichts verloren sein. Ein freudiger Sinn kommt in alles Tun.

Dass er mich dabei haben will, ist täglicher Anlass zum Staunen. Ich erfahre täglich die Grenzen meiner Dienstwilligkeit, meiner Bereitschaft zu opfern. Meine Mitarbeit an seinem Werk ist meist ein
20 ziemlich kläglicher Kompromiss zwischen dem, was dieses Werk braucht, und dem, was ich für mich zu brauchen meine. Weder möchte ich die Mitarbeit fahren lassen noch auch darauf verzichten, auf meine eigene Rechnung zu kommen. So ist es mit der Revolutionierung meines eigenen Lebens doch nicht so weit her. Dennoch verzichtet er nicht auf mich. Daran ging mir, als ich ein junger Mensch war, der Kern der lutherischen Rechtfertigungslehre auf, der „Rechtfertigung des Gottlosen",
25 und das hat mich seither nicht verlassen: Er nimmt den Untauglichen an und verspricht ihm damit täglich, ihn tauglich zu machen.

Er macht mir die Menschen lieb. Einige sind das ohnehin, viele andere nicht. Er sagt mir, dass er den liebt, der mir fremd, gleichgültig oder gar unsympathisch ist. Damit hilft er zu einem anderen Verhalten: gesprächsfähig werden, den anderen so offen und ernsthaft hören, wie ich selbst gern
30 gehört und ernst genommen werden möchte, keinen abschreiben, über keinen ein letztes Urteil sprechen, in Hoffnung immer neu es mit jedem versuchen. Damit weitet er meinen Blick auf die Fernerstehenden: auf die außerhalb meines Milieus, auf die Gesellschaftsnöte, auf die Dritte Welt. Sie alle werden zu meinem Nächsten.

35 Damit stört er mich. Ich kann mich wegen seines Dazwischentretens nicht verhalten, wie ich zunächst wollte. Oft genug tue ich es natürlich, leider. Aber er überlässt mich nicht meinen Neigungen und Launen. Er ringt mit mir, es kommt zum Streit, manchmal setzt er sich durch. So gestört zu werden ist das Heilsamste, was uns widerfahren kann. Dass man ihn „Herr" nennt, kann ich dieser Erfahrung wegen nicht als bedrückend empfinden. Er beschneidet meine Freiheit nicht, er ist kein despotisches Über-Ich, gegen das ich ankämpfen muss, um zu mir selbst zu kommen, im Gegenteil, je mehr ich

40 mich von seinem Du bestimmen lasse, desto freier, unbefangener, freundlicher und fröhlicher werde ich.

Als ich zum ersten Mal in Gestapohaft lag, sagte ich mir alte Gesangbuchverse vor. In ihnen sprechen Christen davon, dass Jesus alles sei und dass es gut sei, ihm alles hinzugeben; – ich fand mich dazu nicht in der Lage. Ich hatte Angst und liebte mein Leben. An die Wand der Zelle kratzte ich

45 mit einem Stück Draht den Namen ein: Jesus. Er sagte mir, sooft ich darauf schaute, alles, was ich hier geschrieben habe. Es kam dann nicht so schlimm, wie ich gefürchtet hatte, aber auch wenn es – wie für viele andere! – schlimmer gekommen wäre, hätte er Recht behalten. Er wird mit dem, was er mir und allen sagt, Recht behalten.

H. Gollwitzer 1973

Im Mittelpunkt des christlichen Glaubens und darum auch des theologischen Nachdenkens stehen das Ereignis Jesus Christus und die außerordentlichen Aussagen, die die neutestamentlichen Schriften von seiner universalen Bedeutung gemacht haben. Die Menschlichkeit Jesu, und zwar seine spezifische Menschlichkeit als Jude, ist ebenso ernst zu nehmen wie die Unüberbietbarkeit

5 jener Bedeutungsaussagen. Diese haben ihr Zentrum im neutestamentlichen „Für uns". Es besagt die Selbstidentifizierung des ewigen Gottes mit diesem konkreten Menschen zur Rettung seiner Menschheit, zur Verwirklichung des Reiches Gottes. ...

Für das Verständnis der Zentralstellung Jesu im christlichen Glauben hängt alles daran, dass das Jesusereignis als Tat-Wort verstanden wird, als ein Ereignis, das nicht nur eine historische Tatsache,

10 sondern eine Tat Gottes in Raum und Zeit ist, und nicht nur eine stumme Tat, sondern zugleich ein sprechendes Wort. Aber auch nicht nur ein in prophetischer Weise proklamierendes und weiter zu proklamierendes Wort, sondern ein Wort als Tat, als grundlegende und verändernde Tat: als Vollzug der verheißenen Rückgewinnung der Menschheit durch den Gott Israels. Diese Rückgewinnung vollzieht sich in einer Tat, der ein Weg vorausgeht – der Weg dieses Gottes mit Israel –, und aus der ein

15 Weg hervorgeht: der Weg der neuen Lebensweise als Wirkung dieser Tat und als Vorwegnahme ihrer endgültigen Durchsetzung, ihrer Durchsetzung in der Endwirklichkeit des Reiches Gottes: wenn kein Widerspruch und Widerstand gegen sie mehr existiert, wenn „alle Herrschaft und Macht und Kraft", die sich als eigenmächtig gebärdet, „aufgehoben" ist, wenn „alle seine Feinde zu seinen Füßen liegen", einschließlich des „letzten Feindes", des Todes (1 Kor 15,24ff.). In der „*noch nicht* erlösten

20 Welt" (Barmen V) ist diese zeitwendende Tat der Versöhnung *schon* geschehen und hat damit festgemacht, dass der Weg der Menschheit auf ihre Erlösung, auf ihre Befreiung, auf ihr Leben zugeht. Das ist die außerordentliche, in der außerordentlichen Sicht des Todes und der Auferstehung Jesu Christi begründete Hoffnung, mit der sich die christliche Botschaft jedem Untergangspessimismus, den uns die heutigen Weltverhältnisse so nahe legen, entgegenstellt.

H. Gollwitzer 1978

Christ ist man um Jesu Christi willen, – nach ihm nennt man sich, – als seinen Anhänger versteht man sich, – eine Beziehung zu diesem Menschen ist das unterscheidend Christliche, und darum muss man immer wieder fragen, was er einem bedeutet. Mag man in seiner *Religion,* will sagen: in seinem Verhältnis zu einem Gott, vergleichbar sein mit einem Juden oder einem Moslem, einem

5 Hindu oder einem Buddhisten (falls Hindus und Buddhisten sich in einem Verhältnis zu Gott verstehen) – im Verhältnis zur Person Jesu Christi hat der Christ sein Spezifisches; im Menschenverhältnis unterscheidet sich das Christentum von anderen Religionen.

Auch das Judentum ist nicht nur ein Gottesverhältnis; es verdankt sich, seinem Selbstverständnis entsprechend, nebst Gott ebenfalls einem zentralen *Menschen:* Mose. Und auch der Islam hat die

10 Offenbarung Gottes aus der Hand eines historischen Menschen empfangen: Mohammeds. Gerade die drei großen, sog. monotheistischen Religionen – also die, in denen Gott und nur Gott, Gottallein, einzig Gott das Zentrum bildet – sind doch zugleich in geschichtlich einzigartiger Weise je an einen Menschen gebunden und vertreten eine Gottes-Exklusivität und Gottes-Zentralität zugleich mit der Höchstschätzung eines berufenen Menschen. Gott bleibt ihnen nicht abstrakt einzig und exklu-

15 siv. Für seine Einzigkeit unter allen Wesen steht ein einzelner, einzigartig ausgezeichneter Mensch unter allen Menschen ein.

Israel hat Gott nicht ohne Mose und alle die von ihm sich herleitenden schriftlichen und mündlichen Traditionen; der Islam hat Gott nicht ohne das Widerfahrnis des Offenbarungsempfangs, der die Entgegennahme einer himmlischen Schrift durch Mohammed aus der Hand des Engels Gabriel

20 war (Sure 96,1–5); und wir Christen haben Gott nicht ohne Jesus. Dass der eine Gott in diesen drei Menschen je Verschiedenes zu bedeuten scheint, ist wahr. Aber die Unterschiede sind, was Gott betrifft, nicht so tief, dass sie unüberbrückbar wären, zumal ja auch geschichtlich die je folgende Religion auf der oder den je vorausgehenden aufbaut: Jesus und das Christentum auf Mose und dem Judentum, – Mohammed und die Schrift, die er von Gabriel empfangen hat, auf Mose und den

25 Müttern und Vätern Israels und zugleich auf Jesus und seiner Mutter Maria.

Nicht im religiösen Gottesverhältnis liegen also die Unterschiede. Sie sind vielmehr in den Menschen zu suchen. Freilich nicht darin, dass alle Menschen verschieden sind, und so auch Mose, Jesus und Mohammed. Die zentralen Menschen haben im Gottesverhältnis der drei Religionen verschiedene Stellung und Bedeutung, – sind objektiv, nicht im Subjektiven voneinander verschieden.

30 Bei dieser Frage trennen sich die Wege. Jesus hat in der ihm widerfahrenen Offenbarung Gottes nicht *etwas* empfangen: einen Text, ein Buch, ein Lehrsystem, eine theologische Gedankenkette. Sieht man genau hin, etwa auf die Tauferzählungen der Evangelisten, wird man erkennen: In der ihm bei seiner Taufe widerfahrenen Gottesoffenbarung hat er seine Sendung empfangen und damit: *sich selbst.* „Und es begab sich in jenen Tagen, dass Jesus aus Nazareth nach Galiläa kam und sich von

35 Johannes im Jordan taufen ließ. Und sobald er aus dem Wasser stieg, sah er die Himmel sich öffnen und den Geist wie eine Taube auf sich herabschweben. Und eine Stimme erscholl aus den Himmeln: Du bist mein geliebter Sohn, an dir habe ich Wohlgefallen gefunden." (Mk 1,9–11)

Die Vision des offenen Himmels ist Bild für das, was wir theologisch-abstrakt „Offenbarung"
nennen. Die Vision der Geistestaube, die Jesus auf sich herabschweben sieht, ist – nach alter bibli-
40 scher Auffassung – Hinweis auf Kraft für besondere *Dienste* (denn in der Bibel gehören Geist und
Wirken zusammen, nicht – wie im Griechentum und im idealistischen Deutschtum – Geist und
Denken). Die Stimme aus den Himmeln aber – die Gottesstimme – ruft ihn an als „lieber Sohn, an
dem Gott Wohlgefallen hat" – „Sohn": auch das eine Funktionsbezeichnung, Ausdruck für Dienst
und Werk, kein genealogischer, gar biologischer Verwandtheitsgrad. – Das heißt also: Jesus, dem
45 nicht etwas offenbart wird, wird sich selbst offenbar in seiner Berufung und in seinem Dienst. Wir
können unterscheiden: Während andere Offenbarungsmittler vor allem wichtig für die *Menschen*
sind, denen sie einen von ihnen empfangenen Offenbarungsinhalt vermitteln sollen, ist die Offenbarung an Jesus vor allem wichtig für *Gott,* der in der Offenbarung sich unter den Menschen einen
„Sohn" schafft, den er mit seinem „Geist" ausstattet und in seine Dienste ruft. Offenbarung ist hier
50 gänzlich personbezogen, kein sachvermittelndes Geschehen. So dass wir für Jesus jedenfalls nicht
gut von einem Offenbarungsmittler sprechen können, weil er Offenbarung in Person ist; er hat nichts
zu vermitteln an die Menschen als sich selbst, hat den Menschen im Namen Gottes nichts mitzu-
teilen: keine Lehre, keine Wahrheit, keine Gebote und kein Gesetz – als nur sich selbst und den
Dienst, den Er-in-Person oder besser: Gott-in-seiner-Person den Menschen tun will.
55 Das aber ist etwas unterscheidend Christliches. Weder Mose noch Mohammed werden sich in
der Offenbarung Gottes selbst offenbar, keiner von beiden wird selbst zum Inhalt der Offenbarung
Gottes; sie werden zu Funktionären des göttlichen Willens und Wortes, aber nicht selbst zum Wort
Gottes.
So kommen wir zu dem Schluss: Während im Verständnis von einem exklusiven und geistigen
60 Wesen Gottes die drei großen Religionen zusammenstimmen, – während sie auch zusammenstimmen in einer Bezeugung des einen Gottes durch einen zentralen, dafür erwählten Menschen, unter-
scheiden sich Judentum und Islam vom Christentum dadurch, dass Gott den Menschen durch sie
Weisungen und Wahrheit *bringt,* unterscheidet sich umgekehrt das Christentum vom Judentum und
Islam aber dadurch, dass sich in ihm Gott an die Menschen *hingibt.*

F.-W. Marquardt 1991

M7a: „Lord, I want to be like Jesus in my heart"

Ich nenne mich nach einem Menschen, der vor 2000 Jahren zu Tode gefoltert wurde und der nicht umzubringen war. Ich identifiziere mich mit ihm. Ich traue seiner Wahrheit mehr als anderen Stücken von Wahrheit, die ich zu Gesicht bekommen habe, und sicher mehr als meiner eigenen. Ich „identifiziere" mich, das bedeutet: Ich kann meine Identität nicht beschreiben ohne über ihn zu reden.

5 Zu meiner Identität gehört mehr als mein individuelles Dasein, ja die „ist"-Beschreibung ist ein Gefängnis, das man verlassen muss. Transzendenz ist ein notwendiger täglicher Akt. Ich höre nicht da auf, wo meine Arme enden, so wie ich nicht erst da anfange, wo ich geboren wurde. Nur transzendierend sind wir lebendig.

Die Würde des Menschen ist die Fähigkeit zu überschreiten, was ist. Christus lädt uns ein, an diesem 10 Geheimnis teilzunehmen. Er stellt in uns eben diese Potenz wieder her. Wir sind Menschen, sagt er. Nicht Maschinen, nicht bloße Produzenten des Bruttosozialprodukts, nicht Agenten einer zum goldenen Kalb gemachten „nationalen Sicherheit", nicht machtlos den Systemzwängen Unterworfene. Wir sind vielmehr transzendenzfähig, weil wir mit anderen verbunden leben. Es gibt eine Einheit des Lebens, des menschlichen Lebens, das jeder von uns hat, mit der Transzendenz, das ist eine Grund-15 aussage christlicher Anthropologie. Ich bin verbunden mit, ich gehöre zu, also bin ich. Alle anderen möglichen Begründungen meines Daseins, wie die cartesianische (ich denke, also bin ich) oder die von Albert Camus (ich revoltiere, also bin ich), setzen mir zu spät an. Nur weil ich verbunden bin mit allen in Christus, darum hat es Sinn zu denken und darum bin ich genötigt, Widerstand zu leisten.

Christ bin ich wegen Christus. In der Frage, warum gerade dieser Christus und nicht mögliche 20 andere Gestalten, bin ich immer noch im religiösen Supermarkt befangen. Nichts gegen diesen bereichernden, blickerweiternden Supermarkt gegenwärtiger Möglichkeiten. Aber kann ich mich auf die Rolle des Zuschauers, des Bewunderers, wie Kierkegaard ihn nannte, des religiösen Kunden reduzieren? Nicht die Anzahl der Bilder, die wir lieben, ist entscheidend, sondern die Beziehung, in der wir zu den Bildern stehen, die Macht, die wir ihnen einräumen über unser Leben und über unsere 25 Welt. Solange wir von dieser Frage abstrahieren, bleiben wir im beziehungslosen Supermarkt, dem alle Religionen zum Lieferanten von Konsumobjekten werden.

Christ bin ich wegen Christus. Und sich auf Christus einlassen bedeutet, wie er werden, ihm ähnlicher werden. ... Sich identifizieren ist nicht ein formaler Akt, wie er sich zum Beispiel in der Taufe ausdrückt, es ist ein Lebensprozess, in dem der Liebende dem Geliebten immer ähnlicher wird. 30 Christ bin ich, um wie Christus zu werden. So lerne ich, am ehesten nach dem Reich Gottes zu trachten und alles andere, das nicht der Gerechtigkeit dient, als zweitrangig anzusehen.

In Wirklichkeit (ich spreche hier nicht für die Christen, die ihr Christentum ererbt haben, sondern für die, die aus der Naivität durch die Phase der Kritik zu einer dritten Stufe kritischer, auswählender Bejahung gekommen sind) – in der Wirklichkeit solchen Glaubens spielen das Verständnis von 35 einem lenkenden und übermächtigen Gott und die Hoffnung auf eine postmortale Existenz nur die Rolle, die sie in einigen zentralen Geschichten des Neuen Testaments spielen, nämlich gar keine. Ich denke an die Geschichte vom Barmherzigen Samariter (Lk 10,25–37) oder an die vom Jüngsten Gericht (Mt 25). Die Annahme eines himmlischen Wesens und die Hoffnung auf Fortdauer werden in diesen Geschichten nicht zum Thema, wohl aber die genannten Themen: der Wunsch, mehr und 40 gründlicher zu lieben, das Interesse an dem Reich, in dem die Hungrigen mit Gütern gefüllt und die Reichen leer hinweggeschickt werden (Lk 1,53). Der Samariter versucht, genauer für einen anderen dazusein, er starrt nicht auf Jesus als einen starken Superstar, der schon alles in Ordnung bringen wird, erst recht nicht auf Gott den Allmächtigen, sondern handelnd wird er wie dieser Jesus. In diesem Sinn ist er ein Christ, der das formale Bekenntnis zu Christus nicht braucht. Die alte Frage, ob 45 man das Reich Gottes nicht auch ohne Jesus suchen und bauen könne, welche Notwendigkeit uns auf die christliche Sprache festlegt, wird auch hier nicht formal und nicht argumentativ entschieden.

Nur in der Praxis kann sich die Macht der Bilder, ihr Kommunikationspotenzial erweisen. Zum Glauben kommt man nicht durch Bücher und Deduktionen von Gedanken, sondern durch gemeinsame Praxis. Christsein wird vermittelt durch andere Christen.

50 Jesus von Nazareth hat mit seinem Leben etwas versucht, was ich auch will, an dem mir tatsächlich „alles" liegt. Da der Ausgang seines Experiments ungewiss ist, kommt es darauf an, dass möglichst viele, möglichst alle daran mitarbeiten: mit Wunder tun, mit leiden, mit erzählen, mit teilen. Er ist mein Bruder, der, etwas älter als ich, mir immer schon einen Tod voraus ist; der, etwas jünger als ich, verrückter, mir immer schon ein Wunder voraus ist.

55 Was tut er mir? Ich lerne von ihm. Wenn man nicht mehr lernt, ist man tot, und von ihm lerne ich am meisten. Er spricht von meinem Leben so, wie ich will, dass von ihm gesprochen wird, ohne jede Verachtung. Er lässt es nicht zu, dass nur ein einziger Tag meines Lebens gering geachtet, sinnlos, ohne das große Experiment sei. Ich lerne von ihm, allen Zynismus zu überwinden. Diese Lektion finde ich heute am schwersten – es gibt überzeugende Gründe, Menschen zu verachten, es gibt

60 großartige Gründe, mich selber zu verachten. Es gibt eine Versuchung, das Leben nur teilweise, nur ein Stück weit, nur unter Umständen zu bejahen. Er beschämt mich – meine endliche, ungeduldige, teilweise oberflächliche Bejahung. Er lehrt mich ein unendliches, revolutionäres, nichts und niemanden auslassendes Ja.

D. Sölle 1980

M7b: Der glücklichste Mensch!

Ich halte Jesus von Nazareth für den glücklichsten Menschen, der je gelebt hat. Ich denke, dass die Kraft seiner Fantasie aus dem Glück heraus verstanden werden muss. Alle Fantasie ist in Gelingen verliebt, sie lässt sich etwas einfallen und sprengt immer wieder die Grenzen und befreit die Menschen, die sich unter diesen Grenzen in Opfer und Entsagung, in Repression und Rache ducken und

5 sie so ewig verlängern. Jesus erscheint in der Schilderung der Evangelien als ein Mensch, der seine Umgebung mit Glück ansteckte, der seine Kraft weitergab, der verschenkte, was er hatte. Das konventionelle Bild von Jesus hat immer seinen Gehorsam und seinen Opfersinn in den Vordergrund gestellt. Aber Fantasie, die aus Glück geboren wird, scheint mir eine genauere Beschreibung seines Lebens. Sogar sein Tod wäre missdeutet als das tragische Scheitern eines Glücklosen, er wäre zu

10 kurz verstanden, wenn nicht die Möglichkeit der Auferstehung in Jesus selber festgehalten werden würde! Auferstehung als die weitergehende Wahrheit der Sache Jesu ist aber im Tode dieses Menschen gegenwärtig; er hat den Satz „Ich bin das Leben" auch im Sterben nicht zurückgenommen.

Es besteht ein Sachzusammenhang zwischen dem Glück, dem Ich und seiner Fantasie, ein Zusammenhang, der an Jesu Leben deutlich wird, aber für alle Menschen gilt. Wenn man diesen

15 Zusammenhang mit den älteren theologischen Wörtern beschreibt, so ist es der von Gnade, Rechtfertigung des Sünders und Heiligung der Welt. In der Gnade, die so erscheint, dass einem Menschen sein Leben glückt, konstituiert sich ein anderes Ich, das den eigenen Ängsten entnommen ist, das befreit oder erlöst ist, und eben dieses Ich kann seine Aufgabe nun nicht mehr im Erfüllen bestimmter Vorschriften sehen, eine christliche Ethik nicht mehr auf Gehorsam gründen, weil die Aufgabe nun

20 Weltveränderung ist, die die Tugend der Fantasie braucht.

Dass „Gott" für Jesus Befreiung bedeutete, Entfesselung aller Kräfte, die in jedem von uns gefangen liegen und mit denen wir Wunder tun können, die nicht geringer sind, als die, die von Jesus erzählt wurden, schien vergessen. Das Gefühl, ein erfülltes Leben zu haben, das Glück Jesu ging verloren. Es war, als wolle man den Menschen mehr und Größeres als das Glück Jesu versprechen – eine erst

25 nach dem Tode sich realisierende Anteilhabe am göttlichen Leben. Mit Hilfe dieses Droben, dieses Später, ist das Glück diffamiert worden und die Veränderung der Erde auf Möglichkeiten des Glücks hin unterblieb. Noch immer befürchten wir heimlich vom Glück, es müsse auf Kosten anderer gehen,

verdächtigen es als einen Raub an anderen, weil wir die Erde selber und die in ihr vorgesehenen Möglichkeiten von Glück als konstant, als unbeweglich ansehen. Wird die Welt dagegen als die
30 Bewegung auf ein Ziel hin angesehen, wird Gott als in der Geschichte handelnd erfahren und nicht im Jenseits der Natur ruhend und ewig seiend vorgestellt, so lassen sich auch die Chancen des Glücks vermehren.

Gott hat sich nach christlicher Überlieferung so in unsere Hände gegeben, dass er entdeckbar ist – im Gesicht des Menschen von nebenan, dass man ihn finden kann in den versteinerten Ordnungen,
35 die wir verändern können, dass er als diese produktive Unendlichkeit sichtbar wird in unserer Welt.

D. Sölle 1968

... Wer so [wie Jesus] auf die ganze Seligkeit, auf das ganze gute Leben aus ist, der braucht: Fantasie. Fantasie wird häufig missdeutet, als sei sie eine Anlage, die einer hat, ein anderer nicht, so wie einer musikalisch ist, ein anderer nicht. Aber das ist ein oberflächliches Verständnis von Fantasie, es nimmt sie nur als eine schweifende Einbildungskraft oder als eine Fähigkeit, der Realität träumend zu
5 entkommen. In Wirklichkeit ist Fantasie eine Form der Freiheit, die ein Mensch in seinem Leben gewinnen kann. Sie entsteht, wie jede andere Tugend, als Frucht unserer Auseinandersetzung mit der Welt, sie erwächst aus der Erziehung, die wir erfahren haben und die wir uns selber geben. Ein Mensch kann also im Laufe seines Lebens fantasievoller werden, oder, was der Normalfall ist, er kann immer mehr an Fantasie einbüßen, immer ärmer in seinen Lebensentwürfen werden und immer fixierter an das, was er seine Lebenserfahrung oder seine Menschenkenntnis nennt. Diese wachsen-
10 de Verarmung des Lebens gibt sich gern den Anschein der Reife und des Realitätsbewusstseins, aber in der Tat ist sie eine Einbuße an Möglichkeitssinn, an grenzensprengender Fantasie. ...

Es ist nicht wichtig, den Menschen als das physische Ebenbild Gottes zu betrachten; entschei-
dend ist, dass wir fähig sind, wie Gott zu handeln; machtvoll, Leben erweckend, kreativ, verändernd. Ein Ebenbild Gottes sein heißt in diesem Sinne an der Macht partizipieren, Mitschöpfer sein. Das
15 sind nicht idealistische, optimistische Umschreibungen, sondern Erfahrungen, die wir kennen, die in den wichtigsten Erfahrungen unseres Lebens präsent sind, in geglückter Sexualität, in geglückter und mit uns selber neu bekannt machender und verbindender Arbeit. Gesundheit, die Freud bekanntlich so definiert, dass wir arbeits- und liebesfähig werden, also das, was den meisten verweigert wird, ist eine solche Partizipation an der Macht des Lebens, die sich in der Bibel so aus-
20 drückt, dass wir Ebenbild Gottes sind. Die jüdische Tradition hat aus der Ebenbildlichkeit eine Lehre von der möglichen Nachahmung Gottes in unserem Handeln entwickelt.

Gott nachahmen im Sinne der jüdischen Tradition heißt Nackte kleiden, wie Gott Adam und Eva Röcke machte, es heißt Hungrige speisen, wie Gott es durch Raben an Elias tat. Es heißt Gerechtigkeit herstellen und nicht in der Machtlosigkeit verharren.

D. Sölle 1982

Jesus, Hoffnung der Armen –
Jesus, der nichtpatriarchale Mann: Luise Schottroff

Jesus – Hoffnung der Armen

Alle synoptischen Evangelien und Traditionsschichten berichten an zentraler Stelle, Jesus habe die Nähe der Königsherrschaft Gottes verkündet und den Armen das Evangelium, die frohe Botschaft, gebracht (Antrittsrede Jesu in Nazareth Lk 4,16ff; Feldrede Lk 6,20f; Täuferanfrage Mt 11,2-6 par., Bergpredigt Mt 5,1ff). Die frohe Botschaft für die Armen ist Beginn der Erfüllung der Verheißungen

5   Gottes. Jesus und die Jesustradition beziehen sich dabei besonders auf Jes 61 und Jes 35. Die Heilungswunder Jesu sind Teil des Evangeliums der Armen. Die Hungernden sollen satt werden, die Krüppel und die Blinden wieder gesund werden. Das Evangelium der Armen hat für das praktische Verhalten Jesu und der Jesusanhänger bedeutet, dass sie auf ihrem Wanderweg von Galiläa nach Jerusalem bzw. auf ihren späteren Wanderungen im Land nach Jesu Tod Kranke auf den Straßen und

10 Plätzen der Ortschaften um sich gesammelt haben. Sie haben ihnen mit der Vollmacht Gottes gesagt, dass Gott seine Verheißung wahrmacht, dass sein gerechtes Handeln sie zuerst aufrichtet, dass sie nicht der letzte Dreck sind, sondern Gottes erste Kinder. Sie haben diese Praxis als das Senfkorn der Königsherrschaft Gottes begriffen (Mk 4,30–32 parr.), die alle Völker in Frieden und Gerechtigkeit versammeln wird.

15   Diese Sammlungsbewegung, die bei den Armen beginnt, aber in Zukunft das ganze Volk erreichen will, fand in einer politischen und sozialen Situation des Judentums statt, die zu wenig Hoffnung Anlass gab. Faktisch hatten die Römer die Macht im Lande. Sie beuteten durch Tributzahlungen das Volk aus, sie erstickten jede Unabhängigkeitsbewegung sofort mit militärischen Mitteln. Dabei kooperierten sie mit der lokalen Führungsschicht, vor allem mit dem herodianischen

20 Königshaus und den Sadduzäern. Die zunehmende wirtschaftliche und politische Not der Juden lässt sich nicht nur aus der Geschichte der synoptischen Tradition erkennen, sondern auch aus außerbiblischen Quellen, aus Josephus, aus der Mischna, aus archäologischen Funden.

Die Kraft dieser Sammlungsbewegung von unten kommt aus der jüdischen religiösen Tradition. Gott ist auch in anderen jüdischen Bewegungen dieser Zeit eine so starke Hoffnungsmacht, dass die

25 Römer sich bedroht fühlen, auch wenn sie direkt nicht bedroht werden. Jesus und die Jesusbewegung stellen allerdings die Machtfrage permanent. Die Königsherrschaft Gottes ist nahe herbei gekommen (Mk 1,15 parr.), das heißt, seine Macht ist die Macht, die das ganze Leben seines Volkes bestimmt. Zwar sollen die Juden weiter an den Kaiser Steuern zahlen (Mk 12,17 parr.), aber sie werden ihr Leben von Grund auf erneuern; überhaupt keine Herrschaft von Menschen über Völker

30 soll mehr sein. Untereinander sollen die Herrschaftsbeziehungen schon jetzt aufgehoben werden: „Wer unter euch groß sein will, der sei euer Diener" (Mk 10,43 parr.). Der Zusammenschluss der Jesusanhänger in Gemeinden bot den Menschen sofort eine Perspektive, ihr Leben neu und gemeinsam im Sinne ihrer Vision aufzubauen. Die Begeisterung über diese Möglichkeit, Gottes Nähe zu erfahren und in Stärke und Phantasie neue Lebensmöglichkeiten aufzubauen, ist fest auf die Gestalt

35 Jesu bezogen.

Das Armenevangelium Jesu und der Jesusbewegung ist in der theologischen Tradition immer dann, wenn die Christen reich waren, in irgendeiner Weise umgedeutet worden. In der Gegenwart wird in der ersten Welt immer noch versucht, das Armenevangelium so zu übersetzen, dass es auch auf reiche Christen passt, die eben „arm" im übertragenen Sinne vor Gott stehen. Doch den Reichen

40 galt die Forderung Jesu nach Umkehr, nicht das Armenevangelium.

Besonders die Geschichte von der blutflüssigen Frau (Mk 5,25–34 parr.) ist für die neuere christliche Frauenbewegung als Ausdruck einer nichtpatriarchalen Beziehung zwischen Jesus und einer Frau zum Leittext geworden. Diese Geschichte zeigt einen Jesus, der die Initiative einer Frau bestätigt, eine Initiative, die in ihrem gesellschaftlichen Zusammenhang einer Frau verboten war. Die

45 Berührung einer blutflüssigen oder menstruierenden Frau galt als gefährlich. Jesus wird in dieser Geschichte nicht als der große Gottesmann gezeigt, der eine „Patientin" als Objekt seiner Behandlung gesund macht, sondern als ein Mann, der die Initiative einer Frau akzeptiert und nicht meint, dem noch etwas hinzufügen zu müssen. Er ist nicht der große Macher und Veränderer, sondern lässt sich auch verändern. Die Jesustradition zeigt auch in diesen Geschichten, dass Jesus (und die

50 Jesusbewegung) die Umkehrung der Letzten zu den Ersten nicht nur verkündet, sondern auch praktiziert hat.

Während das Verhalten Jesu einen nichtpatriarchalen Mann zeigt, ist seine Verkündigung, vor allem sein Gottesbild, stark von patriarchalen Bildern bestimmt. In diesen Bildern übt der Herr Macht und Gewalt gegen die von ihm Abhängigen aus bis hin zur Hinrichtung derer, die sich etwas zu-

55 schulden kommen ließen. Auch wenn der Patriarch im Gleichnis vom verlorenen Sohn sich weniger patriarchal verhält, in dem auch er sich auf seine Kinder hin bewegt (Lk 15,11–32), so bleibt doch das grundlegende Problem des Gottesbildes Jesu bis hin zum Vaterunser aus feministischer Sicht bestehen. Allerdings wird eine feministische Lösung dieses Problems sich nicht nur auf einzelne Bilder und Jesusworte beziehen können, sondern sozialgeschichtlich fragen müssen, den gesamten

60 gesellschaftlichen Zusammenhang berücksichtigen. Es ist ein historisches Faktum, dass Jesus in seinem Verhalten als nichtpatriarchaler Mann auftrat und dass auch die spätere Jesusdarstellung der Evangelien keine Spuren nachträglicher patriarchaler Retouchen des Jesusbildes erkennen lässt. Es ist ebenso ein historisches Faktum, dass das Gottesbild Jesu und der Jesustradition autoritär und patriarchal ist. Und es ist ein sozialgeschichtliches Faktum, dass dieses patriarchale Gottesbild in

65 einer messianischen Bewegung beheimatet ist, die von Menschen getragen wird, die selbst unter Königen, Großgrundbesitzern und Gläubigern leiden, nicht aber zu diesen Kreisen gehören. Das heißt aber, dass es notwendig ist, zwischen der Wirkungsgeschichte dieses Gottesbildes und seiner ursprünglichen Heimat zu differenzieren. Es ist ein Unterschied, ob eine Kirche, die Machtpositionen innehat und verteilt und an der Unterstützung staatlicher Machtpositionen interessiert ist, von Gott

70 als Vater und König redet, oder ob es Jesus und die Seinen taten. Für Jesus und die Jesusbewegung war dies die Gottesvorstellung ihres Volkes, das eine lange Geschichte des Elends, der Unterdrückung und der Hoffnung auf *diesen* Gott hinter sich hatte. Der Gott Israels legitimiert in dieser Tradition nicht die Macht der Könige, sondern setzt dem Machtmissbrauch der Könige die gerechte Macht Gottes entgegen, die größer ist als die der Könige.

L. Schottroff 1990

M9a: Gemäß dem Wortlaut der Ostergeschichte: Karl Barth

Fragen wir aber weiter, wie das geschah, dass der Mensch Jesus in den vierzig Tagen in der Weise Gottes unter ihnen war und offenbar wurde, dann muss „ohne Hörner und Klauen" geantwortet werden: Es geschah darin, dass er – er, der am dritten Tage zuvor von den Juden verworfen, von den Heiden verurteilt und getötet und von den Seinen begraben worden war – als lebendiger Mensch aufs neue

5 unter ihnen war. So war er der konkrete Erweis des gnädigen Gottes, der im Kreuzestod dieses Menschen sein Recht, aber auch das Recht des Menschen, nicht untergehen lassen, sondern im Gegenteil behaupten wollte und siegreich behauptet hat. So war er der konkrete Erweis des Gottes, der nicht nur mächtig ist über des Menschen Leben und Tod, sondern auch willig, ihn vom Tode zu erretten. Und, was uns hier im besonderen interessiert: So war er der konkrete Erweis des Gottes, der

10 nicht nur selber noch anders Zeit, Lebenszeit hat als der Mensch, dessen Wille und Entschluss es vielmehr ist, auch dem Menschen an dieser seiner Zeit, an seiner Ewigkeit Anteil zu geben. Der konkrete Erweis dieses Gottes, seine Erscheinung ist der Sinn der Erscheinung und der Erscheinungen des aufs neue, des auch nach seinem Tode lebendigen Menschen Jesus in den vierzig Tagen. Man darf und muss wohl sagen: Wenn der Mensch Jesus das fleischgewordene Wort dieses Gottes war,

15 dann musste es gerade in der Gestalt geschehen, wie es nach der Ostergeschichte in ihrem schlichten, nicht umgedeuteten Wortlaut tatsächlich geschehen ist: Dieser Mensch, das fleischgewordene Wort Gottes, musste dann als die im Triumph vollzogene Rechtfertigung Gottes und dessen Menschen nicht nur da sein, sondern wahrnehmbar werden. Eben so war er offenkundig in der Weise Gottes unter den Seinen. Eben so war er die Gotteserscheinung, die nachher den Gegenstand ihrer

20 besonderen Erinnerung an diese besondere Zeit bildete. Eben so war er vor ihren Augen und Ohren der Herr, dem sie diesen Namen nicht geben konnten oder aus irgendeinem Grund (indem sie ihn werteten und deuteten) geben wollten, den sie ihm vielmehr geben mussten.

K. Barth 1959

M9b: Das Kreuz als eschatologisches Ereignis: Rudolf Bultmann und Willy Marxsen

Indem Gott Jesus kreuzigen ließ, hat er für uns das Kreuz errichtet: An das Kreuz Christi glauben heißt nicht, auf einen mythischen Vorgang blicken, der sich außerhalb unser und unserer Welt vollzogen hat, auf ein objektiv anschaubares Ereignis, das Gott als uns zugute geschehen anrechnet; sondern an das Kreuz glauben heißt, das Kreuz Christi als das eigene übernehmen, heißt, sich mit

5 Christus kreuzigen lassen. Das Kreuz ist als Heilsgeschehen nicht ein isoliertes Ereignis, das an Christus als mythischer Person passiert ist, sondern dieses Ereignis hat in seiner Bedeutsamkeit „kosmische" Dimension. Und seine entscheidende geschichtsumgestaltende Bedeutung wird dadurch zum Ausdruck gebracht, dass es als das eschatologische Ereignis gilt; das heißt, es ist nicht ein Ereignis der Vergangenheit, auf das man zurückblickt; sondern es ist das eschatologische Ereignis

10 in der Zeit und jenseits der Zeit, sofern es, in seiner Bedeutsamkeit verstanden und, d.h. für den Glauben, stets Gegenwart ist.

Als Heilsgeschehen ist also das Kreuz Christi kein mythisches Ereignis, sondern ein geschichtliches Geschehen, das in dem historischen Ereignis der Kreuzigung Jesu von Nazareth seinen Ursprung nimmt. Dieses ist in seiner geschichtlichen Bedeutsamkeit das Gericht über die Welt, das

15 befreiende Gericht über den Menschen. Und insofern er das ist; ist Christus „für uns" gekreuzigt.

Kann die Rede von der Auferstehung Christi etwas anderes sein als der Ausdruck der Bedeutsamkeit des Kreuzes?

Kreuz und Auferstehung sind eine Einheit, indem sie zusammen das eine „kosmische" Ereignis sind, durch das die Welt gerichtet und die Möglichkeit echten Lebens beschafft worden ist.

20 Ja, der Auferstehungsglaube ist nichts anderes als der Glaube an das Kreuz als Heilsereignis, an das Kreuz als Kreuz Christi. Man kann also nicht zuerst an Christus glauben und daraufhin an sein Kreuz; sondern an Christus glauben heißt, an das Kreuz als das Kreuz Christi glauben. Nicht weil es das Kreuz Christi ist, ist es das Heilsereignis, sondern weil es das Heilsereignis ist, ist es das Kreuz Christi. Abgesehen davon ist es das tragische Ende eines edlen Menschen. Dann sind wir auf die

25 Frage zurückgeworfen: Wie ist es dem Kreuze anzusehen, dass es das Kreuz Christi, dass es das eschatologische Ereignis ist? Wie kommen wir dazu, an das Kreuz als das Heilsgeschehen zu glauben?

Hier scheint es mir nur eine Antwort zu geben: Weil es als solches verkündigt wird, weil es mit der Auferstehung verkündigt wird. Christus, der Gekreuzigte und Auferstandene, begegnet uns im Worte der Verkündigung, nirgends anders. Eben der Glaube an dieses Wort ist in Wahrheit der Osterglaube.

30 Es wäre nämlich eine Verirrung, wollte man hier zurückfragen nach dem historischen Ursprung der Verkündigung, als ob dieser ihr Recht erweisen könnte. Das würde bedeuten: den Glauben an Gottes Wort durch historische Untersuchung begründen zu wollen. Das Wort der Verkündigung begegnet als Gottes Wort, demgegenüber wir nicht die Legitimationsfrage stellen können, sondern das uns nur fragt, ob wir es glauben wollen oder nicht. Es fragt uns aber so, dass es, indem es uns

35 gebietet, an Tod und Auferstehung Christi als das eschatologische Geschehen zu glauben, uns die Möglichkeit des Verständnisses unserer selbst eröffnet. Glaube und Unglaube sind deshalb nicht blinder, willkürlicher Entschluss, sondern verstehendes Ja oder Nein. Der verstehende Glaube an das Wort der Verkündigung ist der echte Osterglaube. Im Erklingen des Wortes werden Kreuz und Auferstehung Gegenwart. Im gepredigten Wort und nur in ihm begegnet der Auferstandene.

R. Bultmann 1967

Nicht die Auferstehung ist das entscheidende Datum, sondern Jesus war das „Datum", sein Reden und Tun. Jesus wurde in seinem irdischen Wirken als Antizipation des Eschatons erfahren, als Ereignung Gottes. Diese – an ihn gebundene – Ereignung Gottes, die mit seinem Tode eigentlich vorbei war, wurde durch das Widerfahrnis des Sehens neu ausgelöst. So muss also daran festgehalten

5 werden, dass die Auferweckung Jesu nicht das christliche Zentraldatum ist.

Die Frage nach der Auferstehung Jesu ist zuletzt keine Frage nach einem Ereignis nach Karfreitag, sondern es ist die Frage nach dem irdischen Jesus und (unlösbar damit verbunden!) die Frage, wie seine Sache später erfahrene Wirklichkeit wurde und heute erfahrbare Wirklichkeit werden kann.

W. Marxsen 1964

Die Faktizität der Auferstehung Jesu: Wolfhart Pannenberg

Die Auferweckung Jesu von den Toten, die seinen Jüngern, aber auch ihrem Verfolger Saulus, durch die Erscheinungen des Auferstandenen zur Gewissheit wurde, bildet den Ursprung der apostolischen Christusverkündigung und ist damit auch zum Ausgangspunkt der Geschichte der urchristlichen Christologie geworden. Ohne die Auferweckung Jesu wäre, wie Paulus an die Korinther schrieb, der
5 Glaube der Christen nichtig (1Kor 15,17).

Damit bleibt der christliche Osterglaube für alle Zeiten gebunden an die irdische Geschichte Jesu von Nazareth, der seinem Volk die Nähe der Gottesherrschaft verkündet hat und von seinen Gegnern als Volksverführer verworfen und den Römern zur Hinrichtung übergeben, von Gott aber auferweckt und damit zugleich als Messias eingesetzt wurde (Apg 2,23f. und 36). Die Auferweckung Jesu ist der
10 Grund des christlichen Glaubens, aber nicht als isoliertes Ereignis, sondern in ihrem Rückbezug auf die irdische Sendung Jesu und seinen Kreuzestod.

Das Ostergeschehen bedeutet unmittelbar, dass der verurteilte und hingerichtete Jesus nun von Gott selbst gerechtfertigt ist, nämlich durch den Geist, durch dessen Kraft er von den Toten auferweckt wurde (1 Tim 3,16).

15 Erst durch das Ostergeschehen wurde über die Bedeutung der vorösterlichen Geschichte Jesu und über seine Person in ihrem Verhältnis zu Gott definitiv entschieden. Dazu muss das Ostergeschehen zunächst einmal ein Ereignis von eigenem Gewicht und Inhalt sein, eben Auferstehung Jesu von den Toten zu einem neuen Leben mit Gott. Dadurch wird die bis dahin über Jesu Person und Geschichte liegende Zweideutigkeit aufgelöst und beseitigt.

20 Die christliche Botschaft von der Auferstehung Jesu bedarf zu ihrer endgültigen Bewahrheitung des Ereignisses der eschatologischen Totenauferstehung. Das Eintreten dieses Ereignisses ist eine der Wahrheitsbedingungen, wenn auch keineswegs die einzige, für die Behauptung der Auferstehung Jesu. Diese Behauptung impliziert ein Wirklichkeitsverständnis, das auf der Vorwegnahme einer noch nicht eingetretenen Vollendung des menschlichen Lebens und des Weltgeschehens beruht.
25 Schon aus diesem Grunde wird die christliche Osterbotschaft so lange umstritten bleiben, wie die allgemeine Auferstehung der Toten in Verbindung mit der Wiederkunft Jesu noch nicht eingetreten ist. Andererseits kann die Einsicht in die proleptische Struktur der christlichen Osterbotschaft das Bewusstsein ihrer Sachgemäßheit stärken: Sie entspricht darin dem Ereignis der Auferstehung Jesu selbst als der Vorwegereignung des eschatologischen Heils, wie diese ihrerseits in einer bedeut-
30 samen Analogie zur Vorwegereignung der kommenden Gottesherrschaft in Jesu Verkündigung und irdischem Wirken steht.

Entscheidend für das Zutrauen zur Faktizität der von der christlichen Botschaft behaupteten Auferstehung Jesu bleiben die urchristlichen Zeugnisse von den Erscheinungen des Auferstandenen vor seinen Jüngern in Verbindung mit der Entdeckung des leeren Grabes Jesu in Jerusalem. Diese
35 Zeugnisse können allerdings nicht unbesehen auf bloße Autorität hin angenommen werden, sondern müssen sich einer Prüfung, wie sie auch bei anderen überlieferten Tatsachenbehauptungen üblich und bewährt ist, als stichhaltig erweisen.

Die christliche Osterüberlieferung verbindet zwei sehr verschiedenartige Sachverhalte, die anscheinend auch zunächst selbständig überliefert und erst sekundär miteinander verknüpft wurden:
40 Die Erscheinungen des Auferstandenen vor seinen Jüngern und die Auffindung des leeren Grabes Jesu. Dabei bilden die Berichte über Erscheinungen des Auferstandenen die Grundlage des christlichen Osterzeugnisses, während das Faktum des leeren Grabes für sich genommen mancherlei Deutungen zulässt (Joh 20,13f.), so dass es erst in Verbindung mit den Erscheinungen des Auferstandenen sein Gewicht für die Gesamtthematik gewinnt.

45   Weit verbreitet ist die Annahme, dass es sich bei allen Erscheinungen der Form nach um visionäre Erlebnisse gehandelt habe. Damit ist jedoch noch nichts gegen ihren Realitätsgehalt entschieden, es sei denn, im Einzelfall wären Zusammenhänge nachweisbar mit Umständen, unter denen nach allgemeiner Erfahrung Halluzinationen auftreten (wie Drogengenuss oder bestimmte Erkrankungen des Visionärs). Die Unterstellung, dass visionäre Erlebnisse in jedem Falle als psychische Projektion

50   ohne gegenständlichen Bezug beurteilt werden müssten, kann als nicht hinreichend begründetes weltanschauliches Postulat abgewiesen werden.

Der in seiner ursprünglicheren Gestalt bei Markus (16,1–8) erhaltene Bericht von der Auffindung des Grabes Jesu ist in der älteren Forschung häufig als eine späte hellenistische Legende beurteilt worden. Gegen diese Auffassung haben sich jedoch begründete Zweifel erhoben, so dass zuneh-

55   mend mit einem hohen Alter der Grabesgeschichte gerechnet wird, die man dann als Jerusalemer Lokaltradition und als ursprünglichen Bestandteil der Passionsgeschichte betrachtet. Andererseits gibt der Text der Grabesgeschichte Anlass zu Zweifeln daran, ob ihre Aussagen im Sinne eines einfachen Geschichtsberichts aufzufassen sind. Dennoch könnte die heute vorliegende Gestalt der Erzählung einzelne historisch relevante Erinnerungen bewahren, so besonders die Rolle von Frauen

60   bei der Auffindung des Grabes, aber auch die Erinnerung daran, dass die ersten Erscheinungen des Auferstandenen nicht am Grabe, sondern in Galiläa stattfanden.

Wenn es richtig ist, dass nach damaligem jüdischen Verständnis die Nachricht von der Auferweckung eines Toten implizierte, dass sein Grab leer wurde, dann ist es kaum vorstellbar, dass die christliche Botschaft von der Auferstehung Jesu sich ausgerechnet in Jerusalem ausbreiten konnte,

65   wenn nicht jene Voraussetzung im Hinblick auf das Grab Jesu feststand. Eine Bestätigung dafür, dass diese Tatsache allgemein bekannt und von Freunden wie Gegnern der christlichen Osterbotschaft vorausgesetzt wurde, ergibt sich sodann aus den Hinweisen auf die Auseinandersetzung zwischen den Christen und ihren jüdischen Gegnern zu diesem Thema, wie sie aus den Evangelien zu entnehmen sind (Mt 28,13–15; Joh 20,12ff. und 2). Es findet sich keinerlei Spur davon, dass den Christen

70   vorgehalten worden wäre, der Leichnam Jesu liege ja noch in seinem Grabe. Das Gewicht dieser Tatsache ist in der Diskussion um die Überlieferung von der Auffindung des leeren Grabes Jesu oft unterschätzt worden, ebenso wie die Tragweite des Zusammenhangs der Auferstehung mit der Leiblichkeit des Toten, besonders in Beziehung auf einen erst kürzlich Verstorbenen und im Hinblick auf den Umstand, dass die Auferstehung Jesu gerade in Jerusalem verkündet und geglaubt wurde.

75   Obwohl die urchristliche Überzeugung von der Tatsache der Auferstehung Jesu nicht auf der Entdeckung seines leeren Grabes beruht, sondern auf den Erscheinungen des Auferstandenen, ist die Grabestradition für das Gesamtzeugnis vom Ostergeschehen doch nicht bedeutungslos. Sie erschwert die Vermutung, bei den Erscheinungen des Auferstandenen könne es sich doch wohl nur um bloße Halluzinationen gehandelt haben.

W. Pannenberg 1991

Der gekreuzigte und auferstandene Mensch Jesus: Luise Schottroff

Das Kreuz Jesu war kein Symbol, es ist – viel später erst nach Jesu Tod – zu einem Symbol geworden. Es ist notwendig, den Weg zurückzufinden, die Geschichte des Kreuzessymboles als spätere Wirkungsgeschichte des Todes Jesu zu begreifen. Dieser Weg zurück hinter die Wirkungsgeschichte ist zunächst ein Weg in die Geschichte des 1. Jahrhunderts n. Chr., ein historischer Weg in die Vergangenheit. Aber für den christlichen Glauben ist dieser Weg in die Geschichte notwendig. Der Weg in die Geschichte ist zugleich der Weg zur Menschlichkeit Jesu. Vere homo, wahrer Mensch, hat die spätere christliche Dogmatik gesagt, sei Jesus gewesen. Er war ein Jude, der das Schicksal seines Volkes in seiner Zeit geteilt hat. Sein Kreuzestod gehört in diese Geschichte.

Wenn Christinnen und Christen an den Gekreuzigten und Auferstandenen glauben, auf ihn hoffen, dann verflüchtigen sie nicht sein höchst irdisches Schicksal als Mensch unter Menschen, sondern beziehen ihre Hoffnung auf die elende Realität, die Realität des Kreuzestodes Jesu. Es ist letztlich auch die Realität des eigenen Lebens und die Realität der Welt heute, in der Menschen durch Menschen ähnliches erleiden wie Jesus am Kreuz. Der christliche Glaube bezieht sich auf diese Realität; er ist um seine Substanz gebracht, wenn er sich in den abgegrenzten religiösen Bezirk zurückzieht, sei es der Bezirk der Innerlichkeit oder die Verschanzung in den Kreis Gleichgesinnter. Nicht umsonst bezieht sich der Glaube auf ein öffentliches und politisches Geschehen. Das alte Glaubensbekenntnis, das heute noch gebetet wird, hat diesen Realitätsbezug des Glaubens nüchtern formuliert: „Gelitten unter Pontius Pilatus".

Pontius Pilatus ließ Jesus hinrichten, weil seine Anhänger ihn für den Messias, den von Gott verheißenen neuen Davidssohn hielten. Vielleicht hat auch Jesus sich für Gottes Messias gehalten, jedenfalls hat er sein Reden und Handeln als Gottes Auftrag begriffen. Das jüdische Volk wurde wie andere Völker, die die Römer sich unterworfen hatten, politisch unterdrückt und wirtschaftlich ausgenutzt. Die Bevölkerung war arm und verarmte fortschreitend weiter. Aber die Menschen trugen das Elend nicht dumpf und passiv, denn sie waren Gottes Volk. Sie hatten ihre Schrift und Tradition und wussten, was wirkliches Menschsein ist. Sie wussten Gott auf ihrer Seite. Darum konnten die Repräsentanten römischer Macht mit einer messianischen Bewegung nicht lässig umgehen. Sie war der Keim einer Erneuerung der politischen Kraft eines unterdrückten Volkes von unten her.

Wie in anderen unterdrückten Völkern arbeiteten die Römer mit der lokalen politischen Führung zusammen, mit der herodianischen Königsfamilie und den Sadduzäern vor allem. Auch für sie war es nicht opportun, eine messianische Bewegung im Volk entstehen zu lassen. Darum lieferten sie Jesus den römischen Machthabern aus. Es wäre eine Verzeichnung der politischen Realität des Todes Jesu, wenn man sagen würde, seine Hinrichtung sei ein Missverständnis seines Wirkens als eines politischen Handelns gewesen. Natürlich war eine messianische Bewegung keine politische Organisation im Sinne irgendwelcher politischer Organisationen nach heutiger Vorstellung. Aber sie war im elementaren Sinne politisch: eine Bewegung vieler Menschen in Richtung auf ein Leben in Gerechtigkeit und Frieden. Darum war das Handeln des römischen Repräsentanten nicht Folge eines Missverständnisses, sondern Folge politischen Herrschaftswillens.

Noch eine andere folgenreiche Missdeutung der Hinrichtung Jesu muss bedacht werden: die Behauptung der Schuld der Juden am Tode Jesu. Mit dieser Behauptung ist über Jahrhunderte christliche Judenverfolgung legitimiert worden. Sie beruht auf einer absichtlichen Verzeichnung der historischen Situation. Die Macht war ausschließlich in der Hand der Römer, sie haben diese Kreuzigung wie die vieler anderer Menschen zur Zeit Jesu zu verantworten. Die Eilfertigkeit, mit der in der christlichen Geschichtsschreibung bis heute die Römer entschuldigt und bewundert werden, zeigt nur, dass christliche Geschichtsschreibung in der Regel immer noch Geschichte in Bewunderung der Herrscher schreibt.

Im Verlaufe der Wirkungsgeschichte des Kreuzestodes Jesu ist das Kreuz immer wieder zum Symbol für Leidensbereitschaft, Demut, Opferwille, dienende Hingabe gemacht worden. Doch Jesu Märtyrertod war nicht eine Folge der duldenden Hinnahme von Leiden; er war ein Akt des Widerstandes in der jüdischen Tradition des Martyriums als Ausdruck der Auflehnung für das ganze Volk.

50 Es ist – historisch betrachtet – geradezu eine Umkehrung der Bedeutung von Jesu Kreuzestod, wenn man ihn zum Symbol des Erduldens, der Hinnahme von Leiden macht. Sein Tod war Opfer, er war Dienen. Aber er diente eben nicht der Legitimation von Leiden, sondern der Befreiung vom Leiden. Menschen sollten nicht mehr über Menschen herrschen (Mk 10,42–45).

Als ich die antiken Schriftsteller las, die wie z.B. Tacitus oder Plinius als erste über das entstehende
55 Christentum berichten, war ich beeindruckt davon, wie viel aus ihren Sätzen über die Macht des Auferstehungsgeschehens erkennbar wird. Tacitus beschreibt, dass Jesus von Pontius Pilatus hingerichtet wurde, dass sich aber nach seinem Tode die Anhängerschaft nur noch schneller ausbreitete. Man merkt ihm das Erstaunen an, dass der Kreuzestod eine nicht erwartete Wirkung hatte, gerade die Ausbreitung der Jesusbewegung beschleunigte, was Pilatus bestimmt nicht beabsichtigt hatte. Das
60 ist die Außenansicht der Auferstehung Jesu. Für die Innenansicht finde ich es wichtig zu sehen, dass der Glaube der Anhängerinnen und Anhänger Jesu an die Lebendigkeit Jesu nach seinem Tode für sie zugleich ein Auftrag war: Jesus lebt, darum gehen wir weiter auf dem Weg, den er begonnen hat, den Weg ins wahre Leben der ganzen Schöpfung. Weniger wichtig finde ich, wie Glaubende in ihrer Zeit sich jeweils Auferstehung vorstellen. Ich möchte mich und andere nicht zwingen, biologische
65 Mirakel zu „glauben", ich möchte vielmehr erfahren und ausdrücken, dass der damals gekreuzigte Mensch Jesus bei mir ist als Lebendiger, der mich schützt und stärkt und auf den Weg schickt.

Die Nähe des Auferstandenen ist aber die Nähe des gekreuzigten Menschen Jesus aus Galiläa. Nicht irgendein Gottwesen, sondern dieser kleine jüdische Mann, den die Römer öffentlich umgebracht haben, ist der lebendige Christus. Er war ein kleiner Mann und ein gerechter Mann. Er war
70 so sensibel für Herrschaftsverhältnisse und Unterdrückung, dass er das damals selbstverständliche Patriarchat, das die ganze alte Welt beherrschte, nicht mitgemacht hat. Es gibt keine Jesusgeschichte, die ihn in einer patriarchalen Rolle zeigt; im Gegenteil, er erträgt es sogar, dass Frauen stärker sind als er (Mk 5,25–34). Dieser kleine Mensch aus Galiläa, der nicht einmal die Herrschaft über Frauen für sich in Anspruch nahm, ist der lebendige Christus. Nur weil der christliche Glaube so fest
75 an den Boden angebunden ist, geraten ihm die Höhenflüge ins Jenseits nicht, bei denen die Welt sich selbst überlassen bleibt.

L. Schottroff 1990

Das Bekenntnis zum Auferstandenen: Hans Martin Barth

Die neutestamentlichen Zeugnisse von der Auferweckung Jesu gründen auf Erfahrungen, wie auch immer diese zu deuten sein mögen. Offensichtlich wollen sie jedoch primär nicht diese Erfahrungen beschreiben, sondern das Bekenntnis zum Auferstandenen artikulieren. Sie wollen den Gehalt und die Bedeutung einer für die Glaubenden umwerfenden Erfahrung zum Ausdruck bringen. Ostern ent-
5   grenzt die Autorität Jesu Christi, dessen Souveränität selbst über das „Reich des Todes" damit erkennbar wird.

Exegetisch gesehen ist zwischen Formeltradition (z.B. Gal 1,1; Röm 10,9), die sehr nahe an das Todesdatum Jesu heranreicht, und Erzähltradition zu unterscheiden. Innerhalb dieser wiederum stehen einander zwei Traditionsströme gegenüber: Erscheinungsberichte und Erzählungen vom lee-
10 ren Grab. Die Erscheinungsberichte kulminieren in der Sendung derer, denen die Erscheinung zuteil wird. Es geht in ihnen nicht um ein apokalyptisches Wetterleuchten, um das Auftauchen eines Lichts, das wieder verschwindet wie eine Sternschnuppe. Vielmehr wird deutlich: Begegnung mit dem Auferstandenen impliziert Auftrag und Sendung. Insofern stellen die Auferstehungsberichte ein Inter-pretament für die Tatsache dar, dass die Jünger „sehen": Die Autorität Jesu ist mit der Kreuzigung
15 nicht erloschen, sondern: „Die Sache Jesu geht weiter" (W. Marxsen). Das Kreuz wurde vielmehr nun erst in seiner Bedeutung für die Überwindung des Todes und der Sünde als der destruktiven Kraft, die das Todesschicksal des Menschen bedingt, erkennbar. In diesem Sinne konnte Rudolf Bultmann das neutestamentliche Auferstehungszeugnis als Ausdruck der Bedeutsamkeit des Kreuzes würdi-gen. Als ein die Naturgesetze durchbrechendes Mirakel kommt es für ihn nicht in Frage. Jesus ist ins
20 Kerygma hinein auferstanden. In ihm erweist sich fortan die Autorität des Auferstandenen.

In den Erzählungen vom leeren Grab, dem zweiten Traditionsstrang, liegt der Akzent offensichtlich anders. Sie bekommen ihre Funktion erst von den Erscheinungsberichten her, können oder sollen diese vielleicht apologetisch stützen oder nur deren Konsequenz an einem für das menschliche Urteil wichtigen Punkt sichtbar machen.

25 Beide Traditionen sind möglicherweise eine Zeit lang unabhängig voneinander umgelaufen. Durch eine voneinander unabhängige doppelte Bezeugung wäre insofern die Faktizität des Oster-geschehens auch im historischen Sinne unterstrichen. Gegenüber historischen Zweifeln lässt sich einwenden, dass es nicht statthaft ist, von vornherein festzulegen, was innerhalb der vom Menschen bislang erlebten und reflektierten Geschichte passiert sein kann und was nicht. Wenn die Geschichte
30 erst von ihrem Ende her wirklich zu erfassen ist, dieses Ende aber noch aussteht, gilt es vielmehr, „Neues" in der Geschichte prinzipiell zuzulassen. Die Erscheinungsberichte bzw. die Berichte vom leeren Grab können insofern verstanden werden als Bestätigung des Vollmachtsanspruchs des irdischen Jesus. Sie zeigen dann im Sinn eines Vorgriffs, worauf die Geschichte zuläuft (W. Pannen-berg).

35 Dass das Auferweckungszeugnis auf subjektiv authentischen Erfahrungen beruht, steht jedenfalls hinsichtlich der Erscheinungsberichte außer Frage. Inwiefern es darüber hinaus um einen möglicher-weise objektivierbaren Vorgang geht, ist umstritten.

Aus dem bisher Gesagten ergibt sich:

40 1. Die Behauptung der Faktizität des leeren Grabes hat begrenzte Reichweite.

2. Die Bestreitung der Faktizität des leeren Grabes überschreitet die Kompetenz des Historikers. Historisch gesehen, sind Zeugnisse ernst zu nehmen, auch wenn sie den Rahmen des Gewohnten sprengen. Erkenntnistheoretisch betrachtet, darf schlechthin Neues nicht durch Fixierung auf bis-
45 her Erfahrenes ausgeschlossen werden. Theologisch geurteilt, dürfen Gottes Möglichkeiten nicht durch das, was Menschen für möglich oder für nicht möglich halten, begrenzt werden.

3. Ziel der Auferstehungsbotschaft ist offensichtlich das Bekenntnis nicht zu einem bestimmten Vorgang, genannt „Auferstehung/Auferweckung", sondern zum Auferstandenen und zu seiner Auto-
50 rität – als der Autorität des Gekreuzigten, dessen Sache weitergeht, der im Kerygma begegnet und der in der Gemeinde sich vergegenwärtigt.

4. Der somatische Bereich kann von dem Souveränitätsbereich Jesu als des Christus nicht ausgeschlossen werden: Das hebräische Denken verbietet die Reduktion auf „Spirituelles", „Bewusst-
55 sein" usw. Eine moderne psychosomatisch orientierte Anthropologie tut dies ebenfalls. Das Auferstehungszeugnis will zum Ausdruck bringen: Unter der Autorität Jesu als des Christus hat sich im Bereich der Leichname etwas geändert! Wie dies ontologisch zu fassen ist, bleibt offen. Es muss jedoch keineswegs als historisches oder quasihistorisches Ereignis gedacht werden. Als eschatologisches Ereignis verstanden, wäre die Auferweckung des Leibes sowohl im Blick auf
60 den historischen Jesus als auch im Blick auf die an ihn Glaubenden etwas, das – auch aus irdischer Perspektive – gilt, weil es sich im Eschaton realisieren wird. Der Faktor einer „dazwischen" liegenden irdischen Zeit wäre dabei, weil nur für den irdischen Betrachter bedeutsam, letztlich irrelevant.

65 5. Die Auferweckung Jesu darf von der christlichen Hoffnung auf die „Auferstehung der Toten" her interpretiert werden: Die Psyche des Menschen erlischt, sein Körper verwest. Trotzdem geht der Glaubende davon aus, dass dem, was er heute als seine psychosomatische Identität erlebt, Zukunft und Leben verheißen ist. Verwesung ist kein Argument gegen das Leben für denjenigen, der sein Verwesen dem lebendigen und Leben schaffenden Gott anvertrauen darf.
70

6. Die biblische Tradition unterscheidet zwischen Auferstehung und Auferweckung: „Auferweckung" soll die Tat Gottes an Jesus zum Ausdruck bringen, zugleich seine das Leben rettende, dem Tod überlegene Kraft. „Auferstehung" hat den Auferstehenden zum Subjekt und betont die in ihm liegende Kraft des neuen Lebens. Damit wird angedeutet, dass das Auferstehungs-/Aufer-
75 weckungsereignis nicht isoliert als christologisches Problem verstanden werden darf, sondern in ein letztlich trinitarisches Denken eingebunden werden muss.

7. In der Auferweckung Jesu verwirklicht sich der dreieine Gott, indem er als Schöpfer gegen den Tod das Leben durchsetzt, als Erlöser gegen die Sünde, die Jesus Christus auf sich nimmt,
80 Gerechtigkeit und Frieden erkämpft, und indem er als Vollender gegen die von Tod und Sünde beherrschte Welt befreites und befreiendes Leben ermöglicht.

H. M. Barth 2001

Zwischenrede: Jesus Christus im Kirchenjahr

Was Theologie wissenschaftlich oder alltäglich reflektiert, hat auch seine Gestalt in der Zeit: Das Kirchenjahr ist eine theologisch reflektierte, liturgische Gestaltung der Zeit.

Die Woche beginnt mit dem Sonntag, dem Tag der Auferstehung Jesu Christi. Das Jahr beginnt mit Advent und endet mit dem Ewigkeitssonntag. Dazwischen liegen – neben einer Fülle kleinerer Feste und Tage, die besonderen Heiligen gewidmet sind – Weihnachten, die Epiphaniaszeit, die Passionszeit mit der Karwoche, Ostern und Himmelfahrt, Pfingsten und der Sonntag Trinitatis.

Den meisten Sch. wird diese liturgisch geprägte Struktur der Zeit fremd sein. In der Grundschule noch wurden einige Feste gefeiert, im Konfirmandenunterricht vielleicht die Sonntage des Kirchenjahres gelernt und wohl meist lustlos in „Pflichtgottesdiensten" mit begangen. Macht eine solche zum säkularen Jahr zwischen dem 01. Januar und dem 31. Dezember alternative Zeitstruktur, wenn man um sie weiß und sie versteht, einen Sinn?

Hinweise zum Verstehen der Festzeiten

- *Advent* ist eine Zeit der Besinnung, des Fastens, der Reinigung und Vorbereitung auf das Kommen Jesu: „Macht hoch die Tür, die Tor macht weit". Advent signalisiert dabei ein anderes Zeitverständnis als Futur. Futur ist die Zukunft, die aus Vergangenheit und Gegenwart entsteht und gestaltet wird. Advent bedeutet Ankunft: aus der Zukunft kommt uns Neues entgegen, nicht verrechenbar mit unserer Vergangenheit und ihrer Gegenwart. Dies bedarf der Vorbereitung, einer entsprechenden Einstellung, der *Wahr*nehmung: Wer das Wunder, dessen wir Weihnachten gedenken, nicht mehr glauben will, wird es auch nicht erfahren.
- *Weihnachten* feiern wir die Geburt Jesu: „Siehe, ich verkündige euch große Freude, denn euch ist heute der Heiland geboren". Gottes Kommen in die Welt, Inkarnation, das „Geheimnis der Weihnacht" (K. Barth) erfüllt die Zeit und will gefeiert sein mit Herzen, Mund und allen Sinnen. Das für die Kinder verschlossene Weihnachtszimmer – ein Zeichen für das Geheimnis, was enthüllt wird; die Geschenke – Zeichen der *Mit*freude über das Geschenk Gottes an die Welt: sein Kommen.
- Mit *Epiphanias,* dem Erscheinungsfest, dem Datum des Weihnachtsfestes der orthodoxen Kirchen, endet unsere Weihnachtszeit (eine Erinnerung daran: An diesem Tag werden vielerorts die Christbäume aus der Wohnung geräumt und abgeholt). Gebräuchlich ist die volkstümliche Bezeichnung Dreikönigstag; die Kirchen des Westens erinnern sich hier an die Geschichte von den Weisen aus dem Morgenland (Mt 2,1–12), die dem „neugeborenen König der Juden" ihre Verehrung entgegenbringen (Mt 2,2): So steht hier im Unterschied zu Weihnachten (Gott wird Mensch, Erniedrigung) der Gedanke der Königsherrschaft Christi im Zentrum.
- Und wieder kommt mit der *Passionszeit* eine Zeit der Besinnung und des Fastens, der Besinnung auf das Leiden und den Leidensweg Jesu. „In rechter Ordnung lerne Jesu Passion" – mit diesem Merkvers lernten wir in meiner Konfirmandenzeit die Passionssonntage und ihre Bedeutung: Invokavit, Rogate, Oculi, Laetare, Judica und Palmarum. Mit dem Palmsonntag beginnt die Karwoche, eine ruhige und stille Zeit: Gründonnerstag und die später so genannte Einsetzung des Abendmahls, Karfreitag und die Kreuzigung Jesu durch die römische Besatzungsmacht in Palästina, Karsamstag mit der Grablegung Jesu.

■ Und mit der *Osternacht* beginnt die Auferstehungsfreude: Im Dunkel der Nacht wird wieder Licht. Nur wenn wir die Wunder sehen wollen, kann Gott sie auch tun. Wenn wir zeitlos über alles hinweg gehen, können wir auch nichts mehr *wahr*nehmen. „Jesus ist auferstanden" – „Er ist wahrhaftig auferstanden", so lautet der Ostergruß nicht mehr nur in den orthodoxen Kirchen und Gemeinden, der den Sieg des Lebens über den Tod im Leben und nach dem Leben feiert – frei und frech: „aber es kommt eine auferstehung – die ganz anders wird als wir dachten – es kommt eine auferstehung die ist – der aufstand gottes gegen die herren – und gegen den herrn aller herren: den tod" (K. Marti).[14]

■ Seit dem 4. Jahrhundert hat das *Himmelfahrtsfest,* 40 Tage nach Ostern, seinen festen Platz im Kirchenjahr, obwohl das Himmelfahrtsmotiv im Neuen Testament nur schwach bezeugt ist (Apg 1,4–12; Hebr 4,14 und 9,11f.). Jesu Wirksamkeit auf der Erde ist endgültig beendet: „Ihr galiläischen Männer, was steht ihr da und blickt zum Himmel auf?" Da oben gibt es nichts mehr zu schauen; jetzt soll's werden „wie im Himmel so auf Erden".

■ Zehn Tage später *Pfingsten:* – empowering! Der Heilige Geist, dieses schlechthinnige Wunder, der weht, wo er will, kommt über die Menschen und begeistert sie – „Geburtstag der Kirche" wird Pfingsten auch genannt; nur: welche Kirche verlässt sich wirklich auf den Heiligen Geist? Es wäre auch eine große Kühnheit, „mit der sich die Christenheit immer wieder nur schwer befreunden kann".[15] Die Wirkung solcher Begeisterung wird in Apg 4,32–37 und ergänzend dazu in Apg 2,46–47 beschrieben: Gemeinde als Lebensgemeinschaft, als Keimzelle gesellschaftlicher Erneuerung, urchristlicher Kommunismus.

■ Der Sonntag *Trinitatis* – wohl der „dogmatischste" Sonntag: die spezifisch christliche, von den anderen monotheistischen Religionen zu unterscheidende Gottesvorstellung ist sein Thema, die Trinität: die Einheit Gottes, des Vaters, des Sohnes und des Heiligen Geistes.

■ Von Ostern herkommend kann der letzte Sonntag des Kirchenjahres nicht Totensonntag, sondern nur *Ewigkeitssonntag* heißen. Die Toten sollen ihre Toten begraben, der Ewigkeitssonntag lädt ein zum Gedenken, zugleich aber auch zum Blick auf „eine auferstehung, die ganz anders wird als wir dachten".

Literatur zur Vorbereitung

K.-H Bieritz, Das Kirchenjahr. München 1998.

Unterrichtsidee

Nach einer kurzen Einführung, die sich an meinen kurzen Anmerkungen orientieren oder durch weitere Literatur ergänzt werden kann, kann ein Gespräch mit den Sch. über den Sinn des Kirchenjahres als liturgische Gestaltung christlichen Glaubens – Christologie als gestaltete Zeit – geführt werden.

Diskussionsfragen

■ Erinnern sich die Sch. an bestimmte Zeiten des Kirchenjahres und wie haben sie diese empfunden?
■ War ihnen der Christusbezug dieser Zeitstruktur irgendwie gegenwärtig?
■ Wie denken die Sch. über eine gegenüber dem säkularen Jahr alternative Zeitstruktur – Blödsinn, Einübung von alternativen Lebensmöglichkeiten, dem Glauben eine Gestalt in der Zeit geben? Macht das Kirchenjahr Sinn?

14 K. Marti, Leichenreden. Frankfurt 1989. S. 65.
15 H. Gollwitzer, Heiliger Geist. In: H. J. Schultz (Hrsg.), Theologie für Nichttheologen. Stuttgart 1966. S. 162-166, hier S. 163.

III. Der historische Jesus
und der Christus des Glaubens

Theologische und didaktische Aspekte

Nachdem es zunächst um Wahrnehmungen Jesu (Christi) in der Lebenswelt der Sch. ging und danach um neuere christologische Entwürfe in der deutschen Theologie, folgt nun der Logik der Sache nach, dass wir uns dem neutestamentlichen Zeugnis von Jesus Christus zuwenden: Was sagen die *Ur*kunden christlichen Glaubens über Jesus von Nazareth? Welches Bild von ihm zeichnen die Quellen und wie sind sie zu bewerten? Und wie wurde aus dem historischen Jesus der Christus des Glaubens? Bilden die biblischen Überlieferungen die *norma normans* aller evangelischen Theologie, der wissenschaftlichen Theologien wie der Theologien der Sch. und ihrer Lebenswelt, so ist die Kenntnis der neutestamentlichen Jesusbilder für sich bedeutsam und wichtig; überdies kann von daher ein Maßstab gewonnen werden, die bisherige wie auch die folgende Arbeit im Kurs kritisch zu bedenken:[16] Was und wer wurde aus dem hier verkündeten Jesus von Nazareth im Verlauf der Kirchen-, Religions- und Weltgeschichte? Wie ist diese Entwicklung zu beurteilen, wenn das neutestamentliche Zeugnis als *norma normans* zugrunde zu legen ist?

Dass in dem Namen Jesus Christus – juden- wie heidenchristlich – ein Bekenntnis enthalten ist, das ist entscheidend für die Grundstruktur aller Christologien: „Alle Christologien haben Bekenntnis-Charakter und von daher bildet die Bekenntnisstruktur das entscheidende formale Element jedweder Christologie. Es gibt keine Christologie, die nicht die Form einer Bekenntnis-Aussage hat, zumindest als ihre unaufgebbare Grundvoraussetzung."[17] Die Auflösung der Bekenntnisstruktur der Christologie bedeutet die Auflösung des Christentums: „Tolle assertiones, et Christianum tulisti" (Martin Luther).[18]

Ausgangspunkt der Christologie bildet die Glaubensentscheidung, dass Jesus Gottes Sohn und unser Herr ist. Ohne eine Zustimmung zu diesem Bekenntnis ist Christologie als Lehre und Rede, die Jesus Christus und seiner Geschichte nachdenken will, unmöglich. Warum aber ist dies so bedeutend, dass wir sagten, die Zustimmung zum Bekenntnis – also der Glaube an Jesus Christus – sei die Grundstruktur aller Christologie? Die Begründung liegt darin, „dass der christliche Glaube einem bestimmten geschichtlichen Menschen, dem Mann Jesus von Nazareth und seiner historisch-einmaligen Lebensgeschichte eine endgültige, *eschatologische,* absolute und universale Bedeutung für unser Gottesverständnis und für das Heil der gesamten Geschichte und Menschheit zuspricht".[19] Dass dieser historische Mensch Jesus die Offenbarung Gottes ist, darin liegt das Grundproblem der Christologie, das nur durch die Zustimmung des Glaubens entschieden wird, weil eben nicht bewiesen werden kann. „Der Glaube gehört zu den Bedingungen eines vollen Verständnisses im Blick auf Jesus dazu."[20] Wissenschaftlich im Sinne von beweisbar bleibt die Frage nach Jesus als dem Christus offen; beweisbar im Sinne historischer Gewissheit ist nur Jesu historische Existenz. „Das Kriterium, ob wir Jesus wirklich verstehen, ... ist allein der Glaube daran. Wer also denkt: *für uns* bist du da gewesen, Jesus Christus, der kann das nur glaubend sagen. Den Beweis dafür wird nur die Liebe erbringen, vor allen Werken und in allen Werken. Deshalb kann die Frage nach Jesus nur in unserer persönlichen Existenz eine Antwort finden."[21]

16 Zum Folgenden vgl. G. Orth, Systematische Theologie. Stuttgart 2002.
17 B. J. Hilberath, Th. Schneider, Art. Jesus Christus/Christologie. In: P. Eicher (Hrsg.), aaO. Bd. 2. S. 226-56, hier S. 229.
18 WA 18, 603.
19 B. J. Hilberath, Th. Schneider, aaO. S. 230.
20 E. Fuchs, Jesus Christus. In: H. J. Schultz, Theologie für Nichttheologen. Stuttgart 1968. S. 185-189, Zit. S. 186.
21 E. Fuchs, aaO. S. 189.

Das Kriterium also, ob wir Jesus wirklich verstehen, ist der Glaube daran, dass Jesus Gottes Sohn und unser Herr ist. Gleichwohl bildet die Rückfrage nach dem historischen Jesus ein bedeutsames Element nicht nur neutestamentlicher Forschung, sondern ebenso systematisch-theologischer Reflexion.

Dabei haben wir keine direkten Überlieferungen von Jesus, genauso wenig wie die Evangelisten Geschichtsschreiber in einem modernen historiographischen Sinne sein wollen: Sie verkünden, was sie glauben, was sie erfahren haben und was sie deshalb weitergeben müssen, weil es etwas war, was ihr Leben völlig verändert hat; das ist das eine. Und das andere: Sie tun dies im Interesse und im Kontext jeweils ihrer besonderen Gemeinden. So können wir, wenn wir uns an die neutestamentliche Überlieferung halten, zunächst ausschließlich vom synoptischen, vom johanneischen, vom paulinischen usw. Bild Jesu reden, also davon, wie die Synoptiker – Matthäus, Markus, Lukas – oder Johannes oder Paulus und andere Jesus dargestellt haben, und aus der neutestamentlichen Wissenschaft ist bekannt, wie verschieden sie das taten. Ganz unterschiedliche Christologien wurden von den einzelnen Autoren entwickelt, um jeweils ihrer Gemeinde und ihrem Adressatenkreis Jesus als denjenigen zu verdeutlichen, in dem Gott Mensch geworden ist.

Nichtsdestotrotz wollen Theologen und Theologinnen – und nicht nur sie – wissen, wer derjenige historisch war, von dem die neutestamentlichen Autoren ihren Ausgang nahmen. Die theologische Frage nach Jesus macht die historische Frage nach ihm nicht überflüssig, wenngleich sich der Glaube in seinem dezidiert biblischen Verständnis auch nicht an der historischen Verifizierung der Person Jesu festmachen lässt.

So entstand in der Zeit von Reimarus, Lessing und Herder, also in der Aufklärungszeit, die Frage nach dem historischen Jesus, nach seinem Leben: die so genannte Leben-Jesu-Forschung. Die Bilder, die Theologen und Theologinnen von Jesus zeichneten, reichen von dem projektiven Charakter der frühen Entwürfe bis zur Einordnung Jesu in die jüdisch-frühchristliche Geschichte.

Was wir aus christlichen – neutestamentlichen und apokryphen – und aus nicht-christlichen – jüdischen und römischen – Quellen über Jesu Leben, Tod und Auferstehung erfahren können, ist nicht wenig, gleichwohl im Sinne des modernen Begriffs von Historizität immer lediglich wahrscheinlich. So bleibt als Fazit, was der Neutestamentler Gerd Theißen so formuliert: „Die menschlich mögliche Gewissheit im Umgang mit dem historischen Jesus ist, dass wir bei der Beschäftigung mit ihm nicht in *Dialog* mit einem Phantasieprodukt treten, sondern mit einer konkreten historischen Erscheinung. Alle konkreten Einzelaussagen innerhalb einer Jesusdarstellung sind von verschiedenem Wahrscheinlichkeitsgrad. Hypothetisches bildet notwendig eine bleibende Aura um jedes Jesusbild."[22]

Für die Dogmatik ist jener Befund durchaus bedeutungsvoll: Gerade wenn sie betont, dass Christologie nur möglich ist unter der Voraussetzung des Glaubens an Jesus als den Christus, zeigt der historische Befund doch, dass dieser Glaube Anhalt – nicht Grund – hat an historischer Realität. Ein wirklicher Mensch war dieser Jesus, den der christliche Glaube bekennt als Messias, als Befreier und Retter der Menschen und – wie Paulus weiß (Röm 8) – auch der ganzen Schöpfung. In einem wirklichen Menschen war Gott unterwegs zu seiner Schöpfung. Dieses Bekenntnis war grundlegend für die Entwicklung des historischen Jesus von Nazareth zum Christus der Kirche.

Die Materialien dieses Kapitels folgen den oben stehenden theologischen und didaktischen Überlegungen: Sie fragen zunächst nach den Quellen über Jesus und zeichnen nach, was über das Leben, Tod und Auferstehung Jesu aus dem Neuen Testament historisch zu erfahren ist. Sodann werden die neutestamentlichen Christusbilder thematisiert. Dabei wird der Übergang von Jesus von Nazareth zum Christus der Kirche deutlich.

Insgesamt nötigen die Lernerfahrungen dieses Kapitels (eigentlich selbstverständlich) zu der kritischen Rückfrage an die individuellen und gesellschaftlichen Christus-Wahrnehmungen (I) und an die christologischen Entwürfe aus der neueren deutschen Theologie (II) und sie geben Maßstäbe vor für die Bearbeitung der weiteren Kapitel. Damit wird zum einen didaktisch die Scharnierstelle dieses Abschnittes für den gesamten Kurs deutlich, zum andern kann dieses Kapitel als einziges des Kurses auch ganz für sich behandelt werden, um zu erarbeiten, welche Bilder die neutestamentlichen Zeugen von Jesus von Nazareth zeichnen.

Intentionen

Die Sch. sollen den neutestamentlichen Jesuszeugnissen begegnen und neutestamentliche Jesusbilder in ihrer Vielfalt und Unterschiedlichkeit sowie den Weg vom historischen Jesus zum Christus der Kirche erarbeiten, kennen lernen und wissen.

---

22 G. Theißen, A. Merz, Der historische Jesus. Göttingen 1997. S. 122.

Die Sch. sollen ihre eigenen Jesusbilder mit denen des Neuen Testamentes konfrontieren und kritisch Auskunft geben können zu Übereinstimmungen und Differenzen. Dabei sollen sie eine Antwort darauf geben können, ob ihnen die reformatorische Perspektive, die Schrift sei *norma normans* aller christologischen Äußerungen, einleuchtend erscheint oder nicht.

Die Sch. sollen die Kreativität entdecken, mit der neutestamentliche Zeugen immer wieder neu versuchten, die Bedeutung Jesu in ihren Lebenszusammenhang zu inkulturieren (christologische Titel), und so die Möglichkeit erhalten, moderne Inkulturationen Jesu in ihrer eigenen Lebenswelt oder in dem Kapitel „Christologie interkulturell" zu verstehen und zu beurteilen.

Die Sch. sollen begründet Auskunft geben können, ob ihnen der historische Jesus wichtiger ist als der Jesus Christus des Glaubens, und sollen so für sich Kriterien entwickeln, die Jesusbilder in dem Baustein „Christologie interreligiös" zu verstehen und zu beurteilen.

Die Sch. sollen das hermeneutische Problem verstehen, welches damit gegeben ist, dass die neutestamentlichen Zeugen keine Historiker im modernen Sinne sind, sondern Menschen, die von einer Erfahrung und einer Botschaft begeistert wurden und deshalb von einer historischen Person Zeugnis ablegen wollen.

Unterrichtsideen/Verlaufsplanung/Projektideen

1. Quellen über Jesus

Literatur zur Vorbereitung

G. Theissen/A. Merz, Der historische Jesus. Göttingen 1997. S. 21–124.

Unterrichtsideen

Der Text **M1** weist auf die unterschiedliche Bedeutung der Quellen für die Frage nach dem historischen Jesus hin und zeigt auf, dass Hypothetisches die notwendige Aura jeden Jesusbildes bildet.

Bearbeitungsfragen

- Was ist ein Evangelium?
- Wie hängen die Evangelien untereinander zusammen?
- Was ist der Ausgangspunkt neutestamentlicher Texte, wenn sie ihr Jesusbild zeichnen?
- Welche unterschiedlichen Jesusbilder werden in den Evangelien und bei Tacitus deutlich?
- Wie schätzen die Sch. Zusammenhang und Gegenüber von Historizität und Glauben ein?

2. Jesus von Nazareth

Literatur zur Vorbereitung

J. Roloff, Jesus. München 2000.
E. Schweizer, Jesus, das Gleichnis Gottes. Was wissen wir wirklich vom Leben Jesu? Göttingen 1996.
G. Theissen/A. Merz, Der historische Jesus. Göttingen 1997. S. 147–155.

Unterrichtsideen

Der Text **M2** stellt die bei aller Unsicherheit möglichen Daten der Biographie Jesu zusammen.[23]

Bearbeitungsfragen

- Vergleichen Sie Ihr eigenes Wissen über Jesus mit jenen wenigen Daten: Welche Differenzen fallen Ihnen auf?
- Was ist Ihnen an Jesus wichtig in Übereinstimmung und Differenz mit diesen Daten der Biographie Jesu?

3. Jesu Tod

Literatur zur Vorbereitung

J. Roloff, Jesus. München 2000.
H. Braun, Jesus. Stuttgart 1969.

Unterrichtsideen

Der Text **M3** schildert knapp und präzise den Weg Jesu vom Garten Gethsemane bis zu seinem Tod am Kreuz. Er beschränkt sich dabei auf die „Faktenlage" und lässt, so sein Autor Jürgen Roloff, „die tendenziösen Ergänzungen und erbaulichen Ausschmückungen beiseite".

---

23 Aufgrund von Überlegungen zur relativen und absoluten Chronologie kommt Theißen zu einem Geburtsjahr Jesu in den letzten Regierungsjahren Herodes des Großen (vor Frühjahr 4 v. Chr.); als Todesjahr hat das Jahr 30 n. Chr. die größte Wahrscheinlichkeit.

Bearbeitungsfragen

- Welches sind die Stationen des Weges Jesu bis zu seinem Begräbnis?
- Welches Verständnis des Todes Jesu wird deutlich?

Diskussionsfragen

- Wie ist die Differenz von „Erzählung der zu Jesu Ende führenden Ereignisse" zu den „tendenziösen Ergänzungen und erbaulichen Ausschmückungen" zu beurteilen? Erscheint eine solche Unterscheidung plausibel?
- Inwiefern beginnt mit Jesu Auferstehung eine „neue Geschichte"?
- Vergleichen Sie die Argumentation dieses neutestamentlichen Wissenschaftlers mit den unterschiedlichen systematisch-theologischen Argumentationen im Baustein II zum Thema „Kreuz und Auferstehung".

4. Jesu Auferstehung

Literatur zur Vorbereitung

H. Graß, Ostergeschehen und Osterberichte. Berlin 1964.
U. Wilckens, Auferstehung. Stuttgart 1970.
G. Lüdemann, Die Auferstehung Jesu. Historie – Erfahrung – Theologie. Göttingen 1994.

Unterrichtsideen

Eduard Schweizer trägt in dem Text **M4** zusammen, was an historischen Tatsachen im Zusammenhang der Auferstehung Jesu auszumachen ist und wo die Grenzen zwischen historischer Forschung und Glauben liegen.

Bearbeitungsfragen

- Welches sind die zentralen historischen Argumente Schweizers?
- Wo zieht er Grenzen zwischen historischem Wissen und Glauben?

Diskussionsfragen

- Wie denken Sie über die Auferstehungsberichte des Neuen Testamentes?
- Was erachten Sie als bedeutsamer: den historischen Jesus oder den auferstanden Christus?
- Vergleichen Sie die Argumentation dieses neutestamentlichen Wissenschaftlers mit den unterschiedlichen systematisch-theologischen Argumentationen im Baustein II zum Thema „Kreuz und Auferstehung".

5. Neutestamentliche Christusbilder

Literatur zur Vorbereitung

U. Kühn, Christologie. Göttingen 2003. S. 98–100 und 134–146.

Unterrichtsideen

Acht unterschiedliche Bilder Jesu oder Jesu Christi zeichnen die in **M5** zitierten Texte aus neutestamentlichen Schriften. Es kann nun nicht darum gehen, diese Texte historisch einzuordnen oder ihren jeweiligen gemeindlichen oder Frömmigkeitshintergrund wissenschaftlich exegetisch herauszuarbeiten. Vielmehr sollen die Sch. die Vielfalt neutestamentlicher Christologien und Jesusverständnisse kennen lernen und verstehen. Die bereits im Neuen Testament zu beobachtende Vielfalt macht auch die späteren vielfältigen Aktualisierungen und Kontextualisierungen von Jesusbildern einsehbar: Es gibt kein eindeutig fixierbares Bild von Jesus Christus!

Darüber hinaus ist es durchaus möglich, dass die Sch. mit entsprechenden Kommentaren oder Werken der Einleitungswissenschaft erforschen, woher die Christusbilder jeweils stammen und in welchem kulturellen oder religiösen Kontext sie jeweils ihren Ort haben. Dies kann in einer besonderen Arbeit geschehen oder bei besonders hohem Interesse einer Gruppe von Sch.

Bearbeitungsfragen

- Wie wird Jesus in den Texten gekennzeichnet?
- Welche Titel oder Vorstellungen werden auf Jesus übertragen, was sagen sie aus?
- Welche Vorstellungen sind uns eher nahe, welche eher fremd?
- Was bedeutet die unterschiedliche Vielfalt neutestamentlicher christologischer Titel für das Verständnis Jesu Christi heute?

Auch der Text **Lk 24, 13–35**, der anschließend gelesen und behandelt werden soll (ohne **M**; Bibel!) spiegelt ein spezifisches Bild Jesu Christi. Doch ist der Text noch aus einem anderen Grunde hier wichtig: Als die Jünger Jesus erkennen und festhalten wollen, entzieht er sich. So erinnert der Text an das Bilderverbot der hebräischen Bibel und mahnt dazu, Jesus nicht in seinen Bildern oder in christologischen Titeln festhalten zu wollen, um seiner habhaft zu werden.

- Worin liegt der Kern dieser Erzählung?
- Welche Vorstellung Jesu steht hinter diesem Text?
- Was sagt der Text hinsichtlich der Erkennbarkeit Jesu und seiner Gegenwart aus?

6. Von Jesus von Nazareth zum Christus der Kirche

Literatur zur Vorbereitung

J. Roloff, Jesus. München 2000.
H. Braun, Jesus. Stuttgart 1969. S. 146–158.

Unterrichtsideen

Der Text **M6** zeichnet den Weg von dem Juden Jesus zu dem Christus der Kirchen und zu dem geglaubten Jesus Christus, der als Sohn Gottes zu allen Völkern gesandt ist. Zentrale Bedeutung dafür hat der Osterglaube, der die Sendungsautorität Jesu bestätigt, die in seinen Reden und Taten deutlich geworden war.

Bearbeitungsfragen

- Wie konnte es zu der Entwicklung von Jesus, dem Juden, zur christlichen Kirche kommen?
- Was war dazu das entscheidende Ereignis?
- Was hat sich dabei verändert?
- Steht oder fällt die christliche Kirche mit dem Osterglauben?
- Schlagen Sie die Einsetzungsworte zum Abendmahl (Mk 14,17–25 par) nach und vergleichen Sie diese mit der entsprechenden Behauptung bei Roloff.
- Vergleichen Sie die Position Jürgen Roloffs zu Jesus, dem Juden, mit den jüdischen Interpretationen im Baustein VI „Christologie interreligiös".

Am ehesten finden wir in den Evangelien des Markus (Mk), Matthäus (Mt) und Lukas (Lk) Zugang zum historischen Jesus. Diese drei Evangelien werden auch Synoptiker genannt, weil sie teilweise voneinander literarisch abhängig sind und gegenüber dem Johannesevangelium (Joh) ein deutlich anderes Jesusbild entwerfen. Das Mk liegt Mt und Lk als Quelle zugrunde, beide verwenden darüber hinaus die Logienquelle (Q) mit überwiegend Sprachgut, die sich aus Mt und Lk erschließen lässt. Diese in der Forschung anerkannte Zwei-Quellen-Theorie bedeutet für die Jesusforschung, dass wir über zwei alte Quellen (Mk und Q) verfügen, die unabhängig voneinander sind, dazu über größere Komplexe matthäischen und lukanischen Sondergutes, die jeweils eine unabhängige (mündliche oder schriftliche) Tradition repräsentieren.

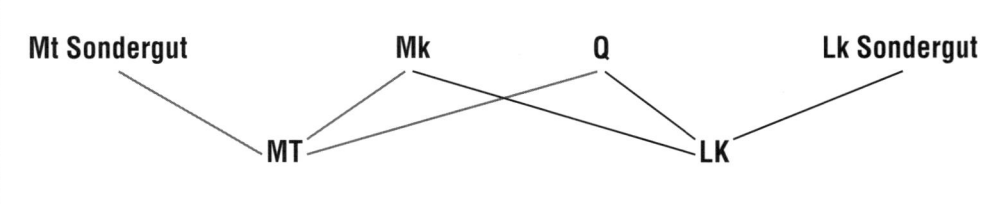

Für die Jesusforschung ist wichtig, dass diese vier unabhängigen Quellen (bzw. Traditionskomplexe) sprachlich und sachlich verwandt sind: Wir begegnen hier denselben Formen und Gattungen, Themen und Motiven. Jesus erscheint übereinstimmend in allen Synoptikern als eschatologischer Prediger, der in Wort und Tat, in Gleichnissen und Wundern Gottes hereinbrechende Königsherrschaft als Zuwendung zu den Armen und Sündern verkündet und repräsentiert.

Wie die anderen Evangelisten ist Mk ein gestaltender Theologe, insofern er das traditionelle Material unter übergreifenden christologischen Leitgedanken zusammenfügt und etwas Neues schafft: ein Evangelium, das man als Passionsgeschichte mit ausführlicher Einleitung charakterisieren könnte.

Die so genannte *Logienquelle (Q)* ist eine erschlossene Quelle; zu ihr gehört das Spruchgut, das Mt und Lk nachweislich unabhängig voneinander aufgenommen haben. Q ist zweifellos die wichtigste Quelle zur Rekonstruktion der Lehre Jesu. Zentrales Verkündigungsanliegen ist der Ruf in die Nachfolge Jesu angesichts der hereinbrechenden Gottesherrschaft.

Matthäus hebt gegenüber Mk die Hoheit Jesu stärker hervor. Er deutet das Leben Jesu als Erfüllung des Gesetzes und der Propheten: Die Zitate aus dem Alten Testament erweisen einzelne Züge von Jesu Leben und Verhalten als Erfüllung prophetischer Weissagungen. Jesus erfüllt durch sein Verhalten die Thora. Er wird deshalb als Lehrer bezeichnet, der den Willen Gottes in etlichen kleineren und vor allem den fünf großen Reden (z.B. die Bergpredigt) entfaltet.

Lukas zeichnet Jesus als mit dem Geist Gottes gesalbten Heiland, der sich im Namen Gottes der Schwachen und Ausgegrenzten annimmt und ihnen das Heil verkündigt. Dies signalisiert die an den Anfang des Wirkens Jesu gestellte Nazareth-Perikope (Lk 4,16–30) mit den programmatischen Schriftzitaten Jes 61,1f und 58,6. Vor allem weite Teile des Sondergutes sind bestimmt von Jesu Zuwendung zu den Armen, den Zöllnern, den Sündern, den Frauen und Samaritanern.

Das *Johannesevangelium* bietet unter den Evangelien – und dies unterscheidet es von den Synoptikern – die am stärksten unter theologischen Prämissen stilisierte Jesusfigur. Jesus spricht und handelt als der sich seiner Präexistenz bewusste Offenbarer, als der er aber – dessen ist sich der Verfasser bewusst – erst nach Ostern und unter dem Wirken des Geistes erkannt und dann erneut erinnert werden kann. Trotzdem ist das von den Synoptikern unabhängige Joh historisch nicht wertlos. Es überliefert an einigen, meist eher unbetonten Stellen von den Synoptikern abweichende Daten, die auf alte Traditionen zurückgehen können, z.B. werden die politischen Erwartungen, die Jesus weckte, und die politischen Motive, die zu seiner Hinrichtung führten, klarer ausgesprochen als bei den Synoptikern (vgl. Joh 6,15; 11,47-53; 19,12).

Neben diesen Quellen der Evangelien gibt es weitere neutestamentliche Texte (z.B. die Briefe des Paulus), apokryphe Texte und nichtchristliche Quellen, die über Jesus berichten. Zu letzteren gehört beispielsweise Tacitus:

„Dieser Name (Christiani) stammt von Christus, der unter Tiberius vom Prokurator Pontius Pilatus hingerichtet worden war. Dieser verderbliche Aberglaube war für den Augenblick unterdrückt worden, trat aber später wieder hervor und verbreitete sich nicht nur in Judäa, wo er aufgekommen war, sondern auch in Rom, wo alle Gräuel und Abscheulichkeiten der ganzen Welt zusammenströmen und geübt werden" (Ann 15,44,3).

Tacitus, das verdeutlicht dieser Text, bietet verbreitete Vorurteile über die Christen zusammen mit wenigen, allerdings ziemlich präzisen Informationen über Christus und die christliche Bewegung, deren Herkunft unklar bleibt. Er weiß:

- „Christus" ist ein unter Pontius Pilatus als Verbrecher hingerichteter Jude.
- „Christus" ist der Urheber einer neuen, aus Judäa stammenden religiösen Bewegung, deren Anhänger sich nach ihm „Christen" nennen und zur Zeit Neros in Rom bereits bekannt und verbreitet waren.

Trotz dieser unterschiedlichen Quellen ist festzuhalten: „Die menschlich mögliche Gewissheit im Umgang mit dem historischen Jesus ist, dass wir bei der Beschäftigung mit ihm nicht in *Dialog* mit einem Phantasieprodukt treten, sondern mit einer konkreten historischen Erscheinung. Alle konkreten Einzelaussagen innerhalb einer Jesusdarstellung sind von verschiedenem Wahrscheinlichkeitsgrad. Hypothetisches bildet notwendig eine bleibende Aura um jedes Jesusbild."

G. Theißen/A. Merz 1997

M2 | Jesus von Nazareth

Der genaue Zeitpunkt und der genaue Ort der Geburt Jesu sind uns unbekannt. Auch die sonderlichen Umstände seiner Geburt müssen als legendär gelten. Noch Paulus (Gal 4,4) weiß nichts von einer speziellen Geburt aus der Jungfrau. Erst der dritte Evangelist lässt (Lk 1,34f.) Maria als Mutter Jesu eine Jungfrau sein, in Spannung zu seiner eigenen Darstellung in Lk. 2,1–14, wo das Jungfrauen-

5 motiv ursprünglich gefehlt hat. Matthäus (1,18–25) weitet dies Motiv dann aus: Joseph hat Maria bis zu der Geburt Jesu als Frau nicht besessen. In alledem werden Züge aus dem Vorstellungsbereich hellenistisch-orientalischer Heilbringergestalten auf Jesus angewendet.

Von der Familie wissen wir nichts Verlässliches. Sicher zu sein scheint mir, dass er Brüder hatte und dass seine Mutter und seine Brüder ihn nicht verstanden (Mk 3,31–35). Dass Jesus sich von

10 Johannes dem Täufer hat taufen lassen, wie die Evangelien berichten (Mk 1,9–11 Par.), dürfte historisch zutreffen.

Die Umstände seines Auftretens wirken bescheiden. Sein Verhältnis zum materiellen Besitz wird zum mindesten zurückhaltend genannt werden müssen; der dritte Evangelist hat diese seine Einstellung nach der negativen Seite hin vergrundsätzlicht (vgl. Lk 12,31 mit Mt 6,33). Aber ein Asket

15 war Jesus offenbar nicht. Erst Matthäus unterdrückt die bei Markus noch erwähnten Gemütsbewegungen Jesu, seinen Zorn, sein Erstaunen, seine Betrübnis, sein Seufzen. Und Jesus hat Freunde unter den religiös Verpönten, den Zöllnern und den nicht nach dem pharisäischen Prinzip lebenden Menschen, den so genannten Sündern. So konnte die böse Nachrede ihn einen *Fresser* und *Weintrinker* schelten und ihm seinen unfrommen Umgang vorhalten (Mt 11,19 Par.). Unter diesen

20 Umständen wird man damit rechnen müssen, dass die kultische Reinheit für ihn religiös nicht sonderlich hoch stand. Die Evangelien akzentuieren sein Verhältnis zu den Juden verschieden: Markus kann das Wohlwollen Jesu gegen seine Umgebung hervorheben (10,21); Matthäus lässt Jesus als gesetzestreuen Juden reden (5,17–19), dessen Weg durch das Alte Testament bereits intensiv bezeugt ist, aber die Juden begegnen ihm hinterhältig (Mt 22,35).

25 Sein Auftreten ist geprägt durch ein Doppeltes, durch seine Reden, die im ersten und dritten Evangelium intensiver berichtet werden, und durch seine Taten, die in dem zweiten Evangelium im Vordergrund stehen.

Die synoptische Tradition berichtet, Jesus habe um sich einen Kreis von Anhängern gesammelt. Das ist um so glaubhafter, als auch die zeitgenössischen Rabbinen ihre Schüler um sich hatten, die

30 von dem Meister die rechte Lehre und die rechte Durchführung dieser Lehre im konkreten Verhalten lernten. Die Zwölfzahl ist abgeleitet nicht aus zwölf konkret benennbaren Jüngern, sondern aus der Vorstellung, Jesus als der endzeitliche Messias habe neben sich die endzeitlichen Regenten der zwölf Stämme Israels; das wird deutlich aus Texten wie Mk 3,13–19 Par., wo die Zwölfzahl feststeht, die Komplettierung dieser Zahl durch zwölf konkrete Namen aber schwankt.

35 Jedenfalls starb Jesus, hingerichtet durch den römischen Prokurator von Judäa. Das Todesjahr Jesu kann nicht exakt bestimmt werden.

H. Braun 1969

Jesu Tod

Der Ablauf der zu Jesu Ende führenden Ereignisse ist schnell erzählt, wenn man die tendenziösen Ergänzungen und erbaulichen Ausschmückungen zum Passionsbericht beiseite lässt. Tendenziös ist die einseitige Zuweisung der Schuld am Tod Jesu an die Juden – und zwar in ihrer Gesamtheit – bei gleichzeitiger Entlastung der Römer. Erbauliche Absicht steckt hinter der Eintragung alttestament-
5   licher Motive, vor allem aus den Psalmen vom „leidenden Gerechten" (Ps 22; 35 u.ö.): Das Leiden Jesu sollte als im Heilsplan Gottes begründet erwiesen werden.

Bereits wenige Stunden nach dem Mahl, um Mitternacht, wurde Jesus im Auftrag der Priester-
schaft durch einen Trupp der Tempelpolizei festgenommen. Er hatte die Stadt verlassen und sich in einem Garten im Kidrontal, unterhalb des Ölbergs, zum Gebet zurückgezogen. Judas hatte die Priester
10   den rechten Zeitpunkt für die Aktion wissen lassen; er hatte durch die Identifizierung des Gesuchten zum reibungslosen Ablauf beigetragen. Eine Beunruhigung der Öffentlichkeit wurde vermieden. Die meisten der Jünger flohen erschrocken in ihre galiläische Heimat. Nur wenige Frauen blieben in Jerusalem.

Jesus wurde in das Haus des Hohenpriesters Kajafas gebracht. Dort fand noch in derselben Nacht
15   eine Vernehmung statt. Man wollte die Angelegenheit wegen ihrer Brisanz noch vor dem Pessach-
festtag, oder zumindest in dessen frühen Morgenstunden, zum Abschluss bringen. Anwesend waren neben dem Hohenpriester einige Synhedrionsmitglieder. Es ist anzunehmen, dass sie alle der saddu-
zäisch-priesterlichen Fraktion angehörten. Pharisäer werden weder hier noch sonst in der Passions-
geschichte erwähnt. Teile der Überlieferung haben die Szene als reguläre Gerichtsverhandlung des
20   gesamten Synhedrions mit abschließender Verkündigung des Todesurteils durch den Hohenpriester dargestellt. Doch das ist unwahrscheinlich. Tatsächlich dürfte es sich nur um ein Verhör gehandelt haben, das der Vorbereitung einer Anklage vor dem römischen Präfekten dienen sollte. Denn nur er hatte damals das Recht, Kapitalprozesse durchzuführen.

Anlass für die Festnahme war die Tempelaktion Jesu gewesen. Die priesterlichen Kreise sahen in
25   ihr eine bedrohliche Gefährdung des Tempelkults, an dessen ungestörtem Funktionieren sie ein vitales Interesse hatten. Sie war denn auch der Zentralpunkt des Verhörs. Insbesondere die Tempel-
prophetie Jesu ließ man durch Zeugen bestätigen. Tempelkritik galt seit alters im Judentum als schwerwiegendes – wenn auch vielleicht nicht unbedingt todeswürdiges – Verbrechen. Die Frage, mit welchem Vollmachtsspruch Jesus seine Aktion im Tempel begründete, war aus priesterlicher
30   Sicht wichtig. Sie hat denn auch wohl im Verhör eine Rolle gespielt, und sie hat Jesus, wie der Bericht sicher zutreffend herausstellt, die Gelegenheit gegeben, seinen Sendungsauftrag in provozie-
render Schärfe zu artikulieren. Dass man dies zum Anlass nahm, Jesus der Gotteslästerung zu über-
führen, ist keineswegs ausgeschlossen. Aber selbst wenn das nach damaligem jüdischen Recht als todeswürdiges Vergehen gegolten haben sollte (was eher unwahrscheinlich ist), so war dies doch
35   keineswegs ein in römischen Augen rechtsrelevanter Sachverhalt. Der Präfekt hätte eine solche Beschuldigung als innerjüdische Angelegenheit abgewiesen. Gleiches wäre erst recht bei einer Anklage wegen Tempelkritik der Fall gewesen. Wollten die Synhedristen bei Pilatus ein offenes Ohr finden, so gab es dafür hingegen eine sehr nahe liegende Möglichkeit. Sie mussten Jesus auf Grund seiner Tempelaktion als einen die öffentliche Ordnung gefährdenden Aufrührer, einen politischen
40   Risikofaktor, darstellen, dessen weiteres Treiben die Römer aus eigenstem Interesse zu unterbinden hätten.

M3

Unter dieser Anklage überstellten sie Jesus dem römischen Präfekten Pontius Pilatus, der sie alsbald auf den ebenso kurzen wie schlagkräftigen Nenner brachte, Jesus habe sich zum „König der Juden" aufgeworfen. Pilatus war der oberste Gerichtsherr der Provinz Judäa. Als solcher besaß er nahezu unbeschränkte Vollmacht über Menschen, die – wie Jesus – keine römischen Bürger waren. Die Gerichtsverhandlung fand öffentlich statt, unter freiem Himmel, vermutlich vor dem herodianischen Palast, in dem Pilatus während seines Jerusalem-Aufenthaltes residierte. Dort stand der Richterstuhl.

Wie auch sonst in solchen Fällen, dürfte Pilatus auch im Fall Jesu kurzen Prozess gemacht haben. Die Möglichkeit, durch ein abschreckendes Signal die am Pessachfest in der Stadt herrschende explosive Hochspannung einzudämmen, hat er wohl nicht ungern ergriffen. Erst im Zuge der judenfeindlichen Tendenz des christlichen Passionsbericht wurde Pilatus zum skrupulösen Zauderer, dessen Absicht, Jesus im Zuge einer Pessach-Amnestie frei zu geben, durch den Hass der anwesenden jüdischen Volksmenge durchkreuzt worden sei: Diese habe die Freigabe des Barrabbas, eines wirklichen Verbrechers, und die Hinrichtung Jesu gefordert. Den Brauch einer solchen Pessach-Amnestie hat es jedoch schwerlich gegeben.

Jesus wurde als einer, der politische Macht an sich reißen und öffentlichen Aufruhr stiften wollte, zum Tod durch Kreuzigung verurteilt. Dies war die für Anführer übliche Strafe. Kurz gefasst stand seine Begründung auch auf dem so genannten *titulus,* der nach damaligem Brauch dem Delinquenten auf dem Weg zur Richtstätte vorausgetragen wurde: „Der König der Juden".

Das Urteil wurde unverzüglich vollstreckt. Dass römische Soldaten Jesus hingerichtet haben, steht außer Zweifel. Nach dem üblichen Hinrichtungsritual ging der eigentlichen Kreuzigung eine Verspottung und Geißelung durch das Exekutionskommando voraus.

Die Hinrichtungsstätte Golgata lag nordwestlich außerhalb der Stadtmauer. Sie war eine oberhalb eines Steinbruchs gelegene Felskuppe. Zusammen mit zwei weiteren Delinquenten wurde Jesus dort um die Mittagszeit gekreuzigt. Bereits nach drei Stunden – ungewöhnlich rasch also – trat sein Tod ein, vermutlich infolge des bei der Geißelung erlittenen Blutverlustes. Aus seinem Jüngerkreis waren nur drei Frauen in der Nähe, unter ihnen Maria aus Magdala. Vielleicht waren sie es, die sein letztes Wort gehört und weitergegeben haben: „Mein Gott, mein Gott, warum hast du mich verlassen?" Dieses Wort nur als Eingeständnis des Scheiterns und der Gottverlassenheit zu interpretieren, wäre wohl zu einfach. Stand es doch am Anfang von Psalm 22, einem jüdischen Sterbegebet, dessen großes Thema das Sich-Festmachen in der Treue Gottes – auch und gerade in einer Situation erfahrener Gottesferne – ist.

Josef von Arimatäa, ein Jesus nahe stehendes Synhedriumsmitglied, ersparte dem Leichnam die Schmach, unbestattet am Kreuz hängen zu bleiben. Auf seine Bitte hin gab Pilatus den Leichnam frei, und Josef bestattete ihn noch vor dem Abend desselben Tages, mit dem ein Sabbat begann, in seinem eigenen Felsengrab.

Die Jüngerinnen, die am Morgen nach dem Sabbat zum Grab kamen, um den Leichnam zu salben, fanden es leer. Und wenig später mögen sie davon gehört haben, dass Petrus und den Zwölfen in Galiläa, wohin sie geflohen waren, Jesus als durch Gott von den Toten Auferweckter begegnet sei. Doch das ist der Beginn einer neuen Geschichte.

J. Roloff 2000

Jesu Auferstehung

1 Die Auferstehung Jesu ist im Neuen Testament überall bezeugt, aber *nirgends beschrieben.* Wie menschliche Augen Gott nicht sehen können, so können sie auch das Wunder der Auferstehung nicht *sehen.*

2 *Die Tatsachen, die historischer Forschung offen stehen,* sind die folgenden: *Erstens* waren die Jünger Jesu am Karfreitag verzweifelt, waren aber kaum später als sieben Wochen darauf am Pfingstfest bereit, Jesus als Herrn zu verkünden und dafür ins Gefängnis und notfalls zur Hinrichtung zu gehen. Ein ihre ganze Existenz umfassender, tiefgehender Wechsel in ihrem Leben ist geschichtliche Tatsache.

   Eine *zweite* solche Tatsache ist die Art und Weise, in der die Jüngerschar und diejenigen, die sich ihr anschlossen, nach Ostern auf das Geschehene reagierten. Es ist überraschend, welches Gewicht sie auf die mit dem Tod Jesu und seinem Erscheinen als Lebender nach Ostern zusammenhängenden Ereignisse legten.

3 *Einerseits* wurden Berichte von Jesu Wirken und seine Worte weitergegeben und entwickelt, wie es z. B. an der Tradition und Weiterentwicklung der Gleichnisse sichtbar wird. Es gab auch Sammlungen, die sich auf Worte Jesu konzentrierten. Doch hat wahrscheinlich die Passionsgeschichte zuerst eine feste Form gefunden. Sie nimmt mehr als ein Drittel des ältesten Evangeliums ein. Wie in den anderen drei Evangelien bildet sie die eigentliche Klimax, auf die hin die Geschichte angelegt ist. Markus schließt sein Buch mit der Botschaft des Engels von der Auferweckung Jesu und wahrscheinlich mit einem Hinweis auf die Glaubensformel der Kirche, in der Tod und Auferweckung zentral sind, während die übrigen Evangelien verschiedene Erscheinungen des Auferstandenen vor Jüngerinnen und Jüngern im engeren und weiteren Sinn berichten.

4 Noch wichtiger sind die *Kurzformeln,* in denen die Kirche ihren Glauben zusammenfasste. Im Neuen Testament enthielten die frühesten anscheinend die Tatsache des Todes Jesu oder seiner Auferweckung oder beider Ereignisse. Wahrscheinlich später, aber noch bevor Paulus in den frühen Fünfzigerjahren seine Briefe schrieb, finden wir solche Summarien, die Tod und Auferweckung mit Jesu Kommen von Gott und/oder seiner Erhöhung zu Gott und seinem Herrsein über die Kirche oder sogar die Welt verbinden. Wie immer die Geschichte dieser Glaubensformeln verlief und was immer früheres und was späteres Stadium war, deutlich ist jedenfalls, dass *der ‚Rahmen' des Lebens Jesu* – seine Herkunft aus der Welt Gottes, sein Heilstod, seine Auferstehung und Erhöhung – *wichtiger war als sein irdisches Wirken,* das kaum je überhaupt genannt wird.

5 Als Historiker können wir nur bis zu diesem Glauben der frühen Kirche vordringen. Ob dies das rechte Verständnis Jesu und seines Dienstes ist oder ein Missverständnis, können wir historisch nicht entscheiden. Jesus lebte, sprach und handelte, als ob Gottes wahres Wesen in seinem Leben, seiner Verkündigung und seinem Werk, präsent wäre und alle Verheißungen von der Schöpfung der Welt an jetzt und hier erfüllte. Als ob? Oder war das nicht genau das, was darin geschah? Die frühe Kirche bejahte das. Hier überschreiten wir die Grenzlinie zwischen historischer Forschung und Glauben. Ob wir dazu Ja oder Nein sagen, ist persönliche Glaubensentscheidung.

6 Eine *dritte* historische Tatsache ist der *Text von 1 Kor 15,5–8*. In V. 1–3a erklärt Paulus, er habe die folgende Tradition ‚übernommen'. Das eigentliche Zitat reicht sicher bis zu V. 5: „dass Christus für unsere Sünden starb nach der Schrift, und dass er begraben wurde, und dass er auferweckt worden ist am dritten Tag nach der Schrift, und dass er dem Kephas erschienen ist, danach den Zwölfen." Zwei Hauptaussagen bekunden Tod und Auferweckung Jesu, verheißen in der Schrift und bestätigt durch sein Begräbnis einerseits und seine Erscheinungen andererseits. Mit V. 6 setzt ein neues Satzgefüge ein in anderem Stil und mit einer persönlichen Bemerkung von Paulus, der dann in V. 8 auch in der Ich-Form von seiner eigenen Erfahrung spricht. Man kann also folgern, dass V. 6–8 von ihm an die ursprüngliche Formel von V. 3–5 angehängt wurden.

7 In dieser [Formel] ist also die *Erscheinung des Auferstandenen vor Kephas und den Zwölfen* genannt […]. Im Fall von 1 Kor 15,5–8 herrscht kein Zweifel, dass im Verständnis des Paulus ein „Sehen" durch die Zeugen gemeint und das von Wichtigkeit ist: „Bin ich nicht ein Apostel? Habe ich nicht Jesus den Herrn gesehen?" (1 Kor 9,1). Das scheint überall so verstanden worden zu sein damals; Evangelien und Apostelgeschichte verwenden das Verbum „sehen" in der aktiven Form und zeigen so, dass das Moment des Sehens des Auferstandenen ihnen wichtig war.

8 Eine *Erscheinung vor Kephas* (Petrus) ist als erste neben der darauf folgenden vor den Zwölf genannt. Das wird auch in Mk 16,7 noch sichtbar. Lk 24,34 lautet: „Der Herr ist wahrhaftig auferstanden und ist Simon erschienen!", ohne dass die Zwölf erwähnt sind, die ihn erst später sehen werden. Dahinter steht wahrscheinlich eine formelhafte Wendung, in der die Folgerung „Der Herr ist wahrhaftig auferstanden", zentral für den Glauben der Kirche, der Information vorangestellt ist, dass dies aufgrund der Erscheinung vor Petrus von ihnen erkannt worden ist. Innerhalb dieser Perikope von den zwei Jüngern, die aus Emmaus zurückkommen, bildet dieser Satz auch eine Art von Anti-Klimax; diese sind in größter Eile nach Jerusalem zurückgekehrt, um eben diese Botschaft zu überbringen, und werden dabei unterbrochen durch den Bericht von dem in Jerusalem Geschehenem. Eine Erzählung dieser Erscheinung vor Petrus fehlt freilich im Neuen Testament. Doch ist angesichts der guten Bezeugung an der Tatsache als solcher nicht zu zweifeln. Unter den männlichen Zeugen ist Petrus sicher der Erste, dem eine solche Erscheinung zuteil geworden ist. Von den Zwölfen kennt Paulus einige persönlich, wenn nicht alle. Unter den in V. 6–8 Genannten ist Paulus natürlich Augenzeuge seiner eigenen Erfahrung bei Damaskus. Den Bruder Jesu, Jakobus, kennt er persönlich. Endlich weiß er von den „über Fünfhundert", dass die meisten noch am Leben sind, auch wenn eine Anzahl von ihnen schon gestorben ist.

9 Die Schlussfolgerung scheint mir klar zu sein: Die in 1 Kor 15,5–8 Erwähnten, die (oder mindestens einige aus den genannten Gruppen) Paulus persönlich gekannt hat, waren davon *überzeugt, den auferstandenen Jesus Christus gesehen zu haben*. Damit haben wir die Grenze dessen erreicht, was wir als Historiker sagen können. Alles weitere bleibt, historisch gesehen, noch offen für Fragen.

E. Schweizer 1996

Neutestamentliche Christusbilder

Markus 1,9–11

9 Und es begab sich zu der Zeit, dass Jesus aus Nazareth in Galiläa kam und ließ sich taufen von Johannes im Jordan. *10* Und alsbald, als er aus dem Wasser stieg, sah er, dass sich der Himmel auftat und der Geist wie eine Taube herabkam auf ihn. *11* Und da geschah eine Stimme vom Himmel: Du bist mein lieber Sohn, an dir habe ich Wohlgefallen. *12* Und alsbald trieb ihn der Geist in die Wüste; *13* und er war in der Wüste vierzig Tage und wurde versucht von dem Satan und war bei den wilden Tieren, und die Engel dienten ihm.

Lukas 4,16–21

16 Und er kam nach Nazareth und ging nach seiner Gewohnheit am Sabbat in die Synagoge und stand auf und wollte lesen. *17* Da wurde ihm das Buch des Propheten Jesaja gereicht. Und als er das Buch auftat, fand er die Stelle, wo geschrieben steht (Jesaja 61,1-2): *18* »Der Geist des Herrn ist auf mir, weil er mich gesalbt hat, zu verkündigen das Evangelium den Armen; er hat mich gesandt, zu predigen den Gefangenen, dass sie frei sein sollen, und den Blinden, dass sie sehen sollen, und den Zerschlagenen, dass sie frei und ledig sein sollen, *19* zu verkündigen das Gnadenjahr des Herrn.« *20* Und als er das Buch zutat, gab er's dem Diener und setzte sich. Und aller Augen in der Synagoge sahen auf ihn. *21* Und er fing an, zu ihnen zu reden: Heute ist dieses Wort der Schrift erfüllt vor euren Ohren.

Matthäus 5,1–11

1 Als er aber das Volk sah, ging er auf einen Berg und setzte sich; und seine Jünger traten zu ihm. *2* Und er tat seinen Mund auf, lehrte sie und sprach: *3* Selig sind, die da geistlich arm sind; denn ihrer ist das Himmelreich. *4* Selig sind, die da Leid tragen; denn sie sollen getröstet werden. *5* Selig sind die Sanftmütigen; denn sie werden das Erdreich besitzen. *6* Selig sind, die da hungert und dürstet nach der Gerechtigkeit; denn sie sollen satt werden. *7* Selig sind die Barmherzigen; denn sie werden Barmherzigkeit erlangen. *8* Selig sind, die reinen Herzens sind; denn sie werden Gott schauen. *9* Selig sind die Friedfertigen; denn sie werden Gottes Kinder heißen. *10* Selig sind, die um der Gerechtigkeit willen verfolgt werden; denn ihrer ist das Himmelreich. *11* Selig seid ihr, wenn euch die Menschen um meinetwillen schmähen und verfolgen und reden allerlei Übles gegen euch, wenn sie damit lügen.

Joh 1,1–14

1 Im Anfang war das Wort, und das Wort war bei Gott, und Gott war das Wort. *2* Dasselbe war im Anfang bei Gott. *3* Alle Dinge sind durch dasselbe gemacht, und ohne dasselbe ist nichts gemacht, was gemacht ist. *4* In ihm war das Leben, und das Leben war das Licht der Menschen. *5* Und das Licht scheint in der Finsternis, und die Finsternis hat's nicht ergriffen. *6* Es war ein Mensch, von Gott gesandt, der hieß Johannes. *7* Der kam zum Zeugnis, um von dem Licht zu zeugen, damit sie alle durch ihn glaubten. *8* Er war nicht das Licht, sondern er sollte zeugen von dem Licht. *9* Das war das wahre Licht, das alle Menschen erleuchtet, die in diese Welt kommen. *10* Er war in der Welt, und die Welt ist durch ihn gemacht; aber die Welt erkannte ihn nicht. *11* Er kam in sein Eigentum; und die Seinen nahmen ihn nicht auf. *12* Wie viele ihn aber aufnahmen, denen gab er Macht, Gottes Kinder zu werden, denen, die an seinen Namen glauben, *13* die nicht aus dem Blut noch aus dem Willen des Fleisches noch aus dem Willen eines Mannes, sondern von Gott geboren sind. *14* Und das Wort ward Fleisch und wohnte unter uns, und wir sahen seine Herrlichkeit, eine Herrlichkeit als des eingeborenen Sohnes vom Vater, voller Gnade und Wahrheit.

Philipper 2,5–11

5 Seid so unter euch gesinnt, wie es auch der Gemeinschaft in Christus Jesus entspricht: *6* Er, der in göttlicher Gestalt war, hielt es nicht für einen Raub, Gott gleich zu sein, *7* sondern entäußerte sich selbst und nahm Knechtsgestalt an, ward den Menschen gleich und der Erscheinung nach als Mensch erkannt. *8* Er erniedrigte sich selbst und ward gehorsam bis zum Tode, ja zum Tode am Kreuz. *9* Darum hat ihn auch Gott erhöht und hat ihm den Namen gegeben, der über alle Namen ist, *10* dass in dem Namen Jesu sich beugen sollen aller derer Knie, die im Himmel und auf Erden und unter der Erde sind, *11* und alle Zungen bekennen sollen, dass Jesus Christus der Herr ist, zur Ehre Gottes.

Römer 3,21–26

21 Nun aber ist ohne Zutun des Gesetzes die Gerechtigkeit, die vor Gott gilt, offenbart, bezeugt durch das Gesetz und die Propheten. *22* Ich rede aber von der Gerechtigkeit vor Gott, die da kommt durch den Glauben an Jesus Christus zu allen, die glauben. Denn es ist hier kein Unterschied: *23* sie sind allesamt Sünder und ermangeln des Ruhmes, den sie bei Gott haben sollten, *24* und werden ohne Verdienst gerecht aus seiner Gnade durch die Erlösung, die durch Christus Jesus geschehen ist. *25* Den hat Gott für den Glauben hingestellt als Sühne in seinem Blut zum Erweis seiner Gerechtigkeit, indem er die Sünden vergibt, die früher *26* begangen wurden in der Zeit seiner Geduld, um nun in dieser Zeit seine Gerechtigkeit zu erweisen, dass er selbst gerecht ist und gerecht macht den, der da ist aus dem Glauben an Jesus.

Kolosser 1,15–22

15 Er ist das Ebenbild des unsichtbaren Gottes, der Erstgeborene vor aller Schöpfung. *16* Denn in ihm ist alles geschaffen, was im Himmel und auf Erden ist, das Sichtbare und das Unsichtbare, es seien Throne oder Herrschaften oder Mächte oder Gewalten; es ist alles durch ihn und zu ihm geschaffen. *17* Und er ist vor allem, und es besteht alles in ihm. *18* Und er ist das Haupt des Leibes, nämlich der Gemeinde. Er ist der Anfang, der Erstgeborene von den Toten, damit er in allem der Erste sei. *19* Denn es hat Gott wohlgefallen, dass in ihm alle Fülle wohnen sollte *20* und er durch ihn alles mit sich versöhnte, es sei auf Erden oder im Himmel, indem er Frieden machte durch sein Blut am Kreuz. *21* Auch euch, die ihr einst fremd und feindlich gesinnt wart in bösen Werken, *22* hat er nun versöhnt durch den Tod seines sterblichen Leibes, damit er euch heilig und untadelig und makellos vor sein Angesicht stelle.

Hebräer 4,14–5,6

14 Weil wir denn einen großen Hohenpriester haben, Jesus, den Sohn Gottes, der die Himmel durchschritten hat, so lasst uns festhalten an dem Bekenntnis. *15* Denn wir haben nicht einen Hohenpriester, der nicht könnte mit leiden mit unserer Schwachheit, sondern der versucht worden ist in allem wie wir, doch ohne Sünde. *16* Darum lasst uns hinzutreten mit Zuversicht zu dem Thron der Gnade, damit wir Barmherzigkeit empfangen und Gnade finden zu der Zeit, wenn wir Hilfe nötig haben.

1 Denn jeder Hohepriester, der von den Menschen genommen wird, der wird eingesetzt für die Menschen zum Dienst vor Gott, damit er Gaben und Opfer darbringe für die Sünden. *2* Er kann mitfühlen mit denen, die unwissend sind und irren, weil er auch selber Schwachheit an sich trägt. *3* Darum muss er wie für das Volk, so auch für sich selbst opfern für die Sünden. *4* Und niemand nimmt sich selbst die hohepriesterliche Würde, sondern er wird von Gott berufen wie auch Aaron. *5* So hat auch Christus sich nicht selbst die Ehre beigelegt, Hoherpriester zu werden, sondern der, der zu ihm gesagt hat (Psalm 2,7): »Du bist mein Sohn, heute habe ich dich gezeugt.« *6* Wie er auch an anderer Stelle spricht (Psalm 110,4): »Du bist ein Priester in Ewigkeit nach der Ordnung Melchisedeks.«

Von Jesus von Nazareth zum Christus der Kirche

Jesus von Nazaret war ein Jude, der in der Religion und theologischen Vorstellungswelt seines zeitgenössischen Judentums tief verwurzelt war. Zwar zeigte er in seiner Botschaft und seinem Wirken ein scharf ausgeprägtes eigenständiges Profil, das ihn von manchen Richtungen des Judentums abhob, wenn nicht gar in einen Gegensatz zu ihnen brachte. Nirgends aber überschritt er die Grenzen
5 des Judentums – weder in der besonderen Form seiner eschatologischen Erwartung, noch in seiner Stellung zur Tora. Auf das Judentum war auch seine Sendung bezogen: Er wusste sich als profetischer Erneuerer Israels, keineswegs jedoch als Stifter einer neuen Weltreligion. Davon, dass er die Kirche gegründet hätte, kann erst recht keine Rede sein.

Und doch ist ihm wirkungsgeschichtlich die Rolle des Stifters einer neuen Weltreligion zuge-
10 wachsen, die nicht nur die ethnischen Grenzen der jüdischen Religion sprengte, sondern darüber hinaus das Bewusstsein von ihren jüdischen Wurzeln weitgehend verloren hat. Im Zentrum dieser Weltreligion steht der Glaube an Jesus als den Christus, den einen zentralen Vermittler von Heil, der unmittelbar Gott zugeordnet ist und in dem allein Gott sich der ganzen Welt – und nicht etwa nur dem jüdischen Volk – offenbart hat. Wie konnte es dazu kommen? Gibt es Ansatzpunkte für diese
15 Entwicklung in der Geschichte Jesu?

Hier ist zuallererst auf die *Sendungsautorität* Jesu zu verweisen. Jesus wusste sich nicht nur als bloßer Verkündiger der Gottesherrschaft, sondern als deren Repräsentant. Einem roten Faden gleich durchzieht sein Reden und Tun die Gewissheit, in einzigartiger Weise die anbrechende Gottesherrschaft zu vertreten (Lk 17,21). Eine vergleichslose Nähe zu Gott kommt darin zum Ausdruck.
20 Nicht in diesen Prädikaten manifestierte sich primär die Sendungsautorität Jesu, sondern in dem vergleichslosen Autoritätsanspruch, der in seiner Botschaft und seinen Taten zum Ausdruck kam. Das ist Grund genug, von einer impliziten Christologie zu sprechen. Wäre diese von seinen Jüngerinnen und Jüngern nicht wahrgenommen worden, hätte es schwerlich zu einer *expliziten Christologie* kommen können.
25 Ausgelöst wurde die Entwicklung einer expliziten Christologie durch die Erscheinungen des Auferstandenen. Darin, dass ihnen der gekreuzigte Jesus in einer neuen Existenzweise als der von Gott zum Leben erweckte erschienen war, sahen die Jünger ein Handeln Gottes von grundstürzender Bedeutung. Sie gewannen die Überzeugung: Gott selbst hat Jesus, dem durch sein schmachvolles Sterben scheinbar Widerlegten, Recht gegeben. Er hat sich zu ihm bekannt und ihn als den bestätigt,
30 den er untrennbar mit seiner Königsherrschaft verbunden hat. Die traditionellen Hoheitstitel wurden vom Osterglauben her mit neuem Inhalt gefüllt. Indem sie im Bekenntnis der Kirche auf Gottes Handeln in Jesus bezogen wurden, gewannen sie Eindeutigkeit.

Die Auferstehungsbotschaft, zu deren Verkündigung die Jünger sich berufen wussten, war mehr als eine bloße Weiterführung der Botschaft des irdischen Jesus. In ihrem Zentrum stand nun Jesus
35 selbst als der „Christus", an dem Gott in einzigartiger Weise gehandelt hatte (1 Kor 15,3–5).

Die Erscheinungen des Auferstandenen wurden von den Zeugen darüber hinaus als Beginn einer neuen Epoche verstanden. Mit Jesus hatte die erhoffte Auferweckung der Toten begonnen; der Auferstandene war der Erstling der neuen Schöpfung, mit ihm nahm die Selbstdurchsetzung Gottes gegenüber seiner Welt ihren Anfang. War sie das eschatologische Ereignis schlechthin, so betraf sie
40 die ganze Welt. Hier liegt der Impuls, der schon wenige Jahre später zu einer über Israel hinausreichenden Christusverkündigung führte. Entscheidend verstärkt wurde er durch die Erinnerung daran, dass Jesus im Becherwort seines letzten Mahles die „Vielen" – und damit letztlich auch die Weltvölker – ausdrücklich in den Wirkungsbereich seines Sterbens einbezogen hatte.

J. Roloff 2000

IV. Christologische Entscheidungen

Theologische und didaktische Aspekte

Ein Grundproblem begleitet die Christologie seit ihren Anfängen:[24] Wie lässt sich Jesus Christus angemessen erkennen, in seiner Person, seinen Werken, in seinem Wesen? Wer ist dieser Jesus von Nazareth, den die Christinnen und Christen als Christus bekennen? Die hier getroffene Auswahl von Zeugnissen christologischer Entscheidungen aus der Geschichte des Christentums markiert einen kleinen Ausschnitt der reichen dogmatischen Traditionen, des Denkens unserer (Vormütter und) Vorväter des Glaubens. Angesprochen werden:

- zwei wichtige ökumenische Konzilien: Nicäa und Chalcedon,
- das Apostolikum,
- die Christologie Martin Luthers,
- ein neuzeitliches Bekenntnis, die Barmer Theologische Erklärung,
- sowie – als Zwischenrede – Positionen feministischer Theologie.

Die getroffene Auswahl zeigt das Interesse daran, wie in der jeweiligen Zeit meistens Männer Jesus Christus gedacht haben und verstanden wissen wollten. Für uns heute sind diese Aussagen Interpretationsmöglichkeiten, die auch didaktisch zu einer eigenen Aussage darüber anregen und verlocken sollen, für wen wir/ich heute Jesus Christus halten/halte. Dazu helfen bereits die unterschiedlichen Christologien der Tradition, doch dazu fordern dann auch in besondere Weise die in den folgenden Bausteinen dargestellten interkulturellen und interreligiösen Christusbilder heraus. Keine christologisch-dogmatischen Soll-Gehalte christlichen Glaubens und seiner theologischen Reflexion werden angeboten; es wird vielmehr ein Spiel-Raum des christologischen Denkens eröffnet, der eigene Kriterienbildung gegenüber den Positionen gegenwärtiger christologischer Positionen (Baustein II) wie gegenüber interreligiösen und interkulturellen Christologien (Bausteine V und VI) ermöglichen soll. Didaktisch erscheint mir entscheidend, gerade auch die dogmatische Traditionsbildung nicht mit einem normativen, sondern mit einem interpretativen Paradigma zu erschließen: Christologische Entscheidungen sind zeitbedingt und entwicklungsoffen!

Der Ausgangspunkt: Neues Testament[25]

In den neutestamentlichen Schriften geht es um die Frage: Wer ist eigentlich dieser Jesus aus Nazareth und was hat er getan? Das Leben und das Werk Jesu stehen im Vordergrund des Interesses; hebräisches Denken, in dem wir von griechischem Denken geprägte Heiden ungeübt sind, ist interessiert an Geschichte und Geschichten, am Tun und am Leben, so auch im Neuen Testament. Die Frage, wer dieser Jesus ist, hält beispielsweise Lukas für so wichtig, dass er ein Interesse Jesu unterstellt, der wissen möchte, für wen er von anderen gehalten wird. So ist im Lukasevangelium (Lk 9,18–20) folgender Dialog Jesu mit seinen Jüngern zu lesen: „Jesus betete einmal in der Einsamkeit und die Jünger waren bei ihm. Da fragte er sie: Für wen halten mich die Leute? Sie antworteten: Einige für Johannes den Täufer, andere für Elia; wieder andere sagen: Einer der alten Propheten ist auferstanden. Da sagte er zu ihnen: Ihr aber, für wen haltet ihr mich? Petrus antwortete: Für den Messias Gottes." Schon hier – etwa 80 n. Chr. – stellt sich in der Gemeinde des Lukas die Frage, wer dieser Jesus ist. „Die Leute" halten ihn für einen Menschen, wenn auch einen besonderen Menschen ihrer Glaubensgeschichte. Für Petrus erscheint klar: Jesus ist der Christus, der Messias. Das zeigt sich für Petrus an Jesu Werken, an dem, wie er auftritt – mit Vollmacht –, was er tut – beispielsweise in seinen Wundern – und wie er redet – beispielsweise in seinen Gleichnissen.

---

24 Zum Folgenden vgl. G. Orth, Theologie kompakt: Systematische Theologie. Stuttgart 2002.
25 Vgl. dazu auch Baustein III.

Daran, wie Petrus Jesus erfährt, entscheidet sich für ihn seine Messianität. Seine „Christologie" ist erfahrungsorientiert (entstanden).[26]

Nicäa

Schon bald aber geht es um eine ganz andere Frage: Wie kann Jesus Christus als „wahrer Gott" und als „wahrer Mensch" geglaubt und dann auch gedacht werden? Die Inkulturation des christlichen Glaubens in die griechische Welt zeigt Wirkung. In der Alten Kirche, die nun in besonderer Weise geprägt wird vom griechischen Denken und seinen philosophischen Fragen, rückt sehr schnell die Frage nach dem Wesen Jesu in den Vordergrund dogmatischer Überlegungen: Ein jahrhundertelanger Streit, der die Kirche zu spalten drohte, entstand über der Frage, wie sich das göttliche Wesen Jesu zu seinem menschlichen Wesen verhält. Die eine Fraktion behauptete die reine Menschlichkeit Jesu, u.a. um an der reinen Gottheit Gottes festhalten zu können. Die andere Fraktion behauptete die reine Göttlichkeit Jesu. Die Frage nach dem Wesen Jesu, nach der Einheit von Gottheit und Menschheit in der Person Jesu, bestimmte jetzt die Auseinandersetzung. Die Gemeinsamkeit in Glaube und Lehre aber war für die Reichskirche entscheidend, nur so konnte sie die von den Kaisern ihr zugedachte staatstragende Funktion erfüllen, denn religiöse Streitfragen konnten schnell auch eine Gefahr für die politische Einheit werden. Dies hatte bereits Konstantin erkannt. Er wollte den so genannten arianischen Streit per Konzil beilegen und berief deshalb die Bischöfe in seine Sommerresidenz zum Konzil nach Nicäa (325), das im Nachhinein sog. erste ökumenische Konzil, ein. Da saßen sie nun beisammen: Die ehemals verfolgten Bischöfe, nun Freunde des Kaisers, und der Kaiser als Mitbischof, denn diese Funktion hatte er sogleich mit übernommen.

Worum ging es im arianischen Streit? Arius (ca. 250–ca. 336) wollte unter allen Umständen an Gottes Einheit und Vollkommenheit festhalten und erklärte deshalb, dass es unmöglich sei, ihn mit der unvollkommenen Schöpfung zu verbinden. Selbst Jesus, sein Sohn, sei ihm deshalb streng unterzuordnen. Er könne Gott nur ähnlich, nicht aber wesensgleich sein, nur homoi-usios, nicht aber homo-usios. Dieser eine Buchstabe erregte damals das ganze römische Reich, sodass ein Kirchenvater schreibt: „Gehst du auf den Markt, so wirst du von der Marktfrau, bei der du einen Kohlkopf kaufst, gefragt: Bist du für homousios oder homoiusios? Gehst du ins Bad, so wirst du sofort in ein Gespräch vertieft, wofür du einstehst."[27]

Die entgegengesetzte Position, vertreten vor allem durch Athanasius (299?–373), hielt an dem „wesensgleich" (homo-usios) fest und setzte sich durch, sodass das Konzil nahezu einstimmig das nicänische Glaubensbekenntnis verabschiedete, das vielfach noch heute in unseren Kirchen in abgewandelter Form gesprochen wird. Es hat folgenden Wortlaut: „Wir glauben an Einen Gott, den Vater, den Allmächtigen, den Schöpfer alles Sichtbaren und Unsichtbaren. Und an Einen Herrn, Jesus Christus, den Sohn Gottes, der gezeugt wurde aus dem Vater als einziggeborener – d.h. aus dem Wesen (*Usia*) des Vaters –, Gott aus Gott, Licht aus Licht – wahrer Gott aus wahrem Gott, gezeugt, nicht geschaffen, wesenseins mit dem Vater –, durch den alles geworden ist, sowohl das im Himmel wie das auf Erden, der wegen unser, der Menschen, und unseres Heiles wegen herabgekommen ist und Fleisch geworden, Mensch geworden ist, gelitten hat und auferstanden ist am dritten Tage, aufgestiegen in den Himmel und kommt, zu richten die Lebendigen und die Toten. Und an den Heiligen Geist. ... Die aber, welche sagen ‚Er war einmal nicht' und ‚Bevor er gezeugt wurde, war er nicht' und ‚Aus Nichtseiendem ist geworden', oder die behaupten, er stamme aus einer anderen Wesenheit oder einem anderen Wesen, oder er sei veränderlich oder wandelbar, die bannt die katholische Kirche."[28] Das nicänische christliche Glaubensbekenntnis war nun festgelegt – doch der Streit um die Trinität, insbesondere, nachdem nun das Wesen Jesu in Hinsicht auf Gott bestimmt war, um das Verhältnis von Jesus Christus zu seiner Menschlichkeit, ging weiter. Auch wenn sie normative Geltung beanspruchen oder erhalten, sind christologische Entscheidungen immer zeitbedingt und sie bleiben entwicklungsoffen.

Apostolikum

Lange vor dem, während des und nach dem arianischen Streit entwickelte sich, gespeist aus unterschiedlichen Traditionen, das apostolische Glaubensbekenntnis im Rahmen der im zweiten und dritten Jahrhundert stattfindenden Entwicklung von Tauf- und Lehrbekenntnissen.[29] Das Apostolikum hat hier – zwischen Nicäa und

---

26 Auf solche Erfahrungsorientierung rekurrieren wiederum verstärkt gegenwärtige feministisch- und befreiungstheologische Ansätze.
27 Zit. nach H. Gutschera, J. Thierfelder, Kirchengeschichte ökumenisch. Band 1. Mainz/Stuttgart 1995. S. 39.
28 H. Karpp, Textbuch zur altkirchlichen Christologie. Neukirchen-Vluyn 1972. S. 87f.
29 Vgl. hier und zum Folgenden auch ausführlich: W.-D. Hauschild, Lehrbuch der Kirchen- und Dogmengeschichte. Bd. 1 und 2. Gütersloh 1995. Hier bes. Bd. 1. S. 78–80.

Chalcedon – aus Gründen der andauernden Aktualität seinen Ort, weil ich mit Dietrich Bonhoeffer davon ausgehe, „dass wir wieder ganz auf die Anfänge des Verstehens zurückgeworfen sind. Was Versöhnung und Erlösung, was Wiedergeburt und Heiliger Geist, was Feindesliebe, Kreuz und Auferstehung, was Leben in Christus und Nachfolge Christi heißt, das alles ist so schwer und so fern, dass wir es kaum mehr wagen, davon zu sprechen. In den überlieferten Worten und Handlungen ahnen wir etwas ganz Neues und Umwälzendes, ohne es noch fassen und aussprechen zu können."[30] Bonhoeffer begründet dies Unverständnis mit der eigenen Schuld der Kirche, die in den Jahren des Hitlerfaschismus „nur um ihre Selbsterhaltung gekämpft hat, als wäre sie ein Selbstzweck, unfähig, Träger des versöhnenden und erlösenden Wortes für die Welt zu sein".[31] Auf die Anfänge des Verstehens zurückgeworfen lädt das Apostolikum didaktisch dazu ein, eigene Formulierungen gegenwärtigen Glaubens zu versuchen und diese in der Auseinandersetzung mit der Tradition zu prüfen und auf ihre Aussagekraft hin zu erproben.

Bei der Lektüre oder auch dem Mitsprechen des Credo wird es Sch. wie L. oft so gehen wie beim Erlernen einer Fremdsprache. „Ich spreche eine Fremdsprache, wenn ich jenes Bekenntnis spreche, gewiss! Aber das ermöglicht mir, es zu sprechen. Ich brauche es nicht alleine zu verantworten. ... Weil das Bekenntnis vor allem eine Sprache der Gemeinde und der Kirche ist, darum passen seine Aussagen dem Einzelnen ungefähr so wie ein paar Schuhe, das für die ganze Familie gemacht ist. Dem einen sind sie zu groß, der anderen zu klein. Dem einen ist zu viel gesagt im Bekenntnis, der anderen zu wenig. Ich bin halbidentisch, wenn ich den Text spreche."[32] Nicht jeder und nicht jede können alle Sätze des Glaubensbekenntnisses zustimmend mitsprechen. Wenn ich selbst es auch nicht kann, dann spreche ich momentan schwierige Sätze in dieser Weise – halbidentisch – mit, vertrauend auf den Glauben der Mütter und Väter, vertrauend auf den Glauben der Gemeinde. Auch darin liegen didaktische Möglichkeiten des Umgangs mit Tradition – im Blick auf die eigene Identität wie hinsichtlich der Gemeinschaft mit anderen Menschen: Glauben kann ich fragmentarisch; Menschsein, wie es christlicher Glaube beschreibt, kann ich als Fragment.

Die christliche Gemeinde versteht das Glaubensbekenntnis als Lob Gottes: „Wir wollen Gott loben mit dem Bekenntnis unseres christlichen Glaubens" – so wird meist das Credo im sonntäglichen Gottesdienst eingeleitet. Seine Formulierungen verstehen wir also dezidiert als doxologische Aussagen: So spricht ein Mensch mit ganz konkreten Erfahrungen und im Kontext ganz spezifischer individueller, gesellschaftlicher, politischer, ökonomischer und kultureller Bedingungen, der zum Glauben gekommen ist, der froh und dankbar ist, dass Gott sich ihm gezeigt hat, Christus ihm begegnet ist, der Heilige Geist ihn bewegt. Beides gehört also von vornherein zusammen: die konkreten Erfahrungen und das Bekenntnis des Glaubens. Und: Im Glaubensbekenntnis werden keine Glaubensvorschriften gemacht, sondern es wird Gott gelobt: So habe ich Gott erfahren, so glaube ich an Jesus Christus und an den Heiligen Geist. Diesen Zusammenhang von Doxologie und Glaubensbekenntnis halte ich für entscheidend: Es wird wiederum kein Soll-Gehalt christlichen Glaubens formuliert, sondern Erfahrungen finden Interpretationsmöglichkeiten in der Tradition.

Mit den Worten des Glaubensbekenntnisses spricht ein Mensch, der zum Glauben gekommen ist. Damit ist der ursprüngliche Sitz im Leben auch des Glaubensbekenntnisses und seiner früheren, weitaus kürzeren Formulierungen benannt und wir kommen kurz zur Geschichte des Apostolikums: Seine Vorformen hatten ihren Ort in der Taufliturgie. Dem Täufling wurden fragend Glaubensaussagen benannt – von Hippolyt (ca. 220 n. Chr.) sind sie erstmals bezeugt –, zu denen er sich bekennen sollte. Aus solchen Vorformen sind im Laufe des 3. und 4. Jahrhunderts zusammenhängende deklamatorische Texte entstanden – lokale oder regionale Bekenntnisformulierungen. Das apostolische Glaubensbekenntnis wird erstmals im Brief der Synode von Mailand an den Papst Syricius im Jahr 390 erwähnt; bis ein *textus receptus* entstand, dauerte es freilich weitere 300 Jahre; vermutlich im südwestlichen Gallien entstand im 6./7. Jahrhundert jener Text, der noch heute gültig ist. Von da an setzte es sich als das Bekenntnis in der abendländischen Christenheit durch, was etwa weitere 300 Jahre in Anspruch nahm. Apostolisches Glaubensbekenntnis wurde es deshalb genannt, weil nach alter Überlieferung jeder der zwölf Apostel eine Aussage zu ihm beigetragen haben soll. So sollte die historisch spätere Entstehung des Apostolikums zurückgeführt werden auf die zwölf Apostel, um ihm zusätzliche Autorität und Legitimation zu verschaffen. Für die Ostkirchen erlangte das – ausführlichere – Nicäno-Konstantinopolitanum den gleichen Rang. Die Reformatoren haben das Apostolikum übernommen: Luther empfand, dass es „kurz und richtig die Artikel

30 D. Bonhoeffer, Widerstand und Ergebung. DBW 8. Gütersloh 1998. S.428 ff., Zitat S. 435.
31 AaO.
32 F. Steffensky, Das Haus, das die Träume verwaltet. Würzburg 1998. S. 56 und 58.

des Glaubens gar rein fasset", und Comenius urteilte: „Kein anderes ist so kurz, so kernig, keines fasst das Entscheidende so treffend zusammen."

Chalcedon

Nachdem das Konzil von Nicäa Jesus als vollkommenen Gott bekannt und so präzisiert hatte, dass „das Heil für die Menschheit durch den allein wahren Gott gewährt wird, wie er in seinem ewigen Sohn universal-gültig sich offenbart hat",[33] wurde 451 das größte Konzil der Alten Kirche ebenfalls vom Kaiser nach Chalcedon einberufen. Dieses Konzil sollte nun den Streit beenden, wie Jesus als vollkommener Mensch gedacht werden kann, denn diese Einheit war entscheidend für die Erlösung der Menschen; Christologie musste nun vor allem als Soteriologie gedacht werden können. Das Konzil von Chalcedon fand die Lösung dieser Frage in der Lehre von den zwei Naturen in der einen Person Jesu und hat sie dogmatisch formuliert – freilich unter massiver kaiserlicher Beeinflussung, denn dieser ließ die insgesamt 21 Sitzungen des Konzils von 19 kaiserlichen Kommissaren leiten – darunter waren die militärischen und zivilen Spitzen des Reiches und seiner Hauptstadt. Hier entstand die für alle zukünftige christologische Reflexion maßgebende *Zwei-Naturen-Lehre*. Die Kernaussagen des Beschlusses von Chalcedon lauten:

„dass wir unsern einen Herrn Jesus Christus bekennen sollen: denselben vollkommen in seiner Gottheit und denselben vollkommen in seiner Menschheit, wahrhaft Gott und wahrhaft Mensch, … wesensgleich mit dem Vater nach seiner Gottheit und wesensgleich mit uns nach seiner Menschheit, in allem uns ähnlich jedoch ohne Sünde; … dass unser Herr Jesus Christus als ein und derselbe Sohn zu bekennen sei, …wahrhaft Gott und wahrhaft Mensch …, …als ein und derselbe Christus, Sohn, eingeborner Herr, in zwei Naturen unvermischt, unverwandelt, ungetrennt, ungesondert erkennbar, wobei jedoch die Unterschiedenheit der Naturen um der Einung willen keinesfalls aufgehoben wird, sondern die Eigentümlichkeit einer jeden Natur gewahrt bleibt und sich zu einer Person und zu einer Hypostase verbindet, nicht als in zwei Personen geteilt oder getrennt, sondern als ein und derselbe eingeborene Sohn, Gott, Logos, der Herr Jesus Christus, wie einst die Propheten über ihn und dann Jesus Christus selbst uns belehrt haben und wie ihn das Glaubensbekenntnis der Väter uns überliefert hat."[34]

So wie das Chalcedonense sich abschließend beruft auf die Propheten, Jesus und das Glaubensbekenntnis der Väter, so versteht sich Dogmatik immer in Kontinuität und Fortschreibung oder kritischer Auseinandersetzung mit dem biblischen Zeugnis und den Bekenntnissen der Väter und Mütter im Glauben.

Die für die Christologie zentrale Bedeutung des Bekenntnisses von Chalcedon liegt mit Bernhard Lohse darin, dass es „angesichts der endlosen Auseinandersetzungen über das Verhältnis von Gottheit und Menschheit in Jesus Christus in schlichter, aber zugleich unüberbietbar klarer und treffender Weise den Glauben der Christenheit bezeugt hat, dass nämlich Jesus Christus eine Person ist und dass er zugleich sowohl Gott als auch Mensch ist."[35] So hat die Frage nach dem Wesen Jesu in der Alten Kirche mit dem Chalcedonense zwar einen die Extrempositionen ausscheidenden Kompromiss und doch eine auch für die Christologie bis heute beachtenswerte Antwort gefunden.

Martin Luther und die Reformation

Die Hochschätzung dieses in Chalcedon formulierten Bekenntnisses aber ist nicht selbstverständlich. Im Gegensatz zur Alten Kirche fragt die Reformation bei prinzipieller Beibehaltung der altkirchlichen christologischen Entscheidungen wieder deutlicher nach der neutestamentlichen christologischen Tradition, also nach der Einheit von Werk und Person Jesu, nach dem Zusammenhang von Christologie und Soteriologie. Die griechisch-philosophische Tradition bestimmt nicht mehr zentral ihre Fragestellung. Sie will in der Aufnahme und Auslegung der altkirchlichen Bekenntnisse und ihrer dogmatischen Entscheidungen bewusst „evangelisch" sein und formuliert so „eine Theologie, die allein das Evangelium zur Geltung bringen will, formal durch das Schriftprinzip und inhaltlich durch den Christozentrismus. … Die Gott-Mensch-Beziehung ist ausschließlich zu definieren durch die Einsicht, dass Gottes Wesen sich allein in der geschichtlichen Gestalt Jesu Christi manifestiert und der Gott total entfremdete, sündige Mensch nur wegen der Stellvertretung durch Jesus Christus einen positiven Gottesbezug bekommt. Daraus

---

33 Vgl. W.-D. Hauschild, aaO. Bd. 1. S. 153; zu Chalcedon insgesamt: aaO. S. 153–155; 183–185.
34 Zit. nach B. Lohse, Epochen der Dogmengeschichte. Stuttgart 1969. S. 97f.
35 AaO. S. 99.

resultiert, dass reformatorische Theologie grundlegend durch zwei christologisch bestimmte Lehren geprägt wird: die Lehre von der Rechtfertigung (mit dem Prinzip *solo Christo* und *sola fide*) und die Lehre vom Wort Gottes, welches in Christus und damit in der Heiligen Schrift gegeben ist (sola scriptura)."[36] Reformatorische Christologie lässt sich also *materialiter* aus den Aussagen der Schrift ableiten und wiederholt diese gleichsam in neuer Systematisierung. In diesem Sinne ist sie soteriologisch konzipiert und die Rechtfertigungslehre ist die Konkretisierung der Christusverkündigung.[37]

Deutlich wird dies in dem bekannten Grundsatz aus den *Loci Communes* des Melanchthon von 1521: „Christus erkennen heißt seine Heilstaten erkennen". Der Zusammenhang der Person Jesu Christi und seines Werkes wird in der Reformation entsprechend des neutestamentlichen Zeugnisses neu formuliert und festgehalten.

Ausgangspunkt von Luthers Christusverständnis ist die Inkarnation: „Sie ist insbesondere der Ort der Gotteserkenntnis. Aus dem christologischen Paradox des Miteinanders von Gottheit und Menschheit erwächst die paradoxale Denkstruktur der Theologie. Luther orientiert sich am christologischen Dogma von Chalcedon und gibt diesem eine eigene, auf die Personeinheit des Gott-Menschen Jesus Christus konzentrierte Interpretation. Demgemäß betont er die *communicatio idiomatum,* die Mitteilung der Eigenschaften, als das Wesentliche und schlägt so eine Brücke zur Rechtfertigungslehre, welche als Anwendung der Zwei-Naturen-Lehre verstanden werden muss: Die Gottheit teilt der Menschheit in der geschichtlichen Person Jesus Christus ihre hoheitlichen Attribute real mit (Herrlichkeit, Allmacht, Allgegenwart, Leben u.a.), und umgekehrt partizipiert sie an der Beschränktheit der menschlichen Natur; sie hebt die Menschheit zu sich empor und entäußert sich zugleich in der Inkarnation, die sich am Kreuz vollendet. Diesen Sachverhalt bezieht Luther als wunderbaren Tausch oder fröhlichen Wechsel und Streit auf das Verhältnis Christi zu den an ihn Glaubenden: Da der Menschheit in Jesus Christus als dem Urbild des Menschen grundsätzlich-exemplarisch eine göttliche Hoheit zugeeignet wird, kann er als Erlöser und Heiland der gläubigen Seele seine Gerechtigkeit mitteilen."[38]

Barmen

Zur sog. kirchlichen Zeitgeschichte gehört das Bekenntnis von Barmen, die theologische Erklärung der Bekennenden Kirche, entworfen im wesentlichen von Karl Barth unter Mitwirkung von Hans Asmussen und Thomas Breit, verabschiedet von der Barmer Reichsbekenntnissynode Ende Mai 1934. In der innerkirchlichen Auseinandersetzung zwischen Deutschen Christen und den in der Bekennenden Kirche zusammengeschlossenen oppositionellen Kreisen hat dieses Bekenntnis wenn auch keinen Widerstand so zumindest einen Störfaktor gegenüber dem Totalitarismus des Hitlerregimes gebildet.[39] Sechs Thesen mit jeweils biblischer Fundierung begründen die Position der Synode zu zentralen Themen und die Verwerfung von deutsch-christlichen Irrlehren als Verstöße gegen Schrift und Bekenntnis. Auch wenn die Barmer Erklärung kein Bekenntnis im klassischen Sinne sein sollte – unterschiedliche evangelische Konfessionen stimmten ihm ausdrücklich unter dieser Voraussetzung nur zu –, kam ihm nach 1945 erhebliche Bedeutung zu und die Barmer Theologische Erklärung gehört heute zur Bekenntnisgrundlage etlicher Landeskirchen der EKD.

„These 1 betont gegen die völkische Religion der DC den christologisch-offenbarungstheologischen Ansatz (Wort Gottes), der nach These 6 den ganzen Dienst der Kirche bestimmen muss. These 2 wendet die Rechtfertigungslehre auf die Ethik an gegen die Lehre von der Eigengesetzlichkeit der weltlichen Ordnungen; in These 5 wird das auf die Staatslehre in Abwehr von Totalitarismus und Gleichschaltung bezogen. Die Thesen 3 und 4 über das Wesen der Kirche und ihre Ämter lehnen die Anpassung der kirchlichen Ordnung an den Zeitgeist und an das Führerprinzip ab."[40]

Insgesamt ist die Barmer Theologische Erklärung christologisch fundiert und ausgerichtet, weshalb sie in diesem Abschnitt ihren Ort hat. Waren die christologischen Entscheidungen der altkirchlichen Konzilien in Nicäa und Chalcedon wesentlich „von oben", vom Kaiser und seiner Politik mitbestimmt, so ist das Zeugnis von Barmen eines, das sich gerade gegen die Vereinnahmung der Kirche von Seiten des Staates zur Wehr setzt. Seine besondere Christologie wird deshalb in ihrer politischen Kontextualisierung deutlich: Wenn die Kirche 1934 in dieser Weise Christus bezeugt hat, so hat die Christologie selbst politische Gestalt angenommen.

---

37 Vgl. dazu auch später die Formulierungen in CA III und IV.
38 W.-D. Hauschild, aaO. Bd. 2. S. 287f.
39 Vgl. AaO. S. 819–881.
40 AaO. S. 878.

Intentionen

Die Sch. sollen die Entwicklung christologischer Entscheidungen an Beispielen aus der Geschichte der Christologie kennen und verstehen lernen.

Dabei sollen die Sch. auch auf die unterschiedliche politische und gesellschaftliche Funktion der jeweiligen Bekenntnisbildung (z.B. Nicäa und Chalcedon versus Barmen) aufmerksam werden.

Die Sch. sollen die Zeitgebundenheit christologischer Aussagen wahrnehmen und erkennen, dass gemeinsame Beratung, konziliarer Streit der Modus ist, mit dem Christinnen und Christen gemeinsame Positionen ihres Glaubens finden und zu formulieren suchen.

Die Sch. sollen sich ihrer eigenen Erfahrungsorientierung in der Formulierung christologischer Aussagen bewusst werden, deren Partikularität ernst nehmen und Offenheit für andere christologische Entscheidungen gewinnen – ohne den Streit um die Wahrheit christlichen Glaubens damit *ad acta* zu legen (Pluralität bedeutet nicht Beliebigkeit).

Die Sch. sollen ermutigt werden, ihren eigenen Glauben oder Unglauben an Jesus Christus als Bekenntnis zu formulieren und dieses Bekenntnis im Gespräch zu erläutern, zu verteidigen und ggf. zu modifizieren.

Unterrichtsideen/Verlaufsplanung/Projektideen

1. Der Ausgangspunkt: Neues Testament

Unterrichtsidee

Ähnlich wie Jesus in **M1** die Jünger fragte, haben die Sch. in Baustein I eine Umfrage in der Öffentlichkeit zu der Frage „Was bedeutet dir/Ihnen Jesus"? durchgeführt. Ohne dass die Sch. nun sogleich ihr eigenes „Bekenntnis" äußern müssen, haben sie so Material an der Hand, von dem ausgehend die christologischen Entscheidungen der Kirchen- und Dogmengeschichte befragt und diskutiert werden können. Differenzen und ggf. Übereinstimmungen zu den neutestamentlichen Antworten (vgl. auch Baustein III), zu denen der dogmatischen Tradition (Baustein IV) und zu den Christus-Entwürfen (Baustein II) in der neueren deutschen Theologie können so erarbeitet und die Anschlussfähigkeit theologischer Reflexion kann erprobt werden.

2. Christologische Entscheidungen der Alten Kirche

Literatur zur Vorbereitung

W.-D. Hauschild, Lehrbuch der Kirchen- und Dogmengeschichte. Bd. 1 und 2. Gütersloh 1995. Hier bes. Bd. 1. S. 1–3, 27–31; 53–55, 78–80; 153–155, 183–185.

U. Kühn, Christologie. Göttingen 2003. S. 147–166.

Unterrichtsideen

M2a bis c. Die jeweilige kontextuelle Eingebundenheit und die dogmatischen Streitfragen (Nicäa und Chalcedon) bzw. die historische Entwicklung (Apostolikum) ist von L. jeweils kurz vorzutragen; ggf. kann dies auch ein Sch. im Rahmen einer besonderen Arbeit (Facharbeit) übernehmen. Die Erarbeitung der Materialien sollte dann in arbeitsteiligen Gruppen erfolgen, deren Ergebnisse anschließend entweder in einer Power Point Präsentation, auf Over Head Folien, auf Wandzeitungen oder mit Hilfe eines Tafelbildes der Klasse präsentiert werden.

Bearbeitungsfragen

▨ Was ist der wesentliche Inhalt des Textes?
▨ Wie lässt sich sein Stil beschreiben?
▨ Was ist uns einleuchtend bzw. womit stimmen wir überein?
▨ Was lehnen wir ab?

Diskussionsfragen

▨ Wie verbindlich erachten wir die altkirchlichen Lehrentscheidungen und Bekenntnisse für meinen/unseren Glauben bzw. für den Glauben „der Kirche"?
▨ Ist es angemessen die altkirchlichen Bekenntnisse jeden Sonntag im Gottesdienst zu sprechen oder sollten jeweils abwechselnd unterschiedliche moderne Bekenntnisse gesprochen werden? Was spricht für die eine, was für die andere Möglichkeit?

3. Christologie Martin Luthers

Literatur zur Vorbereitung

W.-D. Hauschild, Lehrbuch der Kirchen- und Dogmengeschichte. Bd. 1 und 2. Gütersloh 1995. Hier bes. Bd. 2. S. 271–277, 285–291, 382f.

U. Kühn, Christologie. Göttingen 2003. S. 184-213.

Unterrichtsideen

Unterschiedliche Textgattungen – theologischer Text, Kirchenlied und ein Zitat aus der *Confessio Augustana* – geben in **M3** Einblick in Luthers soteriologisch bestimmte Christologie, die gegenüber den Auseinandersetzungen von Nicäa und Chalcedon eben gerade weniger an der Person Jesu und ihrem Wesen – das ist die griechisch-philosophische Frage –, sondern modern gesprochen zentral an der Praxis Jesu interessiert ist.

Bearbeitungsfragen

▦ Welche Aussagen über Jesus Christus macht Luther?
▦ Wo liegt/liegen der/die Schwerpunkt(e) in Luthers Christologie?
▦ Welcher der unterschiedlichen Texte sagt Ihnen am meisten zu – und warum?

Diskussionsfrage

▦ Was ist Ihnen wichtiger: die Person und das Wesen Jesu (Nicäa und Chalcedon) oder „Amt und Werk" Jesu (Luther)? Begründen Sie Ihre Position.

4. Die Barmer Theologische Erklärung

Literatur zur Vorbereitung

W.-D. Hauschild, Lehrbuch der Kirchen- und Dogmengeschichte. Bd. 1 und 2. Gütersloh 1995. Hier bes. Bd. 2. S. 819–821, 854–857, 872–881.
A. Burgsmüller (Hg.), Kirche als „Gemeinde von Brüdern". Gütersloh 1981. Bd. 1. S. 39–48.
R. Weth, „Barmen" als Herausforderung der Kirche. München 1984. S. 9–36.

Unterrichtsideen

Die Barmer Theologische Erklärung (BTE) in **M4** ist grundlegend Bekenntnis zu Jesus Christus als dem einen Wort Gottes. Diese Konzentration auf Jesus Christus begründet die kritische Kraft dieses Bekenntnisses in seinen Abgrenzungen (Verwerfungssätzen) wie in seinen Positionsbestimmungen und Schriftzitaten. Sch. finden wohl am ehesten Zugang zu diesem Bekenntnistext über seine Verwerfungssätze, weshalb hier einzusetzen ist.

Bearbeitungsfragen/-aufgaben

▦ Welche Schwerpunkte der Kritik lassen sich aus den Verwerfungssätzen herauslesen?
▦ Was sagt die BTE zu den Problemen von 1934?
▦ Welche christologischen Aussagen werden in der BTE gemacht?
▦ Welche Aussagen zu Kirche und christlicher Weltverantwortung macht der Text und wie begründet er sie?
▦ Ist die BTE heute noch aktuell?
▦ Welche gegenwärtigen Situationen könnte die BTE betreffen?
▦ Versuchen Sie selbst konkretisierende Verwerfungssätze zu formulieren.
▦ Vergleichen Sie die BTE und das Apostolikum: Welche Gemeinsamkeiten und welche Differenzen entdecken Sie? Welches Bekenntnis ist Ihnen näher – und warum?

1: Der Ausgangspunkt: Neues Testament

Jesus betete einmal in der Einsamkeit und die Jünger waren bei ihm.
Da fragte er sie:

> Für wen halten mich die Leute?

Sie antworteten:

> Einige für Johannes den Täufer, andere für Elia;
> wieder andere sagen:
> Einer der alten Propheten ist auferstanden.

Da sagte er zu ihnen:

> Ihr aber, für wen haltet ihr mich?

Petrus antwortete:

> Für den Messias Gottes.

Lk 9,18–20

Das Nicänische Glaubensbekenntnis

Wir glauben an den einen Gott,
den Vater,
den Allmächtigen,
der alles geschaffen hat,
5 Himmel und Erde,
die sichtbare und die unsichtbare Welt.

Und an den einen Herrn Jesus Christus,
Gottes eingeborenen Sohn,
aus dem Vater geboren vor aller Zeit:
10 Gott von Gott,
Licht vom Licht,
wahrer Gott vom wahren Gott,
gezeugt, nicht geschaffen,
eines Wesens mit dem Vater;
15 durch ihn ist alles geschaffen.
Für uns Menschen und zu unserm Heil ist er vom Himmel gekommen,
hat Fleisch angenommen durch den Heiligen Geist
von der Jungfrau Maria und ist Mensch geworden.
Er wurde für uns gekreuzigt unter Pontius Pilatus,
20 hat gelitten und ist begraben worden,
ist am dritten Tage auferstanden nach der Schrift
und aufgefahren in den Himmel.
Er sitzt zur Rechten des Vaters
und wird wiederkommen in Herrlichkeit,
25 zu richten die Lebenden und die Toten;
seiner Herrschaft wird kein Ende sein.

Wir glauben an den Heiligen Geist,
der Herr ist und lebendig macht,
der aus dem Vater und dem Sohn hervorgeht,
30 der mit dem Vater und dem Sohn angebetet und verherrlicht wird,
der gesprochen hat durch die Propheten,
und die eine, heilige, christliche und apostolische Kirche.
Wir bekennen die eine Taufe zur Vergebung der Sünden.
Wir erwarten die Auferstehung der Toten
35 und das Leben der kommenden Welt.

Amen.

Das Apostolische Glaubensbekenntnis

Ich glaube an Gott, den Vater,
den Allmächtigen,
den Schöpfer des Himmels und der Erde.

Und an Jesus Christus,
5 seinen eingeborenen Sohn, unsern Herrn,
empfangen durch den Heiligen Geist,
geboren von der Jungfrau Maria,
gelitten unter Pontius Pilatus,
gekreuzigt, gestorben und begraben,
10 hinabgestiegen in das Reich des Todes,
am dritten Tage auferstanden von den Toten,
aufgefahren in den Himmel;
er sitzt zur Rechten Gottes,
des allmächtigen Vaters;
15 von dort wird er kommen,
zu richten die Lebenden und die Toten.

Ich glaube an den Heiligen Geist,
die heilige christliche Kirche,
Gemeinschaft der Heiligen,
20 Vergebung der Sünden,
Auferstehung der Toten
und das ewige Leben.

Amen.

Die Entscheidung von Chalcedon

Den heiligen Vätern also folgend, lehren wir alle übereinstimmend, als EINEN und denselben Sohn unseren Herrn Jesus Christus zu bekennen. Derselbe ist vollkommen in der Gottheit und derselbe vollkommen in der Menschheit, zugleich wahrhaft Gott und wahrhaft Mensch aus Vernunftseele (griech.: „nous") und Leib, mit dem Vater wesenseins der Gottheit nach und zugleich mit uns
5 wesenseins der Menschheit nach, in jeder Hinsicht uns ähnlich, ausgenommen die Sünde. Vor den Zeiten aus dem Vater geboren der Gottheit nach, ist derselbe am Ende der Tage um unseretwillen und unseres Heiles wegen aus Maria der Jungfrau, der Gottgebärerin, der Menschheit nach (hervorgegangen).

(Wir bekennen ihn als) EINEN und denselben Christus, Sohn, Eingeborenen, in zwei Naturen unver-
10 mischt, unverwandelt, ungetrennt, ungesondert erkannt, wobei keineswegs die Verschiedenheit der Naturen um der Einung willen aufgehoben wird, sondern die Eigentümlichkeit einer jeden Natur erhalten bleibt und sich zu einer Person und einer Hypostase verbindet.

(Wir bekennen ihn) nicht als in zwei Personen gespalten und getrennt, sondern als EINEN und denselben Sohn; Eingeborenen, Gott, Logos, Herrn, Jesus Christus, wie Vorzeiten die Propheten über
15 ihn und (dann) er, Jesus Christus, selbst unterwiesen haben und wie es das Symbol der Väter uns überliefert hat.

M3a: „Mein Heiland und Erlöser"

Also haben ihn die Sophisten gemalet, wie er Gott und Mensch sei, zählen seine Beine und Arme, mischen seine beiden Naturen wunderlich ineinander, welches denn nur eine sophistische Erkenntnis des Herrn Christi ist, denn Christus ist nicht darum Christus genannt, dass er zwei Naturen hat, was geht mich dasselbe an? Sondern er trägt diesen herrlichen und tröstlichen Namen von dem Amt

5 und Werk, so er auf sich genommen hat, dasselbige gibt ihm den Namen. Dass er von Natur Mensch und Gott ist, das hat er für sich, aber dass er sein Amt dahin gewendet und seine Liebe ausgeschüttet und mein Heiland und Erlöser wird, das geschieht mir zu Trost und zu gut, es gilt mir darum, dass er sein Volk von Sünden los machen will. Matthäi am 1. Kapitel wird angezeigt vom Engel Gabriel, dass er soll Jesus heißen. Nicht darum, dass er Gott und Mensch ist; sondern dass er das Amt soll führen

10 und in das Werk treten, den Leuten von Sünden und Tode zu helfen. Das machet ihn zu einem Manne, dafür sollen wir ihn auch halten, dass er Haupt und Oberherr des Christentums und aller Gottseligkeit ist.

M. Luther, WA 16, S. 217f.

Diejenigen irren, die da meinen, Christus sei ein Gesetzgeber, welcher die Sitten in Ordnung bringe und wie ein Sokrates vollkommene Beispiele der Tugenden vortrage. Denn ob er wohl auch das äußerliche Tun lenkt, so richtet er doch zuerst den innerlichen Menschen zu und erneuert ihn; danach regiert er auch den Leib, die Hände und Füße. Denn auf den Glauben folgen die Werke,

5 gleichwie der Schatten dem Leibe folgt.

M. Luther, WA 25, S. 324, 1–6

Ich glaube, das Jesus Christus, wahrhaftiger Gott vom Vater in Ewigkeit geboren und auch wahrhaftiger Mensch von der Jungfrau Maria geboren, sei mein Herr, der mich verlornen und verdammten Menschen erlöset hat, erworben, gewonnen von allen Sünden, vom Tode und von der Gewalt des Teufels; nicht mit Gold oder Silber, sondern mit seinem heiligen, teuren Blut und mit seinem unschuldigen

5 Leiden und Sterben; damit ich sein eigen sei und in seinem Reich unter ihm lebe und ihm diene in ewiger Gerechtigkeit, Unschuld und Seligkeit, gleichwie er ist auferstanden vom Tode, lebet und regieret in Ewigkeit. Das ist gewisslich wahr.

M Luther, Kleiner Katechismus

M3b: Vom Himmel hoch, da komm ich her (EG 24)

1. Vom Himmel hoch, da komm' ich her.
   Ich bring' euch gute neue Mär,
   Der guten Mär bring' ich so viel,
   Davon ich sing'n und sagen will.

2. Euch ist ein Kindlein heut' gebor'n
   Von einer Jungfrau auserkor'n,
   Ein Kindelein, so zart und fein,
   Das soll eur' Freud' und Wonne sein.

3. Es ist der Herr Christ, unser Gott,
   Der will euch führ'n aus aller Not,
   Er will eu'r Heiland selber sein,
   Von allen Sünden machen rein.

4. Er bringt euch alle Seligkeit,
   Die Gott der Vater hat bereit,
   Daß ihr mit uns im Himmelreich
   Sollt leben nun und ewiglich.

5. So merket nun das Zeichen recht,
   Die Krippe, Windelein so schlecht,
   Da findet ihr das Kind gelegt,
   Das alle Welt erhält und trägt.

6. Des laßt uns alle frölich sein
   Und mit den Hirten gehn hinein,
   Zu sehn, was Gott uns hat beschert,
   Mit seinem lieben Sohn verehrt.

7. Merk auf, mein Herz, und sieh dorthin!
   Was liegt dort in dem Krippelein?
   Wer ist das schöne Kindelein?
   Es ist das liebe Jesulein.

8. Sei mir willkommen, edler Gast!
   Den Sünder nicht verschmähet hast
   Und kommst ins Elend her zu mir,
   Wie soll ich immer danken dir?

9. Ach, Herr, du Schöpfer aller Ding',
   Wie bist du worden so gering,
   Dass du da liegst auf dürrem Gras,
   Davon ein Rind und Esel aß!

10. Und wär' die Welt vielmal so weit,
    Von Edelstein und Gold bereit',
    So wär' sie doch dir viel zu klein,
    Zu sein ein enges Wiegelein.

11. Der Sammet und die Seide dein,
    Das ist grob Heu und Windelein,
    Darauf du König groß und reich
    Herprangst, als wär's dein Himmelreich.

12. Das hat also gefallen dir,
    Die Wahrheit anzuzeigen mir:
    Wie aller Welt Macht, Ehr' und Gut
    Vor dir nichts gilt, nichts hilft noch tut.

13. Ach, mein herzliebes Jesulein,
    Mach dir ein rein, sanft Bettelein,
    Zu ruhen in mein's Herzens Schrein,
    Das ich nimmer vergesse dein!

14. Davon ich allzeit fröhlich sei,
    Zu springen, singen immer frei
    Das rechte Susaninne schon,
    Mit Herzenslust den süßen Ton.

15. Lob, Ehr' sei Gott im Höchsten Thron,
    Der uns schenkt seinen ein'gen Sohn!
    Des freuen sich der Engel Schar
    Und singen uns solch neues Jahr.

Text und Melodie: M. Luther

M3c: Aus der Confessio Augustana von 1530

Artikel 3: Vom Sohn Gottes

Ebenso wird gelehrt, dass Gott, der Sohn, Mensch geworden ist, geboren aus der reinen Jungfrau Maria, und dass die zwei Naturen, die göttliche und die menschliche, also in einer Person untrennbar vereinigt, ein Christus sind, der wahrer Gott und wahrer Mensch ist, wahrhaftig geboren, gelitten, gekreuzigt, gestorben und begraben, dass er ein Opfer nicht allein für die Erbsünde, sondern auch für alle anderen Sünden war und Gottes Zorn versöhnte, ebenso dass dieser Christus hinabgestiegen ist zur Hölle (Unterwelt), am dritten Tage wahrhaftig auferstanden ist von den Toten und aufgefahren ist in den Himmel; er sitzt zur Rechten Gottes, dass er ewig über alle Geschöpfe herrsche und regiere; dass er alle, die an ihn glauben, durch den Heiligen Geist heilige, reinige, stärke und tröste, ihnen auch Leben und allerlei Gaben und Güter austeile und sie schütze und beschirme gegen den Teufel und die Sünde; dass dieser Herr Christus am Ende öffentlich kommen wird, zu richten die Lebenden und die Toten usw. laut dem Apostolischen Glaubensbekenntnis.

Artikel 4: Von der Rechtfertigung

Weiter wird gelehrt, dass wir Vergebung der Sünde und Gerechtigkeit vor Gott nicht durch unser Verdienst, Werk und Genugtuung erlangen können, sondern dass wir Vergebung der Sünde bekommen und vor Gott gerecht werden aus Gnade um Christi willen durch den Glauben, nämlich wenn wir glauben, dass Christus für uns gelitten hat und dass uns um seinetwillen die Sünde vergeben, Gerechtigkeit und ewiges Leben geschenkt wird. Denn diesen Glauben will Gott als Gerechtigkeit, die vor ihm gilt, ansehen und zurechnen, wie der Hl. Paulus zu den Römern im 3. und 4. Kapitel sagt.

Ph. Melanchthon
(Die Confessio Augustana ist eine der maßgeblichen Bekenntnisschriften der Reformation.)

Die Barmer Theologische Erklärung

1. *Jesus Christus spricht: Ich bin der Weg und die Wahrheit und das Leben; niemand kommt zum Vater denn durch mich. (Joh. 14, 6) – Wahrlich, wahrlich, ich sage euch: Wer nicht zur Tür hineingeht in den Schafstall, sondern steigt anderswo hinein, der ist ein Dieb und Räuber. Ich bin die Tür; wenn jemand durch mich hineingeht, wird er selig werden. (Joh 10,1.9)*
Jesus Christus, wie er uns in der Heiligen Schrift bezeugt wird, ist das eine Wort Gottes, das wir zu hören, dem wir im Leben und im Sterben zu vertrauen und zu gehorchen haben.

   Wir verwerfen die falsche Lehre, als könne und müsse die Kirche als Quelle ihrer Verkündigung außer und neben diesem einen Worte Gottes auch noch andere Ereignisse und Mächte, Gestalten und Wahrheiten als Gottes Offenbarung anerkennen.

2. *Durch Gott seid ihr in Christus Jesus, der uns von Gott gemacht ist zur Weisheit und zur Gerechtigkeit und zur Heiligung und zur Erlösung. (1 Kor 1,30)*
Wie Jesus Christus Gottes Zuspruch der Vergebung aller unserer Sünden ist, so und mit gleichem Ernst ist er auch Gottes kräftiger Anspruch auf unser ganzes Leben; durch ihn widerfährt uns frohe Befreiung aus den gottlosen Bindungen dieser Welt zu freiem, dankbarem Dienst an seinen Geschöpfen.

   Wir verwerfen die falsche Lehre, als gebe es Bereiche unseres Lebens, in denen wir nicht Jesus Christus, sondern anderen Herren zu eigen wären, Bereiche, in denen wir nicht der Rechtfertigung und Heiligung durch ihn bedürften.

3. *Lasst uns aber wahrhaftig sein in der Liebe und wachsen in allen Stücken zu dem hin, der das Haupt ist, Christus, von dem aus der ganze Leib zusammengefügt ist. (Eph 4,15.16)*
Die christliche Kirche ist die Gemeinde von Brüdern, in der Jesus Christus in Wort und Sakrament durch den Heiligen Geist als der Herr gegenwärtig handelt. Sie hat mit ihrem Glauben wie mit ihrem Gehorsam, mit ihrer Botschaft wie mit ihrer Ordnung mitten in der Welt der Sünde als die Kirche der begnadigten Sünder zu bezeugen, dass sie allein sein Eigentum ist, allein von seinem Trost und von seiner Weisung in Erwartung seiner Erscheinung lebt und leben möchte.

   Wir verwerfen die falsche Lehre, als dürfe die Kirche die Gestalt ihrer Botschaft und ihrer Ordnung ihrem Belieben oder dem Wechsel der jeweils herrschenden weltanschaulichen und politischen Überzeugungen überlassen.

4. *Jesus Christus spricht: Ihr wisst, dass die Herrscher ihre Völker niederhalten und die Mächtigen ihnen Gewalt antun. So soll es nicht sein unter euch; sondern wer unter euch groß sein will, der sei euer Diener. (Mt 20, 25.26)*
Die verschiedenen Ämter in der Kirche begründen keine Herrschaft der einen über die anderen, sondern die Ausübung des der ganzen Gemeinde anvertrauten und befohlenen Dienstes.

   Wir verwerfen die falsche Lehre, als könne und dürfe sich die Kirche abseits von diesem Dienst besondere, mit Herrschaftsbefugnissen ausgestattete Führer geben und geben lassen.

5. *Fürchtet Gott, ehrt den König. (1 Petr 2,17)*
Die Schrift sagt uns, dass der Staat nach göttlicher Anordnung die Aufgabe hat in der noch nicht erlösten Welt, in der auch die Kirche steht, nach dem Maß menschlicher Einsicht und menschlichen Vermögens unter Androhung und Ausübung von Gewalt für Recht und Frieden zu sorgen. Die Kirche erkennt in Dank und Ehrfurcht gegen Gott die Wohltat dieser seiner Anordnung an. Sie erinnert an Gottes Reich, an Gottes Gebot und Gerechtigkeit und damit an die Verantwortung der Regierenden und Regierten. Sie vertraut und gehorcht der Kraft des Wortes, durch das Gott alle Dinge trägt.

Wir verwerfen die falsche Lehre, als solle und könne der Staat über seinen besonderen Auftrag hinaus die einzige und totale Ordnung menschlichen Lebens werden und also auch die Bestimmung der Kirche erfüllen. Wir verwerfen die falsche Lehre, als solle und könne sich die Kirche über ihren besonderen Auftrag hinaus staatliche Art, staatliche Aufgaben und staatliche Würde aneignen und damit selbst zu einem Organ des Staates werden.

6. *Jesus Christus spricht: Siehe, ich bin bei euch alle Tage bis an der Welt Ende. (Mt 28,20) –*
Gottes Wort ist nicht gebunden. (2 Tim 2,9)
Der Auftrag der Kirche, in welchem ihre Freiheit gründet, besteht darin, an Christi Statt und also im Dienst seines eigenen Wortes und Werkes durch Predigt und Sakrament die Botschaft von der freien Gnade Gottes auszurichten an alles Volk.

Wir verwerfen die falsche Lehre, als könne die Kirche in menschlicher Selbstherrlichkeit das Wort und Werk des Herrn in den Dienst irgendwelcher eigenmächtig gewählter Wünsche, Zwecke und Pläne stellen.

D. Sölle, Credo und weitere Auszüge aus Glaubensbekenntnissen von Frauen

ich glaube an jesus christus
der recht hatte als er
„ein einzelner, der nichts machen kann"
genau wie wir
5   an der veränderung aller zustände arbeitete
und darüber zugrunde ging
an ihm messend erkenne ich
wie unsere intelligenz verkrüppelt
unsere phantasie erstickt
10   unsere anstrengung vertan ist
weil wir nicht leben wie er lebte
jeden tag habe ich angst
dass er umsonst gestorben ist
weil wir seine revolution verraten haben
15   in gehorsam und angst
vor den behörden
ich glaube an jesus christus
der aufersteht in unser leben
dass wir frei werden
20   von vorurteilen und anmaßung
von angst und hass
und seine revolution weitertreiben
auf sein reich hin

D. Sölle 1986

Ich glaube, dass Gott mir und allen Menschen
Seine Liebe und Nähe durch
Jesus begreiflich und verständlich macht.
Ich glaube an Jesus Christus,
5   der mein Bruder ist, dessen Schwester ich bin,
mit dem ich unterwegs sein darf,
dessen Botschaft der Liebe mich immer neu herausfordert
der gelitten hat unter der Kälte
und Uneinsichtigkeit der Menschen,
10   der gestorben ist, um radikal und konsequent
seine Liebe und Treue zu Gott und uns zu beweisen.

Marlene Backes

Ich glaube
dass Jesus durch sein Leben
die Menschenfreundlichkeit Gottes
verkündet hat
5   und seine Botschaft
uns die Richtung zur wahren
Menschwerdung aufzeigt.

Magdalena Marx

Jesus hat Gott gewagt
Auf dem Asphaltweg zwischen
zwei Orten hat eine Baumwurzel
die Teerdecke angehoben:
5   Ich glaube an die Kraft
des Lebens
die göttlich ist,
Gottes Kraft,
die die Welt nach ihrem Gesetz
10   erschaffen hat.
Diese Kraft schuf Sprache,
den schöpferischen Wortschatz, der mir
zur Verfügung steht.
Ich glaube, dass Jesus Christus
15   kraftvoll, beseelt und
schöpferisch umzugehen wagte
mit Gott und nun auch mir
Mut gibt,
hinabzusteigen in das Reich des Todes,
20   um von dort
wiederzukommen,
die Teerdecke anzuheben,
zu durchbrechen und
ans Licht zu gelangen.
25   Amen

Ilse Behl

Ich glaube an Jesus
den Menschensohn,
in dem Gott uns sein Antlitz zeigte.
Durch ihn wies Gott der Welt
5   den Weg aus Verstrickung
und Sünde,
den Weg des Friedens
und der Liebe.
Er ging Gottes Weg
10   bis zur letzten Konsequenz.
Nicht Tod und Vernichtung
waren das Ende,
sondern Leben.

Elisabeth Wegmann

Zwischenrede: Dekonstruktion – Rekonstruktion. Positionen feministischer Theologie[41]

Respektlos und voller Ernst im Blick auf die Geschichte Jesu Christi und seiner Traditionen wie hinsichtlich der eigenen Erfahrungen und der eigenen Identität als Christinnen durchforsten Frauen dekonstruierend und rekonstruierend die christologischen Traditionen: „Christologie ist wie eine Portion Spaghetti: Du ziehst an einem Faden und die ganze Chose gerät in Bewegung", so die ghanesische Theologin Mercy Amba Oduyoye[42]. Faden für Faden nehmen feministische Theologinnen in ihrer Re-Vision die Christologie unter die Lupe und „erfahren dies nicht in erster Linie als Bedrohung ihrer christlichen Identität, sondern als heilsame Entwirrung einer sie erdrückenden Einheit"[43]. Dabei wird deutlich, dass sich die Frage aus Lk 9, 18–20 trotz aller christologischer Entscheidungen der Kirchen- und Dogmengeschichte erneut als offen erweist.

D. Sölle nennt v.a. „sechs Punkte der Kritik an herkömmlicher Theologie:

- Kann eine historische Gestalt Universalität beanspruchen?
- Kann ein männlicher Erlöser Frauen erlösen?
- Erwächst das Heil aus einem blutigen Menschenopfer?
- Wie einzigartig ist Christus?
- Tendiert jede Christologie zum Fundamentalismus?
- Ist jede Christologie notwendig antijudaistisch?

Entstehende feministische Theologie hat an diesen verschiedenen kritischen Ansätzen Anteil, bündelt und integriert sie. Ich fasse zusammen, was die Dekonstruktion leistet: Sie schickt uns auf die Suche nach einer Figur der Erlösung, die nicht übergeschichtlich, ewig-männlich, nekrophil, heldisch, fundamentalistisch und antijudaistisch ist. Ist das möglich, kann die Christenheit diese radikalen Anfragen aufnehmen, in produktiver Selbstkritik die eigene Geschichte aufarbeiten und eine andere Christologie ohne Arroganz und Eurozentrismus, ohne Sexismus und Patriarchat, ohne Sadomasochismus und Todessucht, ohne Heldenverehrung und Dogmatismus, ohne Rassismus und Antijudaismus glaubwürdig und verbindlich lehren?"[44]

D. Sölle weiß sich mit der feministischen Theologie am Anfang der Beantwortung dieser Fragen; ihre Rekonstruktionen können hier außer Acht bleiben, wichtig sind zunächst die Fragen und ihr eigenes Fazit: „Feministische Befreiungstheologie treiben, heißt für mich, die Geschichten der Bibel weiterzuschreiben, die Lieder der Tradition weiterzusingen und die Freude in Christus nennen zu können."[45] Erfahrungsorientierung ist auch hier der entscheidende Gesichtspunkt: Ausgehend von den spezifischen feministischen Erfahrungen werden die christologischen Aussagen der Tradition dekonstruiert und es werden Re-Konstruktionen eigener christologischer Entwürfe versucht. Didaktisch leitet diese am Schluss dieses Kapitels dazu an,

- die eigenen Erfahrungen der Sch. ernst zu nehmen in der Auseinandersetzung mit der Tradition wie auch in der jeweils aktuellen Formulierung eigenen Glaubens,[46]
- frech und respektlos sich selbst ernst zu nehmen und eigene Fragen zu formulieren.

41 Zum Folgenden vgl. R. Jost, E. Valtink (Hg.), Ihr aber, für wen haltet ihr mich?: auf dem Weg zu einer feministisch-befreiungstheologischen Revision von Christologie. Gütersloh 1996; vgl. weiter C. Janssen, B. Joswig (Hg.), Erinnern und aufstehen – antworten auf Kreuzestheologien. Mainz 2000.

42 Zit. in R. Jost, E. Valtink (Hrsg.), aaO. S. 124.

43 M. Kalsky, Christaphanien. In: AaO. S. 124-146, hier S. 125.

44 D. Sölle, Der Erstgeborene aus dem Tod. Dekonstruktion und Rekonstruktion von Christologie. In: AaO. S. 64-77, hier S. 65-71 i.A.

45 AaO. S. 76.

46 Vgl. dazu das von H. Küng angestoßene Credo-Projekt von Publik Forum: P. Rosien, Mein Credo. Band 1 und 2. Oberursel 1999 und 2000.

Literatur zur Vorbereitung

R. Jost, E. Valtink (Hg.), Ihr aber, für wen haltet ihr mich?: auf dem Weg zu einer feministisch-befreiungstheologischen Revision von Christologie. Gütersloh 1996
C. Janssen, B. Joswig (Hg.), Erinnern und aufstehen – Antworten auf Kreuzestheologien. Mainz 2000.

Unterrichtsideen

Im Mittelpunkt sollte die Arbeit mit **M5** stehen, um in einem gelenkten Klassengespräch Dekonstruktion und Rekonstruktion klassischer Christologien zu erarbeiten. Dabei können die Fragen von
D. Sölle (s.o.) hilfreich sein. Eine Alternative besteht darin, diese zunächst von L. in das Thema einführend zu erläutern und sie in der Gesamtgruppe zu diskutieren, um dann mit ihrer Hilfe in arbeitsgleichen Gruppen oder im Klassengespräch sich mit dem Credo von D. Sölle und den anderen
Credo-Formulierungen aus dem Credo-Projekt von Publik Forum (s.o.) auseinander zu setzen.

Bearbeitungsfragen

▦ Welches sind die zentralen Inhalte des Glaubensbekenntnisses von D. Sölle und der Auszüge aus
   weiteren Glaubensbekenntnissen von Frauen?
▦ Mit welchen Gesichtspunkten stimme ich/stimmen wir überein, mit welchen nicht? Welches sind
   meine/unsere Gründe dafür?

Diskussionsfragen

▦ Was wird theologisch an den Credo-Formulierungen deutlich? Welches Verständnis von Christologie wird deutlich?
▦ Wodurch unterscheidet sich das Credo von D. Sölle und die Auszüge aus den Glaubensbekenntnissen von Frauen von den altkirchlichen Formulierungen?

Bearbeitungsaufgabe

Im Anschluss an die Erarbeitung und Diskussion der Glaubensbekenntnisse von Frauen werden die
Sch. gebeten, ein eigenes christologisches Bekenntnis ihres Glaubens, ihrer Zweifel und Anfechtungen
oder ihres Unglaubens zu schreiben. Mit den Credos der Sch. könnte eine Ausstellung im Klassen-
raum gemacht werden, bei der die Credos gelesen und ihre Autoren und Autorinnen befragt werden
können. Wichtig ist dabei einzuüben, die Credos anderer nicht zu kritisieren, sondern stehen zu lassen,
und lediglich Verständnisfragen zu formulieren: Ein Gespräch über eigene Bekenntnisse ist keine
christologische Diskussion!

V. Christologie – interkulturell

Theologische und didaktische Aspekte

Der selbstverständlich „weiße Jesus" ist in Afrika, Asien und Lateinamerika längst ganz unterschiedlichen Vorstellungen des „schwarzen" oder „indianischen" Christus oder Identifikationsfiguren des asiatischen Theaters gewichen: Das Christentum der in der Regel weißen Missionsgeschichte lässt sich nicht einfach in fremde Kulturen einpflanzen. Soll christlicher Glaube wirklich angenommen und gelebt werden können, impliziert dies immer auch einen Vorgang der Inkulturation: „like make a new baby" – so hat die koreanische Theologin Chung Hyung Kyung den Vorgang treffend beschrieben. Inkulturation entspricht viel eher als der Gedanke der „Einpflanzung" dem Vorgang der Inkarnation, wie er im Neuen Testament beschrieben wird, nahm Jesus doch nicht nur eine fleischliche oder menschliche Hülle an, sondern wurde Mensch.

Inkulturation bedeutet angesichts des Zusammenhanges von Kultur und Religion immer auch Kontakt des Christentums und seiner Theologien mit anderen einheimischen Religionen, was im Kontext Asiens und des Hinduismus bzw. Buddhismus sowie weiterer Religionen besonders deutlich wird. „Christologie interkulturell" ist also eng verknüpft mit „Christologie interreligiös", wenngleich unterschiedliche Akzente gesetzt werden.

Mit dem Prozess der Inkulturation verändern sich auch die Vorstellungen und Bilder von Jesus Christus: jeweils kulturell einheimische Christologien setzen eigene Akzente; Christinnen und Christen, Theologinnen und Theologen wählen Muster ihrer eigenen kulturellen Traditionen, um zu verstehen und zu verdeutlichen, für wen Jesus Christus – interpretativ – gehalten wird oder – normativ – gehalten werden soll.

Das Faktum der Unterdrückung bestimmt das Leben in Afrika, Asien und Lateinamerika maßgeblich und ist deshalb zentrales theologisches und natürlich auch christologisches Thema. Jenseits dieser prinzipiellen theologischen Gemeinsamkeit, die in den Dokumenten der Vereinigung der Theologinnen und Theologen der Dritten Welt deutlich wird, hat jeder Kontinent seine besondere theologische Schlüsselfrage: Afrika sieht sie in dem Verhältnis von christlichem Glauben und afrikanischer Kultur, Asien in der Frage nach der Stellung des Christentums als einer Minderheitenreligion im pluralistischen Kontext anderer Religionen und Lateinamerika in dem Beitrag von Christen und Christinnen, Gemeinden und Kirchen zur Befreiung der Armen.

Christologie interkulturell erweist sich so für europäische Augen und Ohren als ein spannender Wahrnehmungs- und Entdeckungsprozess in mindestens vier Richtungen:

- Es wird ein Blick in fremde Kulturen eröffnet.
- Uns fremde Vorstellungen und Bilder Jesu Christi erweitern unsere eigenen Imaginations- und Sprachmöglichkeiten.
- Die fremden Wahrnehmungen ermöglichen Distanz zu eigenen Vorstellungen und Bildern und zeigen deren kulturelle Bestimmtheiten und Begrenzungen.
- Der Reichtum differenter Ausdrucksmöglichkeiten Jesu Christi kann erfahren und reflektiert werden.

Hinzu kommt ein weiteres entscheidendes Element, wenn Christologie interkulturell wahrgenommen wird: Theologie wird dialogisch! Die Lebensfeindlichkeit einer Theologie, die sich selbst in ihrer Abgehobenheit zur Versuchung geworden ist, wird rückgebunden an Erfahrungen aus anderen Kontexten und so zum Bewusstsein ihrer eigenen Kontextualität gebracht. Wenn deutsche Theologie diese Herausforderung annimmt, wird sie prinzipiell ökumenisch: Theologie wird dann selbst als ein konziliarer Prozess verstanden, in dem auf die Wahrheit der jeweils anderen zu hören und die eigene Wahrheit dialogisch zu kommunizieren ist. Bei dieser Entdeckungsreise in christologische Überlegungen anderer Kontexte geht es also nicht nur um die Wahrnehmung von Pluralität. Vielmehr wird Christologie interkulturell erst dann Gewinn bringend, wenn die Erfahrungen und Reflexionen der jeweils anderen auch als Anfragen und Korrektiv an eigene Überlegungen und Erfahrungen wahrgenommen werden. Erst damit wird der noch immer vielfach postulierte Universalitätsanspruch einer Theologie obsolet und wirkliche Universalität gewinnt ihre Kraft aus den konkreten Partikularitäten und ihrer Dialogbereitschaft und -fähigkeit.

Doch was im „großen" interkulturellen Rahmen gilt, gilt dann auch für jedes theologische Gespräch „im Kleinen": Theologie wird zum gemeinsamen Lernprozess unterschiedlicher Männer und Frauen, Erwachsener, Jugendlicher und Kinder. Der Stil theologischen Arbeitens verändert sich: Ohne den jeweils eigenen Wahrheitsanspruch aufzugeben, wird das Gespräch gesucht über die Wahrheit, die größer ist als die jeweils eigene Erkenntnis der Wahrheit. Ein spannender Prozess! Christologie interkulturell wie Christologie interreligiös nötigt Religionslehrerinnen und Religionslehrer dazu, die Christologien ihrer Sch. in neuer Weise ernst zu nehmen und in einen theologischen Diskurs einzubeziehen.

Zwei unterschiedliche Zugänge zu kulturell differenten Christologien werden im Folgenden vorgeschlagen.

Zunächst bleiben wir auf der Ebene des Glaubens und seiner Bilder: Den Sch. soll ein Vergleich von Kreuzigungsdarstellungen aus Afrika, Asien und Lateinamerika die Wahrnehmung der unterschiedlichen Kontexte und kulturellen Prägungen ermöglichen, in die hinein „das Wort vom Kreuz" ausgerichtet wird, in denen es gesprochen, verstanden und ihm geantwortet wird. Dabei wird jeweils deutlich, wie eng die künstlerischen Darstellungen der Kreuzigung Jesu verknüpft sind mit jeweils spezifischen Herkunftskulturen und künstlerischen Traditionen. Vergleichende europäische Kreuzigungsdarstellungen, auf deren Wiedergabe hier verzichtet wurde, an denen sich aber Ähnliches leicht feststellen lässt, können die Sch. leicht im Internet – etwa mit der Suchmaschine *google* – finden.

Nach diesem eher künstlerischen Zugang werden sodann unterschiedliche christologische Entwürfe und Reflexionen aus Afrika, Asien und Lateinamerika präsentiert, die den jeweiligen kulturellen Hintergrund der theologischen Verstehens- und Deutungsversuche Jesu Christi verdeutlichen und entdecken lassen.

Die künstlerischen wie die reflexiven Materialien und die Dokumente zur Frömmigkeit zeigen auf ihre Weisen, dass nicht nur unterschiedliche inhaltliche Traditionen die jeweiligen Christologien prägen, sondern ebenso sehr differente gestalterische und stilistische Herkünfte.

Natürlich wurde auch bei diesen Materialien aus einer großen Fülle ausgewählt: Wie es nicht den (!) europäischen Christus gibt, so auch nicht den (!) afrikanischen, asiatischen oder lateinamerikanischen Jesus Christus. Stereotypen lassen sich hier wie dort vermeiden, wenn der Blick auf die Differenz gerichtet wird, ohne sie zu verabsolutieren. Die unterschiedlichen theologischen Stimmen aus den drei Kontinenten verweisen auch hier auf theologische Pluralität.

Intentionen

In den folgenden Intentionen verknüpfen sich religionspädagogische und theologische Zielformulierungen mit solchen zu interkulturellen Lernprozessen, was auf die Komplexität des Themas wie auf interdisziplinäre Lernmöglichkeiten im Religionsunterricht verweist.

Die Sch. sollen erkennen, dass Wahrnehmung und Darstellung Jesu Christi je nach kulturellem Hintergrund und kultureller Herkunft von Christinnen und Christen differieren. Die Annahme und Weitergabe christlichen Glaubens und christlicher Theologie ist immer auch ein Prozess der Inkulturation.

Dabei sollen die Sch. erarbeiten, dass kulturelle Prägungen nicht allein auf der Ebene der Frömmigkeit, des Glaubens oder der Kunst bedeutsam sind, sondern ebenso auf der Ebene wissenschaftlich-theologischer Arbeit: Wie alle Wissenschaft ist auch die Theologie eingebunden in kulturelle und kontextuelle „Spielregeln", denen sie – bewusst oder unbewusst – folgt.

Schließlich sollen die Sch. erkennen, dass europäische Christologien wie auch ihre eigenen Wahrnehmungen und Reflexionen bestimmten kulturellen und kontextuellen Mustern folgen, deren (Selbst-)Aufklärung für die Wahrnehmung christologischer Differenz und Pluralität nötig ist: Die Anerkenntnis von Vielfalt verhindert dogmatische Festlegungen, kulturelle Dominanz und Fundamentalismus.

Im Einzelnen bedeutet dies:

- Wahrnehmung kulturell different geprägter christologischer Vielfalt,
- Einübung und Schulung ästhetischer Wahrnehmung,
- Einübung und Schulung von Differenzerfahrung,
- Einübung und Schulung von Empathie,
- Einübung und Schulung interkultureller Reflexion,
- Akzeptanz kulturell different geprägter christologischer Vielfalt.

Unterrichtsideen/Verlaufsplanung/Projektideen

1. Kreuzigungsdarstellungen aus Afrika, Asien und Lateinamerika

Literatur zur Vorbereitung

U. Becker, Kreuzigungsdarstellungen aus Afrika, Asien und Lateinamerika. Anfragen an westlich-protestantisches Denken. In: Friedrich Johannsen (Hg.), Religion im Bild. Göttingen 1981. S. 53–69.
H.-R. Weber, Kreuz und Kultur. Lausanne/Genf 1975.
H.-R. Weber, Und kreuzigten ihn. Göttingen 1981

Unterrichtsideen

M1a–c. Mit den Darstellungen aus der bildenden Kunst tauchen die Sch. zunächst auf der Ebene der Frömmigkeit in die fremde Glaubenswelt anderer Kulturen ein, um Gemeinsamkeiten und Differenzen zwischen den Kreuzigungsdarstellungen aus Afrika, Asien und Lateinamerika zu entdecken. Sie nehmen wahr, dass alle Äußerungen des christlichen Glaubens kulturell bedingt sind. Methodisch geht es bei der Auseinandersetzung mit den Bildern um die Aufgabe der Wiedergabe der Bilder in eigenen Worten und dann um die Entschlüsselung der Bedeutungen der jeweiligen Darstellungen und deren Vergleich mit europäischen Kunstwerken und der eigenen Vorstellung der Kreuzigung Jesu.

Bearbeitungsfragen

▨ Wie wird die Kreuzigung Jesu dargestellt?
▨ Was ist an der Darstellung vertraut, was ist fremd?
▨ Welche Bedeutung(en) der Kreuzigung Jesu kann ich erkennen?

In einem zweiten Schritt geht es darum, diesen Kreuzigungsdarstellungen solche aus Europa an die Seite zu stellen, die Sch. zumindest auf Grund ihrer Bildelemente eher wohl gewohnt und vertraut sind. Diese sollen von den Sch. aus dem Internet ausgewählt und mit den Darstellungen aus Afrika, Asien und Lateinamerika verglichen werden. Wenn in der Unterrichtssequenz „Christus-Wahrnehmungen" (Baustein I) zu Jesus-Bildern aus der Kunst gearbeitet wurde, kann hier auch daran angeknüpft werden (Baustein I, Abschnitt 6; dort findet sich auch weitere Literatur zu Jesus-Bildern).

Bearbeitungsfragen

▨ Wo nehme ich Gemeinsamkeiten wahr?
▨ Wo sehe ich Unterschiede?
▨ Wie kann ich die Unterschiede erklären?

Diskussionsfragen

▨ Wodurch unterscheiden sich die Bilder von meinen eigenen bzw. gängigen kirchlichen Vorstellungen der Kreuzigung Jesu? Wo gibt es Parallelen?
▨ Zu welchen Fragen und Überlegungen regen die fremden Bilder an?

2.–4. Afrikanische, asiatische und lateinamerikanische christologische Perspektiven

Die dreimal drei Texte aus unterschiedlichen Kontinenten können in der gesamten Klasse oder aber auch in arbeitsteiligen Gruppen bearbeitet und von den Gruppen anschließend in Lernpostern vorgestellt werden: Die Gruppen bearbeiten die Texte jeweils mit den genannten Fragestellungen. Auf einer Wandzeitung, in einem Mind Mapping oder mit einer Power Point Präsentation skizzieren sie die wesentlichen Gedanken der Texte, ihre Arbeitsergebnisse und ggf. offene Fragen oder Gesichtspunkte zur Diskussion.

2. Afrikanische christologische Perspektiven

Literatur zur Vorbereitung

V. Küster, Die vielen Gesichter Jesu Christi. Christologie interkulturell, Neukirchen-Vluyn 1999.
Missionswissenschaftliches Institut Missio (Hg.), Der schwarze Christus. Wege afrikanischer Christologie. Freiburg 1989.
J.-M. Ela, Mein Glaube als Afrikaner. Das Evangelium in schwarzafrikanischer Lebenswirklichkeit. Freiburg 1987.

Unterrichtsideen

M2 a–c. Der Text **M2a** weist zunächst auf die differenten theologischen Arbeitsorte hin – in Europa in der Regel Universität oder Bildungsveranstaltung, hier: „im Dorf". Der Autor setzt sodann an bei der Christusvorstellung seines Onkels, also im Rahmen verwandtschaftlicher Bezüge, weitet dann den Blick auf die Gottesvorstellung „des Afrikaners", um so auf die kulturelle Bedingtheit jeder Christologie hinzuweisen.

Bearbeitungsfragen

- Welches Menschenbild liegt hier der Christologie zugrunde?
- Was ist uns fremd?
- Was bleibt uns fremd?
- Welche offenen Fragen oder Diskussionsthemen wollen wir festhalten?

Der Text **M2b** sucht Jesus dadurch Bedeutung zu verleihen, dass er – ähnlich den neutestamentlichen Christologien – Jesus Titel aus der eigenen Kultur verleiht, die als Hinweis auf seine Stellung und Besonderheit verstanden werden können.

Bearbeitungsfragen

- Was sind unsere Assoziationen beim Titel „Häuptling"?
- Was ist uns fremd?
- Was bleibt uns fremd?
- Welche offenen Fragen oder Diskussionsthemen wollen wir festhalten?

Der Text **M2c** artikuliert eine eher befreiungstheologisch politische Christologie in einem europäischer Theologie wiederum eher fremden kulturellen System: im Rahmen der „afrikanischen Anima". Bereits der erträumte Entstehungsort dieser Theologie verweist auf ihre egalitäre und partizipatorische Entstehung – ähnlich wie dies im Text **M2a** beschrieben war.

Bearbeitungsfragen

- Was ist uns fremd?
- Was bleibt uns fremd?
- Welche offenen Fragen oder Diskussionsthemen wollen wir festhalten?

Außer den aus der Erarbeitung resultierenden offenen Fragen oder Diskussionsthemen sind folgende *Diskussionsfragen* im Anschluss an die Erarbeitung der drei christologischen Texte aus Afrika sinnvoll:

- Welche Fragen würden wir gern an die Autoren der Texte richten?
- Welches Menschenbild lässt sich aus den afrikanischen christologischen Perspektiven erkennen? In welchem Verhältnis steht es zu in Europa vorherrschenden Menschenbildern (Individualisierung, Pluralisierung, etc.)?
- Wie beurteilen wir mit welchen Gründen das „afrikanische" Menschenbild, wie es uns hier begegnet?

- Was wollen wir aus diesen fremden Texten für unsere eigenen Überlegungen/für unseren eigenen Glauben festhalten und warum?

3. Asiatische christologische Perspektiven

Literatur zur Vorbereitung

V. Küster, Die vielen Gesichter Jesu Christi. Christologie interkulturell, Neukirchen-Vluyn 1999.
D. J. Elwood, Wie Christen in Asien denken. Frankfurt 1979.
L. A. De Silva, Mit Buddha und Christus auf dem Weg. Freiburg 1998.

Unterrichtsideen

M3a–c. Der Text **M3a** entstammt der Dissertation des indischen Theologen Clement Valluvassery über indische Christologie und beschreibt einen der einheimischen Pioniere der christlichen Theologie in Indien. Er verdeutlicht sogleich an der Biographie dieses Theologen die für christliche Theologie in Asien zentrale Frage nach der Pluralität der Religionen und die Notwendigkeit einer einheimischen indischen Theologie.

Bearbeitungsfragen

- Was ist uns fremd?
- Was bleibt uns fremd?
- Ist für uns eine „Doppelmitgliedschaft" in unterschiedlichen Religionen vorstellbar?
- Ist die hinduistische Religiosität und der christliche Glaube indischer Christinnen und Christen anderes als die Teilhabe an unterschiedlichen kulturellen Subsystemen, in deren Pluralität und ggf. auch Synkretismus auch westliche Christinnen und Christen selbstverständlich leben?
- Welche offenen Fragen oder Diskussionsthemen wollen wir festhalten?

Der gleichen Schrift entstammt der Text **M3b**, der Auskunft gibt über den grundsätzlichen Ansatz der Theologie im Angesicht des Pluralismus der Religionen des zeitgenössischen indischen Theologen R. Panikkar.

Bearbeitungsfragen

- Welche Grundhaltung christlichen Glaubens gegenüber anderen Religionen erscheint am plausibelsten: Exklusivismus, Inklusivismus, Pluralismus oder gegenseitige Durchdringung?

- Welche Position nehmen Menschen anderer Religionen in meinem Glauben ein?
- Was ist uns fremd?
- Was bleibt uns fremd?
- Welche offenen Fragen oder Diskussionsthemen wollen wir festhalten?

Angesichts des Pluralismus der Religionen in Asien fragt der methodistische Theologe De Silva aus Sri Lanka in **M3c** zurück nach dem Verhältnis Jesu zu den Andersgläubigen in unterschiedlichen Erzählungen der Evangelien und macht die individuelle Praxis zum entscheidenden Kriterium der Zugehörigkeit zum Heil, nicht die Teilhabe an einer bestimmten Religion.

Bearbeitungsfragen

- Ist die Sicht de Silvas auf die neutestamentlichen Erzählungen plausibel?
- Was ist uns fremd?
- Was bleibt uns fremd?
- Welche offenen Fragen oder Diskussionsthemen wollen wir festhalten?

Außer den aus der Erarbeitung resultierenden offenen Fragen oder Diskussionsthemen sind folgende *Diskussionsfragen* im Anschluss an die Erarbeitung der drei christologischen Texte aus Asien sinnvoll:
- Was erscheint angesichts gesellschaftlicher und damit auch religiöser Pluralisierung in Westeuropa aus der asiatischen Debatte um die Pluralität der Religionen für unsere eigene Situation plausibel und hilfreich?
- An welche gesellschaftlichen Werte der europäischen Aufklärung könnte die asiatische Debatte in Europa anknüpfen?
- Was wollen wir aus diesen fremden Texten für unsere eigenen Überlegungen/für unseren eigenen Glauben festhalten und warum?

4. Lateinamerikanische christologische Perspektiven

Literatur zur Vorbereitung

V. Küster, Die vielen Gesichter Jesu Christi. Christologie interkulturell, Neukirchen-Vluyn 1999.
I. Ellacuría, Jon Sobrino (Hg.), Mysterium Liberationis. Grundbegriffe der Theologie der Befreiung. 2 Bde. Fribourg 1995
L. Boff, Jesus Christus, der Befreier. Freiburg 1986.

Unterrichtsideen

M4a–c. Der Text **M4a** von Leonardo Boff stammt aus seinem großen christologischen Werk, in dem er Jesus Christus als Befreier thematisiert und dabei deutlich macht, wie stark diese Perspektive Anhalt an dem historischen Jesus hat.

Bearbeitungsfragen

- Wie unterscheidet sich die Sicht Boffs des historischen Jesus von dem, was Sie im Abschnitt III über den historischen Jesus gelernt haben?
- Was ist uns fremd?
- Was bleibt uns fremd?
- Welche offenen Fragen oder Diskussionsthemen wollen wir festhalten?

Die theologische Relevanz des historischen Jesus entfaltet Boff in **M4b** und nimmt dabei inhaltlich Bezug auf die klassische christologische Formulierung des Konzils von Chalcedon, Jesus Christus sei wahrer Mensch und wahrer Gott. Boff tut dies freilich nicht im dogmatisch-theoretischen Bezug, sondern im Kontext der Nachfolge. Orthopraxie nicht Orthodoxie ist sein erstes Thema.

Bearbeitungsfragen

- Was meint die „Vermehrung der Freiheit" durch Jesu Kommen in der Perspektive Boffs?
- Was ist uns fremd?
- Was bleibt uns fremd?
- Welche offenen Fragen oder Diskussionsthemen wollen wir festhalten?

Jon Sobrino weist in seinem Text **M4c** auf den Zusammenhang der Botschaft und der Person Jesu hin und nimmt damit eine alte christologische Streitfrage nach dem Ansatzpunkt der Christologie bei dem Werk oder bei der Person Jesu auf, indem er Person und Botschaft als befreiend charakterisiert.

Bearbeitungsfragen

- Wie unterscheidet sich dieses Jesusbild von Ihrem?
- Was ist uns fremd?
- Was bleibt uns fremd?
- Welche offenen Fragen oder Diskussionsthemen wollen wir festhalten?

Außer den aus der Erarbeitung resultierenden offenen Fragen oder Diskussionsthemen sind folgende *Diskussionsfragen* im Anschluss an die Erarbeitung der drei christologischen Texte aus Lateinamerika sinnvoll:

- Inwieweit steht die befreiungstheologische Wahrnehmung und Interpretation Jesu Ihrem eigenen Jesusbild nahe oder entgegen?
- Was wollen wir aus diesen fremden Texten für unsere eigenen Überlegungen/für unseren eigenen Glauben festhalten und warum?

5. Vereinigung der Theologinnen und Theologen der Dritten Welt – eine christologische Perspektive

Die Vereinigung der Theologinnen und Theologen der Dritten Welt, die regelmäßige Konferenzen abhält, hat folgenden wesentlichen Konsensus für ihre theologische Arbeit erzielt: „In Treue zum Evangelium ist Engagement der erste Akt der theologischen Forschung. Theologie muss kontextuell situiert sein. Zu wirklich relevanter ganzheitlicher theologischer Arbeit gehört der Kampf um die Befreiung der Frau. Theologie muss den kulturellen und den sozio-ökonomischen Aspekt des Lebens der Menschen vereinen."

Der hier dokumentierte Text **M5** entstammt der Erklärung der Konferenz von 1981, die unter dem Titel „Der Aufbruch der Dritten Welt – eine Herausforderung an die Theologie" in Delhi stattgefunden hat.

Literatur zur Vorbereitung

Von Gott reden im Kontext der Armut: Dokumente der Ökumenischen Vereinigung von Dritte-Welt-Theologinnen und -Theologen 1976–1996. Freiburg 1999.

Unterrichtsidee

Der Text eignet sich als zusammenfassende Folie der interkulturellen Jesusbilder, da er den gemeinsamen Zusammenhang – Armut und Befreiung – relevanter christlicher Theologien in Afrika, Asien und Lateinamerika thematisiert.

Bearbeitungsfragen

- Wie bestimmt der Text das Verhältnis von Jesus und Gott?
- Ist die Gegenüberstellung von „Tod" und „Leben" für Ihre eigenen Überlegungen hinsichtlich Ihres Gottes- und Jesusbildes einerseits und Ihres Menschenbildes andererseits hilfreich oder eher zu sehr „schwarzweiß-gemalt"?
- Was ist uns fremd?
- Was bleibt uns fremd?
- Welche offenen Fragen oder Diskussionsthemen wollen wir festhalten?

E. Mveng, Kamerun

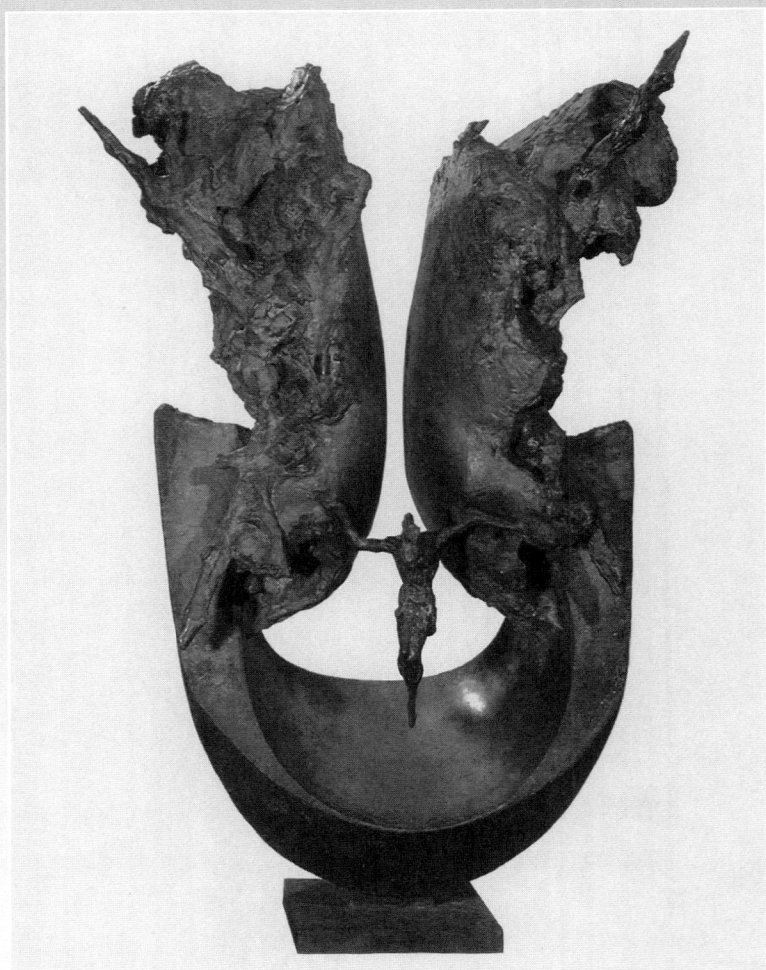

K. Kosaka, Japan

R. Zapata, Mexiko

Afrikanische Perspektiven 1: Christologie im Dorf

„Christologie im Dorf" überschreibt Efoé Julien Pénoukou einen Aufsatz, in dem er Jesus Christus im Zusammenhang einer bestimmten Stammeskultur, der Ewe-Mina, zu verstehen sucht. Wir zitieren die Eingangsgeschichte: *Der Christus meines Onkels.*

Nach Ankunft in dem Dorf, wo ich im Kontakt mit meinen christlichen Freunden vor Ort diesen christologischen Beitrag schreiben wollte, erhielt ich eines Morgens, als ich gerade meine Notizen ordnete, den unerwarteten Besuch eines Onkels mütterlicherseits. Er war 75 Jahre alt und seit einem halben Jahrhundert zum Christentum bekehrt, getauft und „praktizierender" Christ. Nachdem ich
5 seinen Erklärungen zum Zweck seines Besuchs lange zugehört hatte, machte ich ihn darauf aufmerksam, dass ich dabei war, „das Papier des Weißen zu machen" (d.h. einen Artikel zu schreiben) und dass er mir ganz gut dabei helfen könnte … Er hatte kaum Zeit, sich darüber zu verwundern, als ich ihm auch schon die folgende Frage stellte: „Onkel, wer ist für dich, nach deinem Glauben als Christ, Jesus Christus?" Seine spontane Antwort, die ich auf Kassette aufnahm, gebe ich hier zusammen-
10 gefasst und aus der Mina-Sprache übersetzt wieder:

Jesus,
das ist wahrhaftig jemand (= eine ganz bestimmte Person)
für mich,
15 Retter,
solidarisch und Retter der Welt,
gekommen, um uns zu sagen, dass Gott, der uns erschaffen hat,
ihn für uns gesandt hat;
wir waren ehedem auf dem Weg des Verderbens,
20 in den Händen des Teufels.
Er hat uns den ganzen Weg gezeigt, dem wir folgen müssen,
um gerettet zu werden;
wir sind dessen sicher;
wir glauben daran:
25 So haben wir es gehört und verstanden.
Er ist gekommen, hier von der Wahrheit Zeugnis zu geben,
und nicht von der Lüge,
wie es der Teufel tut.
Er ist der Mensch der Wahrheit.

Wahrhaftig ein christologisches Bekenntnis! Allerdings eines, das nichts von einer „wissenschaftlichen" Untersuchung an sich hat und daher keine unmittelbaren Folgerungen zulässt. Doch immerhin legt die Antwort des Onkels folgende Anmerkungen nahe:

a) In der Aussage des Onkels liegt der Akzent der christologischen Grundidee weniger auf dem Sein Jesu Christi als solchem (andernorts spricht man auch von seiner „Natur", seiner „Person"), als auf der Art der Beziehung, die sein Kommen zwischen ihm und den Menschen und für das „Schicksal" des Menschen schafft. In dieser Perspektive haben wir es weniger mit Titeln zu tun als mit dem Typus der Beziehung, der Funktion und Aktion Jesu Christi. Beachten wir in dieser Hinsicht die Ausdrücke: „Jesus Christus, das ist wirklich jemand für mich", „Retter", „solidarisch", „gekommen, uns zu sagen", „hat uns den Weg gezeigt, den wir gehen müssen", „ist gekommen, um hier Zeugnis zu geben von der Wahrheit" usw.

In der Gesellschaft der Ewe-Mina wird das menschliche Sein im Allgemeinen nicht zunächst als Wesenheit, Substanz, Natur und Idee betrachtet, und auch nicht so sehr unter dem Aspekt von Zeit und Geschichte, wie das eher im Westen üblich ist, sondern im Wesentlichen unter dem Gesichtspunkt der Gemeinschaftsbeziehung und solidarischen Verbundenheit.

b) Wenn man einräumt, dass die christologische Frage in einer Beziehungsperspektive steht, kann sie sich nicht auf die bloße Identität oder Entität Jesu Christi einengen lassen, sie muss sich definieren als Verhältnis zu den anderen, als ein In-Beziehung-Stehen in der umfassenden Dynamik der Heilsgeschichte. In diesem Sinne interessiert Jesus Christus nicht nur wegen seiner Funktion, wegen dem, was er „für uns Menschen" tut, sondern auch wegen seiner Stellung im Geheimnis des Dreifaltigen, kommunitären Gottes. Beachten wir hier die Worte des Onkels: „Gott, der uns erschaffen hat, hat ihn für uns gesandt." Der Afrikaner spricht bekanntlich gern von einem Gott, der seinem Wesen nach relational, solidarisch und nicht solitär ist. Jede Christologie ist daher notwendigerweise zunächst trinitarisch und ekklesial.

c) Das Problem der Verschiedenheit der theologischen Sprache betrifft naturgemäß in erster Linie das christologische Faktum. Bereits die Evangelientraditionen stellen, obgleich sie alle aus dem gleichen kulturellen Milieu stammen, ihre jeweils eigene Christologie dar. Es geht hier für die christlichen Gemeinden Afrikas um eine grundlegende Frage insofern, als der christologische Glaube nur dann zu Authentizität und Reife gelangen kann, wenn er sich tief in den kulturellen Mutterboden hineinverwurzelt, um sich von dort her in ursprünglicher Sprache neu auszudrücken.

Pénoukou fährt fort:

Auf der gastlichen Erde Afrikas ist man immer Bruder oder Schwester, Sohn oder Tochter, Onkel oder Tante, Vater oder Mutter von irgendjemandem. Dieser Sinn für ein anthropologisches Miteinander und Füreinander, das auch die Dynamik der Liebe Christi kennzeichnet, öffnet mit Sicherheit Horizonte der Brüderlichkeit, die von gewissen aktuellen Tendenzen und Praktiken immer noch verdun-
5   kelt werden. Man könnte demnach zu folgenden konkreten Schlüssen kommen:

Jeder Mensch, jede gesellschaftliche Gruppe, welches auch immer ihr Alter, ihre Rasse, ihre Werte oder Unwerte, ihre Entwicklung oder ihre Rückständigkeit in Wissenschaft, Technologie und Wirtschaft sein mögen, ist Partner in der Menschheit; als solcher muss er respektiert und unterstützt werden.

10   Die Planung der Beherrschung von Einzelnen oder Gruppen in einem geschlossenen System der anthropologischen Verarmung ist anti-menschlich. Weit mehr als dem in seiner Würde verhöhnten Subjekt mangelt es dem Beherrscher an wahrer Menschenwürde.

Gleichwertiger Partner desselben Christus zu sein, bedeutet, dass alle Völker, die im selben Heiligen Geist getauft sind und mit ihren Hirten denselben Glauben an den Dreifaltigen Gott feiern, gleicher-
15   maßen das Charisma der zu glaubenden Wahrheit tragen. ...

Die kulturelle Monopolisierung des Gotteswortes ist eine Verneinung der in Christus geoffenbarten und verwirklichten ontologischen universalen Solidarität.

E. J. Pénoukou 1989

Afrikanische Perspektiven 2: Jesus Christus, der Häuptling

Die neutestamentlichen christologischen Titel sind ein wesentliches Element, Jesus in unterschiedlichen Kontexten kulturell verständlich zu machen. Afrikanische Christologien suchen Jesus in Titeln ihres kulturellen und religiösen Kontextes – Häuptling, Initiationsmeister, Urahn, Heiler – verständlich zu machen und zu inkulturieren. Das Beispiel „Jesus Christus, der Häuptling" zeigt die reichen Assoziationsmöglichkeiten:

Die Häuptlingstitulatur hat ihre neutestamentliche Entsprechung in der Anrede Jesu als Herr. Zentrale Kategorie ist die *Macht,* die der Häuptling innehat. Bantu-Christen bezeugen, „dass Christus für sie der Häuptling ist und dass seine Person völlig mit dem Wesen der Bantu-Macht übereinstimmt". Die „Vorrechte eines Bantu-Häuptlings schienen in Jesus voll verwirklicht". Kabasélé, ein afrikanischer Theologe, begründet dies in fünf Punkten:

■ *Jesus Christus ist der Häuptling, weil er ein Held ist.*
Jesus hat den bösen Mächten Einhalt geboten und dem Satan getrotzt. Er hat damit bewiesen, dass er seine Gemeinschaft beschützen und verteidigen kann.

■ *Jesus Christus ist der Häuptling, weil er der Sohn und der Gesandte des Häuptlings ist.*
Bei den Luba ist es eine „von den Ahnen überkommene Ausdrucksweise", Gott mit einem Häuptlingstitel (*Mulopo*) anzureden. Dass Christus der Sohn Gottes ist, haben die Bantu erst durch die christliche Offenbarung erfahren. Dass aber Gott der Häuptling des Universums und letzte Zuflucht ist, das wissen sie von ihrem Ahnenglauben her, der theologische Diskurs der Bantureligionen bestätigt dies von Anfang bis Ende.

■ *Jesus Christus ist der Häuptling, weil er „stark" ist.*
Der Bantu-Häuptling steht auf der Grenze zur Welt des Göttlichen, an einem Schnittpunkt des Irdischen und Überirdischen, einer Sphäre, die von den Bantu *Sphäre der Starken* genannt wird. Er ist der Mittler zu den Ahnen und zu Gott und muss deshalb initiiert sein. Über ihn fließt das Leben in die Gemeinschaft, die zu fördern und zu bewahren ihm anvertraut ist. Seine Stärke ist „die Kraft der Seins-Partizipation".

■ *Jesus Christus ist der Häuptling, weil er großmütig und weise ist.*
Der Häuptling trägt Sorge für die Belange der Gemeinschaft. Seinen Ratschluss fällt er stets im Einklang mit dem Willen der Ahnen, was ihm zugleich ihre Unterstützung zusichert. Den Bantu erscheint Christus schon deswegen als die Weisheit in Person, weil er dem Willen des Vaters folgt, weil er nichts anderes tut als das, was er den Vater tun sieht (Joh 5,19). Nur wer sich der Väter würdig erweist, hat Chancen, die Wahl zum Häuptling für sich zu entscheiden.

■ *Jesus Christus ist der Häuptling, weil er der versöhnende Vermittler ist.*
Uneinigkeit innerhalb eines Volkes [ist] das verhängnisvollste aller Übel. Hier muss der Häuptling intervenieren, um den Strom des Lebens nicht abreißen zu lassen.

V. Küster 1999

Ich träume von einer „Theologie unter dem Baum", die sich aus dem brüderlichen Seite-an-Seite entwickelt dort, wo Christen konkret Anteil nehmen am Los eines bäuerlichen Volkes, das die Verantwortung für seine Zukunft und die Umwandlung seiner Existenzbedingungen in die eigenen Hände nehmen möchte. Dafür aber müssen wir hinausgehen aus unseren Bibliotheken und auf den
5 Komfort klimatisierter Büros verzichten, um in der Ungesichertheit der Suche unter Menschen zu leben, die weder lesen noch schreiben können, in einer Umgebung, wo das einfache Volk bis über die Knöchel im Schlamm steckt.

Diese Theologie wird möglicherweise nicht das Vokabular der Wissenschaftler und Philosophen benutzen. Hat nicht Gott, um sich den Menschen zu offenbaren, die Sprache der Bauern und Hirten
10 gesprochen? Wir müssen zurückfinden zur mündlichen Dimension der Theologie, die von nicht geringerer Bedeutung ist als die theologischen Summen und großen Abhandlungen. Die christliche Theologie muss „befreit" werden aus einem kulturellen System, in dem man den Eindruck gewinnt, als ob das Wort zum Text geworden wäre. Warum kann die Sprache des Glaubens nicht auch die Poesie, der Gesang, das Spiel, die Kunst und der Tanz und auf jeden Fall das Tun des Menschen
15 sein, der sich erhebt und auf den Weg begibt in Situationen, in denen das Evangelium das befreiende Bemühen weckt und nährt? Wir müssen die afrikanische *Anima* wiederentdecken für eine dichterische Sprache des Glaubens, in der das Symbol uns vermittels der Metapher helfen kann, jenen Gott zum Ausdruck zu bringen, der die Niedrigen erhöht und die Hungernden nährt. ...

Ist die Osterbotschaft für die Christen und die Kirchen noch eine Quelle, aus der man die Kräfte
20 zum Vorwärtsschreiten schöpft? „O Tod, wo ist dein Sieg?", das ist die Frage, die ich mir stelle in meinem Glauben als Afrikaner im Blick auf das dritte Jahrtausend. ...

Jesus Christus hat eine radikale Entscheidung zugunsten derer getroffen, die gemeinhin als „der letzte Dreck der Welt" betrachtet werden. Diese Wirklichkeit ist lange Zeit verschleiert worden von der herrschenden Theologie, deren Erben wir seit Jahrhunderten sind. Diese Theologie aber ist eine Theo-
25 logie der Reichen. Sie hat die kirchlichen Praktiken, in die sie sich verwurzelt hat, stets begründet, indem sie sie für rechtmäßig zu erklären versuchte. Die gesamte theologische Produktion, die den Jahrhunderten des Christentums ihren Stempel aufgedrückt hat, entstammt einer Kirche der Reichen. Es ist daher kaum verwunderlich, dass diese Kirche, die das Evangelium domestizierte, indem sie seine Botschaft den Interessen der Mächtigen unterordnete, nicht versucht hat, die Privilegien
30 der Reichen im Namen des subversiven Handelns des Jesus der Geschichte in Frage zu stellen.

Trotz der dogmatischen Feststellungen über den Realismus der Inkarnation (wahrer Mensch) neigt die herrschende Theologie dazu, Christus in einem Maße zu „vergeisten", dass sie vergessen lässt, dass er die menschliche Realität mit all ihren Spannungen und Konflikten angenommen hat.
35 ... Aus einer Gotteserfahrung heraus, die die Erfahrung einer unmittelbaren, einzigartigen Nähe ist (Joh 1,18; 14,9; 17,23), verkündet Jesus das Evangelium mit einer grundlegenden Option für die Armen. Man weiß, dass er in eine Welt eintritt, die unterteilt ist in Arme und Reiche, Herren und Sklaven, Gebildete und Ungebildete, Juden und Heiden. Bewusst wählt er seinen Platz unter den Armen und Ausgebeuteten. Er sagt: „Selig die Armen" und „Wehe den Reichen!". Die Taten Jesu sind
40 in dieser Tradition des Protestes gegen Unterdrückung und Ungerechtigkeit verwurzelt. Sie entspringen einem Bereich außerhalb der bequemen und gängigen Werte. Sie schöpfen ihren Dynamismus aus einer Gotteserfahrung, die Götzen vernichtet. Was sie insgesamt kennzeichnet, ist ihr Non-Konformismus. Eine der aktuellen Aufgaben der Christen heute ist es, diesen grundlegenden Wesenszug des Evangeliums klar herauszustellen.

J.-M. Ela 1987

Zweifellos gehört Brahmabandhav Upadhyaya zu den Pionieren der indischen christlichen Theologie. Er wurde in einer orthodoxen Brahmanen-Familie in Bengalen geboren und fand erst als
Erwachsener den Weg zum christlichen Glauben. Obwohl er keinen systematischen Entwurf einer
indischen Theologie hinterlassen hat, hat er doch durch sein Leben und sein Werk bedeutsame Ein-
5   sichten und Anstöße für indisches theologisches Denken vermittelt, die viele spätere indische Theologen inspiriert und in ihren Arbeiten Frucht getragen haben.

Um Brahmabandhav Upadhyaya wirklich zu verstehen, sollte man den damaligen politischen,
kulturellen und religiösen Kontext Indiens, in dem er lebte und wirkte, berücksichtigen. In der Mitte
des 19. Jahrhunderts formierte sich der explizite Widerstand Indiens gegen die Kolonialmacht auf
10   verschiedene Weise […]. Um die Ausbeutung zu begünstigen, hatte die britische Kolonialmacht
ein neues Schulsystem eingeführt, das auf der englischen Sprache beruhte und sich an den Werten
orientierte, die der Erhaltung kolonialer Interessen dienten. Britische Sitten und Gebräuche galten als
maßgebend, alles Indische als primitiv und unkultiviert. Bei dieser Einstellung machten generell
weder protestantische noch katholische Missionare Ausnahmen. Angesichts dieser Tatsache began-
15   nen einige militante Gruppen gegen die Verwestlichung im allgemeinen und die Tätigkeit der Missionare im besonderen, zumal ihre Bemühungen um Umkehr, zu kämpfen.

Im Gegenzug zu kolonialistischer und missionarischer Geringschätzung des indischen Religions-
und Kulturerbes gab es daneben eine Bewegung, die sich ernsthaft die Erforschung der alten geistigen Welt Indiens zum Ziel gesetzt hatte. Sie machte die Schätze indischer Literatur, die heiligen Texte
20   der Veden, Upanischaden usw. durch die Übersetzung in europäische Sprachen im Westen bekannt.
Indische Nationalisten, die unter wirtschaftlicher Ausbeutung und politischer Fremdherrschaft gelitten hatten, fanden sich hier in ihrem Selbstgefühl bestätigt.

In dieser Zeit entstand unter den gebildeten Hindus zusammen mit der Wahrnehmung der großen
Werte ihrer Tradition die Überzeugung, dass der Hinduismus einer durchgreifenden Erneuerung
25   bedürfe. Eine vorragende Persönlichkeit unter ihnen war Raja Ram Mohan Roy (1772–1833), der
Brahmo Samaj (Die Gesellschaft der Verehrer Brahmans) gründete. Als der Verfechter sozialer
Freiheit kämpfte er unbarmherzig gegen Bilderkult und Kastenunterschiede. Dem Christentum der
Missionare begegnete der von ihm gegründete *Brahmo Samaj* mit Zurückhaltung und Kritik. Man
wandte sich aber mit um so größerer Liebe, Verehrung und Anhänglichkeit Jesus zu, dessen Lehre
30   und Leben die Bewegung immer nachhaltiger beeinflussten. […]

Es war in diesem Kontext der unterschiedlichen Bewegungen, dass Brahmabandhav Upadhyaya
Christ wurde. In den ersten Jahren nach seinem Übertritt zum Christentum war Upadhyaya gegen
den Hinduismus eingestellt. Im Laufe der Zeit begann er jedoch, den Hinduismus nicht mehr als
Gegner, sondern eher als einen Bundesgenossen des Christentums zu verstehen, und dachte an eine
35   Verbindung der *Vedanta*-Philosophie des Hinduismus mit dem christlichen Glauben. In seiner
Schrift „Sophia" schrieb er: „Die Missionserfahrung hat immer wieder gezeigt, dass die katholische
Lehre für den Hindu nahezu unverständlich ist, wenn sie ihm in scholastischer Gestalt nahe gebracht
wird. So gewiss spekulatives Denken dem Geist der Hindus nicht fremd ist, so gewiss liegt ihm doch
die griechisch-scholastische Denkweise fern. Um unseren Landsleuten den katholischen Glauben
40   verständlich zu machen, müssen wir also auf die Methode des Vedanta zurückgreifen; denn die
vedantische Philosophie kann für uns dasselbe leisten wie das griechische Denken für Europa. Die
Tatsache, dass im Vedanta gewisse Irrtümer enthalten sind, steht dem nicht entgegen; denn auch
Plato und Aristoteles haben sich beträchtlicher Irrtümer schuldig gemacht."

Brahmabandhav verstand den *Vedanta* als eine Vorbereitung für das Evangelium. Nach ihm war

45 die Ursache für die Entfremdung des Christentums in Indien die Verachtung der indischen Kultur, die sich eigentlich in der Hindu-Religiosität ausdrückt. In diesem Zusammenhang entwickelte Brahmabandhav die Überzeugung, dass es im praktischen Alltagsleben möglich und notwendig sei, als „Hindu-Christ" in Indien zu leben.

Dieser Gedanke bekommt jetzt in der jüngeren Zeit ein neues Gewicht, wo Inkulturation ein

50 bewusstes und viel behandeltes Thema geworden ist. Upadhyaya war der Meinung, dass es nicht erforderlich sein soll, dass ein Christ in Indien seine sozialen, kulturellen und philosophischen Wurzeln im Hinduismus verleugnete. Seine Worte lauten: „Von Geburt sind wir Hindus, und wir bleiben Hindus bis zu unserem Tode. Als Kraft des Taufsakraments *Zweimalgeborene* (dvija) sind wir jedoch Katholiken, also Glieder einer festen Gemeinschaft, die alle Lebensalter und Geschichts-

55 epochen umfasst. In unseren Sitten und Gebräuchen, auch in der Beachtung der Kastenzugehörigkeit und der dadurch bedingten gesellschaftlichen Unterschiede in Essen und Trinken, in unserem Lebensstil sind wir voll und ganz Hindus; in unserem Glauben aber sind wir weder Hindus noch Europäer, weder Amerikaner noch Chinesen, sondern Glieder einer übergreifenden Gemeinschaft. Ob man ein Hindu ist, lässt sich nicht aufgrund der religiösen Überzeugungen feststellen; und doch

60 haben wir etwas vom Geist des Hinduismus in uns aufgenommen. Mit den alten Hindu-Autoritäten stimmen wir darin überein, dass Sakramente bzw. sakramentale Handlungen Mittel der Heiligung sind. Mit Respekt betrachten wir ihre Vorstellung, dass man eine religiöse Hierarchie konstituieren könne, die höchste Autorität in religiösen und sozialen Dingen für sich in Anspruch nehmen kann."

Für Brahmabandhav war die Vereinigung bzw. Synthese zwischen Hinduismus und Christentum

65 mehr als nur ein Ideal oder eine Vision; vielmehr verkörperte er sie in seinem eigenen Leben. Er selbst lebte als ein Hindu-Christ. [...]. Brahmabandhav war der Überzeugung, dass es gerade das europäisierte Christentum war, das in Indien für viele seiner Landsleute den Zugang zu Jesus und den Weg seiner Nachfolge blockierte. 1898 schrieb er: „Nach meiner unmaßgeblichen Meinung ist es das fremdländische Gewand des katholischen Glaubens, das mehr als alles andere uns Inder

70 daran gehindert hat, sein universales Wesen zu erkennen; denn der Katholizismus erscheint nun einmal in einem europäischen Kleid ... Es macht beispielsweise auf einen Hindu keinen überzeugenden Eindruck, wenn unsere Priester die übernatürliche Tugend der Armut für sich in Anspruch nehmen; denn wie soll der Hindu verstehen, dass Armut sich mit Schuhen, Hosen und Hüten, mit Löffel und Gabel, mit Fleisch und Wein verträgt?"

C. Valluvassery 2001

Asiatische Perspektiven 2:
Theologie im Angesicht des Pluralismus der Religionen

In der Theologie, als der wissenschaftlichen Reflexion über eine als wahr vorausgesetzte Religion, ihre Offenbarung, Geschichte und Glaubenslehre, finden wir drei Grundhaltungen im Verhältnis zu anderen Religionen, nämlich Ausschließlichkeit (Exklusivismus), Einschließlichkeit (Inklusivität), und Nebeneinander (Pluralismus).

5 R. Panikkar ist nicht zufrieden mit diesen drei bekannten Einstellungen und schlägt eine Vierte, nämlich die Gegenseitige Durchdringung (*perichoresis*), vor. Er ist der Überzeugung, je mehr die verschiedenen Weltreligionen einander näher kennen lernen, je mehr man selber feinfühliger wird für die Religiosität der Mitmenschen um uns, desto mehr beginnt man zu ahnen, dass der andere seinen Glauben nicht völlig unabhängig lebt, sondern irgendwie mitbetroffen ist. Die Einsicht erwacht in

10 uns, dass die Religion der anderen nicht nur unsere eigene in Frage stellt und sogar bereichert, sondern dass gerade die Unterschiede, die uns trennen, letztlich der Möglichkeit nach in der eigenen religiösen Welt bereits angelegt sind. Wir werden immer offener dafür, die anderen Religionen als Ergänzung und Bereicherung der eigenen anzusehen, und finden vielleicht sogar Gefallen an dem Gedanken, in besonderen Fällen und was bestimmte offene Fragen des eigenen Glaubens betrifft, in

15 der Religion unseres Nachbarn die Antwort zu suchen, vorausgesetzt, die eigene Religiosität behält dabei ihre unversehrte Ganzheit. Das geschieht in der konkreten Begegnung im Leben.

Ein totaler Austausch findet in der *communio,* nicht in der argumentativen, verbalen Kommunikation statt. Religionen existieren nicht isoliert im luftleeren Raum, sondern im Einander-Gegenüber wie Tag und Nacht. Die eigene Religiosität offenbart ihre volle Bedeutung erst im Zusammenhang mit

20 der Religiosität anderer Menschen. Darum ist nach Panikkar die Beziehung der Religionen zueinander weder als Ausschließlichkeit (meiner eigenen) noch als Vereinnahmung (aller anderen durch meine eigene) noch als Nebeneinander (alle streben unabhängig voneinander demselben Ziel zu) zu kennzeichnen, sondern als gegenseitige Durchdringung, ohne dass dabei die Eigenheiten und Besonderheiten der einzelnen Religionen verloren gehen.

25 Die positiven Seiten dieser Haltung sind Toleranz, Offenheit, Weitherzigkeit und gegenseitiges Vertrauen. Da es gegenseitige Ermutigung und Förderung gibt, ist keine Religion der anderen völlig fremd. Wir alle brauchen einander. Diese totale Begegnung kann uns gegenseitig ergänzen und manche Einseitigkeit zurecht rücken.

C. Valluvassery 2001

Es ist bezeichnend, dass Jesus die im Judentum seiner Zeit übliche Haltung gegenüber Andersgläubigen nicht geteilt hat. Die Juden dachten, sie seien das einzige auserwählte Volk Gottes, und so verachteten sie die anderen. Ihrer Ansicht nach war die Welt damals in zwei Gruppen geteilt: in Juden und in Ungläubige, wobei der Ausdruck „Ungläubige" ein Schimpfwort mit der Bedeutung „Hund"

5   war. Jesus hat diese Haltung in keiner Weise geteilt. Er war Andersgläubigen gegenüber offen. Er hat zwar zu seiner Zeit keine Hindus oder Buddhisten getroffen; aber er begegnete Samaritern, die vom jüdischen Volk als Ketzer betrachtet wurden, die man hassen, verachten und ablehnen müsse. Auch begegnete er einer kanaanitischen Frau und einem römischen Hauptmann, die nach Ansicht des jüdischen Volkes Ungläubige (Ausländer) und somit Feinde der Juden und ihrer Nation waren.

10   Nichtsdestoweniger erkannte Jesus das Gute in ihnen an und pries ihren Glauben. Die folgenden Textpassagen aus den Evangelien verdeutlichen beispielhaft die Haltung Jesu Christi gegenüber Andersgläubigen.

In der Geschichte von den zehn Aussätzigen war der einzige von den zehn Geheilten, der zurückkam, sich Jesus zu Füßen warf und ihm – Gott lobend und preisend – dankte, ein Samariter, wahr-

15   scheinlich der einzige Samariter unter den anderen, die Juden waren. Jesus sagte darauf: „Es sind doch alle zehn rein geworden" und fuhr fort: „Wo sind die übrigen neun? Ist denn keiner umgekehrt, um Gott zu ehren, außer diesem Fremden?" Jesus lobte den Glauben dieses Mannes und sagte: „Steh auf und geh! Dein Glaube hat dir geholfen."

Neben dieser Geschichte sollten wir das Gleichnis vom barmherzigen Samariter betrachten. Jesus

20   erzählte dieses Gleichnis, um der Tatsache Ausdruck zu verleihen, dass derjenige, der den Willen Gottes erfüllte und dem Verwundeten Liebe und Freundlichkeit erwies, nicht etwa ein religiöses Oberhaupt der Juden, sondern vielmehr ein von den Juden verachteter Samariter war.

Die Geschichte von der kanaanäischen Frau ist höchst interessant. Sie war nicht nur eine Heidin; sie gehörte dem alten Geschlecht der Kanaaniter an, das seit unvordenklichen Zeiten mit den Juden

25   verfeindet war. Diese Frau kam zu Jesus und bat ihn, ihre von einem Dämon gequälte Tochter zu heilen. Jesus sagte mit einem entwaffnenden Lächeln zu ihr: „Es ist nicht recht, das Brot den Kindern wegzunehmen und den Hunden vorzuwerfen." Er gebraucht – wahrscheinlich um sie auf die Probe zu stellen – das Wort „Hund", mit dem die Juden die Nicht-Juden bezeichneten. Sie reagiert nicht verletzt, sondern äußerst demütig: „Ja, du hast Recht, Herr! Aber selbst die Hunde bekommen von

30   den Brotresten, die vom Tisch ihrer Herren fallen." Als Jesus das hörte, antwortete er: „Frau, dein Glaube ist groß. Was du willst, soll geschehen." Und von dieser Stunde an war ihre Tochter geheilt. Jesus erkannte an, dass diese heidnische Frau über einen „großen Glauben" verfügte.

In diesem Zusammenhang sollten wir die Worte Jesu in Mt 7,21–23 erwägen: „Nicht jeder, der zu mir sagt: Herr! Herr!, wird in das Himmelreich kommen, sondern nur, wer den Willen meines Vaters

35   im Himmel erfüllt. Viele werden an jenem Tag zu mir sagen: Herr, Herr, sind wir nicht in deinem Namen als Propheten aufgetreten, und haben wir nicht mit deinem Namen ... viele Wunder vollbracht? Dann werde ich ihnen antworten: Ich kenne euch nicht. Weg von mir, ihr Übertreter des Gesetzes!" Was zählt, ist nicht das religiöse Lippenbekenntnis, sondern die Tat – das ist die große Wahrheit, auf die diese Worte verweisen. Worte können niemals ein Ersatz für gute Taten sein. Der

40   rechte Glaube und die rechte Praxis sind nicht der Besitz von Menschen, die einer bestimmten Religion angehören. „Wer die Gerechtigkeit tut, ist gerecht, wie Er gerecht ist."

L. A. De Silva 1998

Lateinamerikanische Perspektiven 1
Leonardo Boff: Elemente eines befreienden Verständnisses
des historischen Jesus

Die Christologie, die in Lateinamerika erarbeitet wird, legt das Schwergewicht eher auf den historischen Jesus als auf den Christus des Glaubens.

Denn sie erkennt eine Strukturgleichheit in den Situationen zur Zeit Jesu und in unserer Gegenwart: objektive Unterdrückung und Abhängigkeit, die subjektiv als Widersprüche zum Geschichtsplan Gottes erfahren werden.

5

Denn der historische Jesus bringt uns unmittelbar mit seinem Befreiungsprogramm und seinem *Handeln* in Kontakt.

Denn der historische Jesus zeigt, dass jedes befreiende Handeln zum Konflikt führt, und deutet an, welches Schicksal auf jeden prophetischen Träger seines Befreiungsprojektes wahrscheinlich

10

wartet.

Denn der historische Jesus gibt in aller Deutlichkeit zu erkennen, dass die Nachfolge seines Lebens und seiner Sache das Kernstück des christlichen Glaubens ist. In der Nachfolge leuchtet die Wahrheit Jesu auf. Diese besteht primär darin, dass sie befähigt, diese sündige Welt zum Reich Gottes werden zu lassen, und sekundär darin, dass sie sich gegenüber den Forderungen der menschlichen Vernunft in ihrer Offenheit auf das Unendliche hin rechtfertigen lässt. Jesus will nicht

15

die Wirklichkeit erklären, sondern er will, dass sie verändert wird. In diesem Sinn ist er ihre endgültige Erklärung.

Denn der historische Jesus offenbart uns den Vater, indem er uns zeigt, wie wir den Weg zu ihm zu gehen haben. Mit anderen Worten: Nur der Prozess der Umkehr/Veränderung (Praxis) eröffnet

20

uns den Zutritt zum Gott Jesu Christi – und nicht abstrakte Reflexion (Theorie).

Denn der historische Jesus ermöglicht es uns, Mensch und Gesellschaft, so wie wir sie in der Geschichte antreffen, der Kritik zu unterziehen. Nur wenn sie sich bekehren, sind sie imstande, das Reich, das heißt: Gottes letztes Vorhaben bezüglich Mensch und Welt, zu antizipieren und zu konkretisieren. Für den gegenwärtigen Zustand der Welt bedeutet der historische Jesus Krise und nicht

25

Rechtfertigung, und er will nicht so sehr, dass sie erklärt, als vielmehr, dass sie verändert wird.

Die volle Bedeutung des historischen Jesus erhellt aber nicht aus der Betrachtung seines geschichtlichen Lebens, sondern aus der Perspektive der vollgültigen Offenbarung seines Weges, will sagen: aus der Sicht der Auferstehung. Der Glanz der Auferstehung entbindet nicht von der Pflicht zur Betrachtung der Geschichte, sondern fordert nachgerade eine noch sorgfältigere Be-

30

schäftigung mit ihr, wie die Evangelien das ja auch beweisen.

L. Boff 1986

Lateinamerikanische Perspektiven 2
Leonardo Boff: Die theologische Relevanz des historischen Jesus

Das Interesse am Verhalten und Auftreten des historischen Jesus beruht auf der Voraussetzung, dass in ihm offenbar wurde, was im Menschen an Göttlichem steckt und was Gott an Menschlichem hat. Was also in Jesus zu Tage und zum Ausdruck kam, müssen auch die, die ihm nachfolgen, zu Tage und zum Ausdruck bringen: bedingungslose Offenheit für Gott und für die anderen, unterschieds-

5 und grenzenlose Liebe, kritischen Geist gegenüber der geltenden sozialen und religiösen Lage, weil diese nicht schlicht und einfach den Willen Gottes widerspiegeln, Pflege der schöpferischen Phantasie, die im Namen der Liebe und der Freiheit der Kinder Gottes die kulturellen Strukturen in Frage stellt, wie Vorrang des Menschen als Person über die Sachen, die der Mensch hat und die für ihn da sind. Der Christ muss ein freier und ein befreiter Mensch sein. Natürlich soll damit nicht gesagt sein,

10 als Christ sei man Anarchist und anerkenne keine Gesetze.

Als Christ verstehen wir das Gesetz anders. Paulus sagt: „Wir stehen nicht mehr unter dem Gesetz" (Röm 6,15), sondern unter dem „Gesetz Christi" (1 Kor 9,21). Das gestattet es uns, die wir „von niemandem mehr abhängig" sind (1 Kor 9,19), einmal wie die zu leben, die unter dem Gesetz sind, und das andere Mal wie die, die außerhalb des Gesetzes stehen, um beide zu gewinnen (1 Kor

15 9,19–23). So wird deutlich, das Gesetz wird hier relativiert und in den *Dienst* der Liebe gestellt. „Zur Freiheit hat uns Christus befreit. Bleibt daher fest und lasst euch nicht von neuem das Joch der Knechtschaft auferlegen!" (Gal 5,1).

Alles das sehen wir in exemplarischer Weise bei Jesus von Nazaret verwirklicht; Jesus hat eine Spontaneität, für die es in der Geschichte der Religionen vielleicht keine Parallele gibt. Wenn er die

20 Religion *enttheologisiert* und den Willen Gottes nicht mehr bloß in heiligen Büchern suchen lässt, sondern vor allem im täglichen Leben; wenn er die religiöse Sprache *entmythologisiert* und von Erfahrungen spricht, die alle machen; wenn er die Frömmigkeit *entritualisiert* und betont, der Mensch stehe immer vor Gott und nicht nur, wenn er zum Beten in den Tempel gehe; wenn er die Botschaft Gottes aus ihrer Verbindung mit einer religiösen Gemeinde *emanzipiert* und sie an alle

25 Menschen guten Willens (vgl. Mk 9,38–40; Joh 10,16) richtet und wenn er schließlich die Heilsmittel *säkularisiert* und das Sakrament des anderen (Mt 25,31–46) zu dem Element macht, das über den Einlass ins Reich Gottes entscheidet … , dann ist er doch wohl nicht gekommen, um dem Menschen das Leben bequemer zu machen. Ganz im Gegenteil.

So lässt Dostojewskij seinen *Großinquisitor* sagen: „Statt dem Menschen feste Grundlagen zu

30 geben, damit er sein Gewissen ein für allemal beruhigen könnte, wiesest du ihm alles zu, was es an Unmöglichem, Rätselhaftem und Unbestimmtem gibt … Statt Dich der Freiheit der Menschen zu bemächtigen, hast Du sie vermehrt … Du wolltest, der Mensch solle in Freiheit lieben, damit er, von Dir bezaubert und gebannt, Dir freiwillig folge. Statt nach dem festen alten Gesetz sollte der Mensch hinfort in der Freiheit des Herzens selber entscheiden, was gut und was böse sei, und nur Dein Vor-

35 bild als Richtschnur vor sich haben." Sich bemühen, dieses Lebensprojekt in die Tat umzusetzen, heißt Christus nachfolgen … und beinhaltet den ganzen Reichtum, der in diesem Wort des Neuen Testaments – Christus nachfolgen und nachahmen – steckt. Es bedeutet Befreiung und Erfahrung des Neuen, das das erlöste und versöhnte Leben mit sich bringt. Aber zugleich kann es auch, wie bei Christus selbst, zu Verfolgung und Tod führen.

L. Boff 1986

Lateinamerikanische Perspektiven 3
Jon Sobrino: Das Befreiende an der Person Jesu

Mit „Jesus, dem Befreier" meint man auch die Tatsache, dass die Person des Mittlers befreiend ist. Dass Jesus war, wie er war, ist befreiend. Rein theoretisch hätte die Befreiung des Reiches Gottes auch von einem andersgearteten Mittler angekündigt und ermöglicht werden können, der von einer Machtposition aus, in Distanz zu den Armen, aber zu ihren Gunsten, mit mehr Strenge und weniger
5 Zärtlichkeit, mit mehr Berechnung und weniger Risiko gehandelt und auf diese Weise von den unterdrückenden Strukturen hätte befreien können, aber mit einem anderen Geist als dem Jesu.

Das Befreiende an der Person des Mittlers ist der Geist, mit dem er die Ankündigung und den Anfang des Reiches Gottes verwirklicht. Seine eigene Treue zu Gott und sein Erbarmen mit den Menschen – um es wie der Hebräerbrief systematisch zusammenzufassen –, seine in den Evangelien
10 geschilderte Verhaltensweise gegenüber Gott und den Menschen, der in ihm selbst zum Ausdruck kommende Geist der Seligpreisungen, das Leben in Geschenkhaftigkeit, das Erfülltsein von der Wahrheit, all dies ist etwas Gutes, Menschliches und Vermenschlichendes für die anderen.

Diesen Geist Jesu nennen wir nicht bloß gut, sondern befreiend, weil Jesus so geworden ist angesichts der Versuchung, nicht ein solcher zu sein, sondern ein völlig anderer, wie es in der Ver-
15 suchungsszene deutlich wird. Der Mittler erscheint selbst als Befreier. Und dies ist auch für uns befreiend: Man kann so leben, befreit von sich selbst, befreit vom Egoismus, der Entmenschlichung – ein Problem, das auch in den geschichtlichen Befreiungsprozessen eine Rolle spielt –, man kann schlicht mit Gott seinen Weg in der Geschichte gehen, in absolutem Vertrauen zu einem Gott, der Vater ist, und in völligem Gehorsam gegenüber einem Vater, der Gott bleibt.

20 In Lateinamerika hat die Christologie seit ihren Anfängen Jesus als den Befreier der Armen und Ausgegrenzten besonders hervorgehoben, aber immer nachdrücklicher betont sie auch den Jesus, der selbst befreit ist und darum auch den uns befreienden Jesus, wenn wir nur den Blick unverwandt auf ihn richten. Dabei legt sie jedoch Wert darauf, beides miteinander zu verknüpfen, damit die historische Befreiung der Armen und der persönliche Geist Jesu sich nicht auseinander entwickeln. Und
25 sie stellt fest – nicht nur wegen der prinzipiellen Annahme der evangelischen Erzählungen, sondern aus der geschichtlichen Erfahrung der Gegenwart –, dass die Verwirklichung der historischen Befreiung mit dem Geist Jesu für die Befreiung selbst wirksam ist, wie das Beispiel von Erzbischof Romero zur Genüge beweist.

Mit einfachen Worten ausgedrückt: Viele freuen sich darüber, dass Jesus die Befreiung für die
30 Armen dieser Welt (das Reich Gottes) angekündigt und eingeleitet hat, und sie freuen sich auch darüber, dass der Mittler (Jesus von Nazaret) so war, wie er war. Eine gute Nachricht ist die Mittlerschaft, und eine gute Nachricht ist auch der Mittler.

J. Sobrino 1995

Vereinigung der Theologinnen und Theologen der Dritten Welt: Die Treue zum Evangelium und der Kampf um Befreiung

Das Schlussdokument der Konferenz von 1981 bekräftigt den Glauben an den Gott des Lebens und erläutert diesen Begriff christologisch:

Gott hat den Tod in all seinen Formen und Erscheinungsweisen überwunden. Dies ist die Quelle unserer Hoffnung, dass Leben spendende Kräfte schließlich triumphieren werden. An diesen Gott
5 des Lebens zu glauben bedeutet, an Liebe, Gerechtigkeit, Frieden, Wahrheit und an die Ganzheit des Menschen zu glauben. Es bedeutet, die Ursachen der Entmenschlichung unseres Volkes aufzuzeigen und den Systemen den Kampf anzusagen, die das Leben so vieler schwächen und auslöschen.

Einen Gott zu verkünden, der die Not der Armen nicht sieht und der nicht für sie eintritt, bedeutet, einen Gott des Todes, einen toten Gott zu predigen. Wenn die Mächte des Todes ungehindert töten
10 können, dann wird die Realität Gottes nicht anerkannt. Wenn das Leben ignoriert oder brutal vernichtet wird, dann sind falsche Götter eingesetzt worden. Das ist Götzendienst (Ex 20,2–6). In der Dritten Welt ist das Gegenteil von Glauben nicht Atheismus, sondern Götzendienst.

Wir können Gott nicht vom Reich Gottes trennen. Jesus legte nicht Zeugnis ab von sich selbst, sondern von der Realität Gottes und seines Reiches. Das Reich Gottes ist das Reich des Lebens. Mit
15 der Einsetzung des Reiches setzte Jesus Zeichen des Lebens: Er heilte Kranke, gab den Hungrigen zu essen, nahm die Ausgestoßenen auf und verkündete den Unterdrückten die Freiheit (Lk 7,22). Er kam, um Leben zu geben, Leben in Fülle (Joh 10,10).

Das Reich des Lebens offenbart sich vor allem in der Auferstehung Jesu. Die Auferstehung bedeutet, dass im Kampf der Opfer der Ungerechtigkeit – selbst in ihrem Tod – neues Leben und
20 neue Menschlichkeit Gestalt annimmt. Dies ist die Gegenwärtigsetzung des Pascha-Geheimnisses in der Dritten Welt (Röm 6,5–11; 1 Petr 1,3).

In der Nachfolge Jesu zu stehen, bedeutet, von seinem Leben, seinem Tod und seiner Auferstehung Zeugnis abzulegen. Jüngerschaft fordert Beteiligung am Kampf der Unterdrückten für die Umgestaltung von gesellschaftlichen Strukturen und Erneuerung von Kulturen. Gleichzeitig verlangt
25 sie eine Bekehrung unserer selbst und unserer deformierten Beziehungen. Das ist die Bedeutung des Gebotes, seinen Nächsten zu lieben, und das ist mit Christsein in der Dritten Welt von heute gemeint (1 Joh 3,18).

Ökumenische Vereinigung von Dritte-Welt-Theologinnen und -Theologen 1981

VI. Christologie – interreligiös

Theologische und didaktische Aspekte

Weit über christliche Kirchen, Gruppen und Theologien hinaus fasziniert die Gestalt Jesu auch im außerchristlichen Raum – auch in anderen Religionen, beispielsweise im Judentum und im Islam, den – neben dem Christentum – beiden anderen abrahamitischen Religionen, aber auch beispielsweise im Buddhismus mit seinen ganz anderen Formen philosophischen und religiösen Fragens oder auch – in der Zwischenrede – im Bereich der Religionslosigkeit und des Atheismus.

Diese Thematisierung Jesu muss zunächst um ihrer selbst willen wahrgenommen werden: Was fasziniert Menschen anderen oder keines Glaubens an der Gestalt Jesu und seinem Leben? Sodann aber geht es auch um folgende zwei Fragen, die eher eine selbstkritische Wendung andeuten können:

- Könnte es nicht sein, dass Jesus von Nazareth von den Kirchen und Theologien in fragwürdiger Weise vereinnahmt, domestiziert und zum Gegenstand der Verehrung hochstilisiert wurde?
- Könnte es umgekehrt sein, dass eine nichtchristliche Begegnung mit Jesus Züge an ihm sichtbar werden lässt, die in Theologien und Kirchen nicht oder kaum wahrgenommen werden?

Und schließlich stellt sich angesichts der Wahrnehmung Jesu in anderen Religionen – wenn christliche Theologie sich auf diese Wahrnehmungen wirklich inhaltlich einlassen will – die Frage des interreligiösen Dialoges insgesamt: Was ergibt sich heute aus solcher Begegnung für das Verständnis des Petruswortes, dass nur in Jesus Heil zu finden ist (Apg 4,12)?

Jeweils andere Voraussetzungen bestimmen die Wahrnehmung Jesu in den anderen Religionen.

Es waren insbesondere europäische *jüdische* Denker des 20. Jahrhunderts vor und nach der Zeit des Nationalsozialismus und der auch und gerade mit dem Namen Jesu legitimierten Judenverfolgung, die sich mit der Gestalt Jesu intensiv auseinander gesetzt und in ihm einen Zeugen des eigenen jüdischen Glaubens gefunden haben. Wenige Jahre nach dem Holocaust nannte Martin Buber Gründe, warum er als Jude Jesus schätzte: „Jesus habe ich von Jugend auf als meinen großen Bruder empfunden: Dass die Christenheit ihn als Gott und Erlöser angesehen hat und ansieht, ist mir immer als eine Tatsache von höchstem Ernst erschienen, die ich um seinet- und meinetwillen zu begreifen suchen muss. Gewisser als je ist es mir, dass ihm ein großer Platz in der Glaubensgeschichte Israels zukommt" (M. Buber, Zwei Glaubensweisen. Zürich 1959. Zit. in: U. Kühn, Christologie. Göttingen 2003. S. 18). Das Motiv der brüderlichen Verbundenheit der Juden mit Jesus nimmt beispielsweise auch Schalom Ben-Chorin auf, wenn er eines seiner Bücher entsprechend betitelt: „Bruder Jesus" (München 1967). In diesem Buch heißt es: „Sein Glaube, sein bedingungsloser Glaube, das schlechthinnige Vertrauen auf Gott, den Vater, die Bereitschaft, sich ganz unter den Willen Gottes zu demütigen, das ist die Haltung, die uns in Jesus vorgelebt wird und die uns – Juden und Christen – verbinden kann: Der Glaube Jesu einigt uns, … aber der Glaube an Jesus trennt uns" (ebd., S. 18). Dieser letzte Gedanke Ben-Chorins weist daraufhin, inwiefern das Judentum die Wurzel des Gottesglaubens Jesu und des Christentums ist (vgl. Paulus in Röm 11). Die enge Zusammengehörigkeit von Judentum und Christentum, der Zusammenhang von hebräischer Bibel und dem Glauben Jesu einerseits, und Neuem Testament und dem Glauben an Jesus andererseits, wie auch die zweitausendjährige gemeinsame (Schuld-)Geschichte nötigen christliche Theologien dazu, die jüdische Berufung auf Jesus und das jüdische Verständnis Jesu in besonderer Weise ernst zu nehmen. Hier sprechen Vertreter und Vertreterinnen des Volkes, zu dem die Heiden hinzukommen durften und aus dem heraus sich die christlichen Gemeinden entwickelt haben. K. Barth hat den Gedanken der besonderen Nähe Jesu zu seinem Volk als konstitutiv für seine Dogmatik erklärt: „Die Meinung kann auch nicht die sein, dass wir an Jesus

Christus glauben, der nun zufällig ein Israelit war, der aber ebenso gut auch einem anderen Volk hätte entstammen können. Hier muss man ganz streng denken. Jesus Christus war notwendig Jude. ... Gott wurde Mensch im jüdischen Fleisch. An dieser Tatsache ist nicht vorbei zu sehen, sondern sie gehört zu der konkreten Wirklichkeit Gottes und seiner Offenbarung" (K. Barth, Kirchliche Dogmatik. IV/1. S. 181f.).

Das Jesusbild des *Islam* ist von den Stimmen des Judentums bereits dadurch unterschieden, dass es seine ursprüngliche Gestalt in der heiligen Schrift des Islam, im Koran, gefunden hat. Jesus wird hier als besonderer Mensch, nicht aber als Gott, und als Prophet gesehen; er wurde in wunderbarer Weise von Maria geboren, hat Wunder getan und Allah hat ihn zu sich erhöht, ohne dass Jesus zuvor gekreuzigt worden wäre. Jesus wird als ein Vorgänger Mohammeds anerkannt, der im Grunde die gleiche Botschaft wie dieser gebracht hat. Setzt nach christlichem Verständnis der „neue Bund" den „alten Bund" voraus, so greift nach islamischer Vorstellung der Koran hinter Thora und Evangelium zurück. In ihm wird die schon vor Abraham gültige Religion wieder aufgenommen. Die historische Reihenfolge der Schriften – der Koran entsteht nach Jesus und dem Neuen Testament, weshalb im Koran auch von Jesus berichtet werden kann – entspricht also nicht ihrer theologischen Erläuterung und Bedeutung. Die ursprüngliche Offenbarung, im Judentum wie im Christentum preisgegeben oder vernachlässigt, werde im Koran wieder aufgenommen und letztgültig formuliert und festgehalten. Abgesehen von der aktuellen weltpolitischen – und innerdeutschen (der Islam ist die drittgrößte Religionsgemeinschaft nach den beiden großen christlichen Konfessionen in Deutschland) – Bedeutung einer christlich-muslimischen Verständigung fordert das Jesusbild des Koran christliche Theologien zentral zu einem Dialog über Jesus und damit verbunden über das von ihm her sich ergebende Gottesverständnis (Einheit und Einzigkeit Gottes und Verständnis der Trinität; Letztere ist für Muslime schlicht logischer Unsinn) auf.

Noch einmal anders wird Jesus innerhalb des *Buddhismus* wahrgenommen, einer nicht monotheistischen und nicht notwendig mit einer personalen Gottesvorstellung verbundenen Religion, die von vielen – auch Buddhisten – eher als Philosophie denn als Religion erachtet wird. Zunächst wird die Vorstellung von Jesus „entwestlicht": Die Begegnung mit Jesus zielt auf eine religiös-philosophische Lebenspraxis. In diesem Sinne gehört Jesus nach Asien: „War Jesus nicht Asiate? Es

ist doch eine Tatsache, dass das Christentum gegründet und entwickelt wurde von Asiaten und in Asien. Wenn ich darüber nachdenke, verstärkt sich meine Liebe zu Jesus um das Hundertfache. Ich fühle ihn meinem Herzen näher. ... Jesus war nicht nur die Erhobenheit über das Menschliche, sondern auch die Hoheit, der die asiatische Natur fähig ist" (Keshab Chandra Sen). Während im Hinduismus eher das Geheimnis des Göttlichen in Jesus betont wird, wird er im Buddhismus eher als eine Art beispielhafter, exemplarischer Mensch gesehen, der auf dem Weg dazu ist, ein Buddha zu werden. „Jesus ist für uns ein großer Mensch," sagt der Mönch Buddharakkhita, „der eine spirituelle Entwicklung durchgemacht hat von der Tempelaustreibung bis zum Kreuz. Er konnte Gewalt üben und sehr lieblos sein, wie seine Polemik gegen die Pharisäer zeigt. Er war auch nicht frei von Zorn. Erst am Kreuz erreichte er die Vollendung, als er betete: ‚Vater vergib ihnen, denn sie wissen nicht, was sie tun.' Am Kreuz wurde Jesus zum Buddha. Hier begann die Phase der Liebe in seinem Wirken." Was für uns westlich geprägte und auch in Sachen Religion und Theologie eher von Definitionen bestimmte Menschen kaum vorstellbar ist, ist in den ostasiatischen Religionen des Hinduismus und Buddhismus durchaus möglich: Dass Menschen sich zugleich als Hindus und Christen, als Buddhistinnen und Christinnen fühlen und begreifen.

Die zentrale Differenz zwischen diesen außerchristlichen Jesusbildern und denen christlicher Theologie liegt darin, dass letztere Christologie nicht ohne Soteriologie verstehen kann. Christologie und Soteriologie – Jesu Person und Werk – erschließen sich christlicher Theologie wechselseitig. Gleichwohl eröffnet der Blick auf Jesus in außerchristlichen religiösen Perspektiven Lernmöglichkeiten. Es zeigt sich nämlich, dass jede Religion oder jeder religiöse Denker und jede religiöse Denkerin von ihren Prämissen her etwas von der Ausstrahlung Jesu erfassen kann, wenngleich die jeweiligen Prämissen dann auch wieder die Grenzen der Wahrnehmung bestimmen. In dieser Differenz christlicher und außerchristlicher Jesusbilder spiegelt sich möglicherweise ja auch die Differenz im Verständnis Jesu als dem wahren Menschen, der allen zugänglich ist, und dem wahren Gott, der für christlichen Glauben zentrale Bedeutung hat.

Natürlich wurde auch bei diesen Materialien aus einer großen Fülle ausgewählt: Wie es nicht den (!) christlichen Christus gibt, so auch nicht den (!) jüdischen, muslimischen oder gar buddhistischen Jesus Christus. Gleichwohl habe ich mich dafür entschieden, aus jeder

der Religionen ebenso wie im Kontext des Atheismus – in der Zwischenrede – lediglich eine Position darzustellen, um diese ein wenig besser textlich würdigen zu können.

Stereotypen im Blick auf die Jesusbilder der Religionen lassen sich dann vermeiden, wenn der Blick auf die Differenz gerichtet wird, ohne sie zu verabsolutieren, und wenn wir aus den fremdreligiösen und atheistischen Vorstellungen uns und unsere Vorstellungen und Bilder Jesu Christi kritisch befragen lassen.

Intentionen

In den folgenden Intentionen verknüpfen sich religionspädagogische und theologische Zielformulierungen mit solchen zu interreligiösen und religionswissenschaftlichen Lernprozessen, was auf die Komplexität des Themas wie auf interdisziplinäre Lernmöglichkeiten im Religionsunterricht verweist.

Die Sch. sollen erkennen, dass die Gestalt Jesu Christi auch außerhalb von Kirchen und Theologien Interesse hervorruft, Imaginationen und Reflexionen freisetzt und die eigene, uns fremde Religion und/oder Weltanschauung bereichert.

Die Sch. sollen den Stellenwert Jesu in den anderen Religionen und/oder Weltanschauungen zueinander in Beziehung setzen und beschreiben können.

Die Sch. sollen wahrnehmen, welche Vorstellungen Jesu Christi in fremden Religionen begegnen; sie sollen diese verstehen und zu eigenen Vorstellungen kritisch in Beziehung setzen.

Die Sch. sollen die fremden Vorstellungen Jesu Christi als Potenzial nutzen können, ihr eigenes Jesus-Bild wie die Jesus-Bilder aus Kirchen und Theologien kritisch zu hinterfragen und gegebenenfalls bereichern zu lassen.

Im Einzelnen bedeutet dies:

- Wahrnehmung religiös different geprägter christologischer Vielfalt,
- Einübung und Schulung von Empathie,
- Einübung und Schulung von Differenzerfahrung,
- Einübung und Schulung interreligiöser Reflexion,
- Akzeptanz religiös different geprägter christologischer Vielfalt.

Unterrichtsideen/Verlaufsplanung/Projektideen

1.–4. Jesus in unterschiedlichen Religionen und Weltanschauungen

Die viermal drei Texte aus unterschiedlichen Religionen und Weltanschauungen können von der gesamten Klasse, aber auch arbeitsteilig in Gruppen bearbeitet und von den Gruppen anschließend in Power Point Präsentationen, Mind Mapping oder Lernpostern der gesamten Klasse vorgestellt werden: Zunächst bearbeiten die Gruppen die Texte mit den genannten Fragestellungen. Anschließend setzen sie ihre Diskussionen und Ergebnisse und die möglicherweise offen gebliebenen oder neu sich stellenden Fragen jeweils in einer Power Point Präsentation oder mittels anderer Medien um.

Im Zusammenhang der Arbeit zu den folgenden Texten bietet es sich an, jeweils jüdische, muslimische und buddhistische Gesprächspartner oder -partnerinnen einzuladen oder in ihren Gotteshäusern oder Tempeln zu besuchen, um mit ihnen gemeinsam interessierende Fragen zu besprechen.

1. Jesus im Judentum

Literatur zur Vorbereitung

P. Lapide, Wurde Gott Jude? Vom Menschen Jesu. München 1987.
H. Küng, Pinchas Lapide, Jesus im Widerstreit. Ein jüdisch-christlicher Dialog. Stuttgart/München 1976.
H.-M. Barth, Dogmatik: evangelischer Glaube im Kontext der Weltreligionen. Gütersloh 2001. S. 392–394.

Unterrichtsideen

Pinchas Lapide kennzeichnet Jesus, den Rabbi aus Nazareth, in **M1a** als „eine Leuchte des Judentums" und benennt Verbindungen zwischen sich und Jesus, die es angezeigt erscheinen lassen, diesen – kritisch gegen seine kirchliche Vereinnahmung – „heimzuholen" in seine jüdische Heimat. Auch wenn Lapide die zentralen theologischen Topoi des Christentums nicht bejahen kann, leugnet er sie auch nicht.

Bearbeitungsfragen

- Wie empfinden Sie die „Heimholung" Jesu ins Judentum? Anbiederung oder Dialogbereitschaft? Verwischung der Grenzen zwischen unterschiedlichen Religionen oder Zeichen unterschiedlichen Glaubens an den einen Gott?
- Was ist uns fremd?
- Was bleibt uns fremd?
- Welche offenen Fragen oder Diskussionsthemen wollen wir festhalten?

M1b kennzeichnet den Rabbi aus Nazareth näher: Der Text stammt aus Lapides Buch „Wurde Gott Jude?". Jesu Judentum – so die These – hat ihn zu einem der Leitgestalten der Menschheit gemacht, wobei Lapide deutlich macht, dass es ihm ausschließlich um den historischen Jesus geht.

Bearbeitungsfragen

- Sehen Sie in der Beschreibung Lapides eine Verkürzung der Gestalt Jesu? Wenn ja, warum, wenn nein, warum nicht?
- Wenn Sie die Aussagen Lapides mit denen zum historischen Jesus und zum biblischen Christus in Beziehung setzen, worin sehen Sie die zentrale Differenz zwischen jüdischem und christlichem Nachdenken über Jesus?
- Was ist uns fremd?
- Was bleibt uns fremd?
- Welche offenen Fragen oder Diskussionsthemen wollen wir festhalten?

In Aufnahme eines Zitates von Martin Buber steckt Schalom Ben-Chorin sein Verhältnis zu Jesus ab, das er in **M1c** beschreibt. Ben-Chroin benennt dabei zentrale Differenzen zwischen jüdischem und christlichem Glauben, betont aber gleichwohl auch Gemeinsamkeiten.

Bearbeitungsfragen

- Worin sieht Ben-Chorin die zentralen Differenzen zwischen seinem Glauben als Juden und dem Glauben der Christen, worin sieht er Gemeinsamkeiten?
- Was ist uns fremd?
- Was bleibt uns fremd?
- Welche offenen Fragen oder Diskussionsthemen wollen wir festhalten?

M1a–c *Diskussionsfragen*

- Vergleichen Sie die Position von Pinchas Lapide und Schalom Ben-Chorin mit den neutestamentlichen Aussagen und Ihren Lernergebnissen des Bausteins III.
- Was würden Sie jüdische Gesprächspartner im Zusammenhang der Texte gerne fragen, worüber mit Juden gerne diskutieren?
- Welchen Raum haben jüdische Menschen in Ihrem Glauben?

2. Jesus Christus im Islam

Literatur zur Vorbereitung

H.-M. Barth, Dogmatik: evangelischer Glaube im Kontext der Weltreligionen. Gütersloh 2001. S. 394–396.

A. Th. Khoury, L. Hagemann, P. Heine, Islam-Lexikon. 3 Bde. Freiburg 1991.

H. Küng u.a., Christentum und Weltreligionen. Hinführung und Dialog mit Islam, Hinduismus und Buddhismus. München 1984.

Unterrichtsideen

In der heiligen Schrift der Muslime, dem Koran, begegnet neben Abraham und anderen Propheten auch Jesus. Die Texte in **M2a** machen deutlich, dass der Koran keinen Zweifel daran lässt, dass Jesus die Wahrheit predigte, doch ähnlich den Überlegungen von Pinchas Lapide ist auch hier Jesus ausschließlich „wahrer Mensch".

Bearbeitungsfragen

- Worin sehen Sie die zentralen Differenzen zwischen dem Jesusbild des Neuen Testamentes und dem des Koran?
- Wie beurteilen Sie diese Differenzen?
- Was ist uns fremd?
- Was bleibt uns fremd?
- Welche offenen Fragen oder Diskussionsthemen wollen wir festhalten?

In **M2b** ist ein Koranabschnitt verknüpft mit dem Text eines zeitgenössischen Muslim. M. M. Ayoub spricht hinsichtlich einer „islamischen Christologie" von der Konvergenz christlicher und muslimischer Jesusbilder, wenngleich er anerkennt, dass der Jesus des Islam nicht der Christus der Christen ist.

Bearbeitungsfragen

- Welche Differenzen sehen Sie zwischen dem Text des Koran und dem von Ayoub?
- Worin sieht Ayoub Konvergenzen christlicher und muslimischer Jesusbilder?
- Erkennen Sie Elemente Ihres Jesusbildes in Ayoubs Stichworten wieder?
- Wie beurteilen Sie die Konvergenzvorschläge?
- Was ist uns fremd?
- Was bleibt uns fremd?
- Welche offenen Fragen oder Diskussionsthemen wollen wir festhalten?

Ökumene ist ein christlicher Begriff und benennt den Weg der Einheit christlicher Kirchen und die christliche Perspektive auf die Einheit der Menschheit. In **M2c** spricht M. M. Ayoub nun von einem „wahren Ökumenismus" in den muslimisch-christlichen Beziehungen und nennt als Kennzeichen gegenseitige Anerkennung und Wertschätzung.

Bearbeitungsfragen

- Halten Sie eine solche Annäherung für sinnvoll und wünschenswert oder sehen Sie darin eine problematische Vermischung unterschiedlicher Religionen – oder ist dies für Sie gar keine sinnvolle oder wichtige Frage?
- Was ist uns fremd?
- Was bleibt uns fremd?
- Welche offenen Fragen oder Diskussionsthemen wollen wir festhalten?

M2a–c *Diskussionsfragen*

- Was würden Sie muslimische Gesprächspartner im Zusammenhang der Texte gerne fragen, worüber mit Muslimen gerne diskutieren?
- Welchen Raum haben muslimische Menschen in Ihrem Glauben?

3. *Jesus Christus im Buddhismus*

Literatur zur Vorbereitung

Thich Nhat Hanh, Buddha und Christus heute. Verbindende Elemente von Buddhismus und Christentum. München 1999.

H.-M. Barth, Dogmatik: evangelischer Glaube im Kontext der Weltreligionen. Gütersloh 2001. S. 398f.

H. Küng u.a., Christentum und Weltreligionen. Hinführung und Dialog mit Islam, Hinduismus und Buddhismus. München 1984.

Unterrichtsideen

Thich Nhat Hanh nimmt in **M3a** nicht nur den „historischen Jesus" ernst, sondern auch den „lebendigen Jesus", bezieht sich aber dann in besonderer Weise auf das Leben des historischen Jesus, um zu zeigen, dass Nachfolge Jesu oder Buddhas die „Vision des ewigen Lebens ermöglicht".

Bearbeitungsfragen

- Wie beurteilen Sie die Christologie von Thich Nhat Hanh?
- Ist das „Kriterium Praxis" für Sie überzeugend?
- Vergleichen Sie die Aufforderung zum Lebensgenuss von Thich Nhat Hanh mit Koh 9,7–9.
- Was ist uns fremd?
- Was bleibt uns fremd?
- Welche offenen Fragen oder Diskussionsthemen wollen wir festhalten?

In **M3b** beschreibt Thich Nhat Hanh, wie „Buddha und Jesus immer – friedlich und konfliktfrei" in ihm sind. „Ihre Begegnung" sieht er als „die Hoffnung der Welt". Solche Formulierungen eines Buddhisten erinnern an christliche Mystik und verdeutlichen möglicherweise, dass jenseits theo-logischer und „buddho-logischer" Reflexion eine „Gemeinschaft des Glaubens" möglich ist, die reflexiv kaum einzuholen scheint, wobei freilich zu bedenken ist, dass nicht-theistische Buddhisten es hier leichter haben als monotheistische Christen.

Bearbeitungsfragen

- Wie beurteilen Sie die Bruderschaft zwischen Jesus und Buddha?
- Was ist uns fremd?
- Was bleibt uns fremd?
- Welche offenen Fragen oder Diskussionsthemen wollen wir festhalten?

M3c enthält schließlich vier meditative Texte von Thich Nhat Hanh zum Verhältnis von Buddhisten und Christen, die eine ganze Reihe von Momenten des neutestamentlichen Jesusbildes aufnehmen.

Bearbeitungsfragen

- Wie beurteilen Sie die Aufnahme der neutestamentlichen Elemente in diesen buddhistischen Texten?
- Stimmen Sie mit Ihrem Verständnis überein?
- Was ist uns fremd?
- Was bleibt uns fremd?
- Welche offenen Fragen oder Diskussionsthemen wollen wir festhalten?

M3a–c *Diskussionsfragen*

- Was würden Sie buddhistische Gesprächspartner im Zusammenhang der Texte gerne fragen, worüber mit Buddhisten gerne diskutieren?
- Welchen Raum haben buddhistische Menschen in Ihrem Glauben?

Pinchas Lapide: Bruder Jesus wird heimgeholt als Mitmensch, als Mitjude, als Israeli

Ich sehe nicht ein, warum ich auf eine Leuchte des Judentums wie den Rabbi von Nazaret verzichten soll, nur weil mir einige der christlichen Christusbilder nicht zusagen. Um so mehr, als ich fünf Bindungen mit Jesus spüre, die ihn mir – wenn ich so sagen darf – vielleicht näher bringen als manchem Theologen in Europa heute. *Zuerst* ist es der Sitz im Leben: das ist sowohl die Geographie

5 als die Topographie, ja die ganze Umwelt des Landes Israel samt seinem Klima, seiner Fauna, seiner Flora, seiner Luft und Landwirtschaft, der ganze physische Hintergrund des Nazareners: den kenne ich, und den teile ich mit ihm. Und *zweitens* die Sprache. Ich spreche Hebräisch und denke in dieser Sprache, mit Aramäisch als Zwillingsidiom. Sie ist für mich sowohl Landessprache als auch heilige Sprache für Gebet und Gottesdienst, genau wie für Jesus. *Drittens* das Bibelverständnis. Für ihn und

10 für mich ist die hebräische Bibel die einzige heilige Schrift, die ich als solche anerkenne und die wir beide nach rabbinischen Regeln auslegen, wobei klar ist, dass jeder Bibelsatz, wie unser Talmud so schön sagt, 70 Auslegungsmöglichkeiten hat und es keinen jüdischen Papst gibt, der eine einzige Exegese zum Dogma erheben könnte, um die 69 anderen zu verketzern. *Viertens* die orientalische Phantasie. Sie denkt in Bildern und Gleichnissen und ist der abendländischen Wörtlichkeit abhold,

15 die jedes Wort Jesu unters Mikroskop legt. Der Weinstock, der Weinberg, der Feigenbaum, die Söhne des Reiches, die bösen Winzer, der verlorene Sohn und, wenn Sie wollen, hundert andere Bilderreden Jesu sind eindeutige Anspielungen, die nur für den bibelkundigen Juden und seine Ohren gemeint waren. Sobald sie ins Griechische oder gar ins Deutsche übersetzt werden, klingen sie nicht nur fremd, sondern verzerrt und unnatürlich. Und *schließlich* ist es die Sorge um Israel. So,

20 wie er einst um sein Volk Israel bangen musste, sowohl vor der Heidenmacht von außen als vor dem Unglauben von innen, bangen wir, die gläubigen Israelis, heute. Von draußen ist die Gefahr nicht weniger krass als im Jahre 20 oder 30, und auch von innen droht der Unglaube viele Juden zu entjuden. Diese besorgte Liebe um Israel mit ihrem Durst nach Erlösung gibt, so hoffe und glaube ich, Jesus und mir eine gewisse psychologische Gemeinsamkeit. ...

25 1800 Jahre lang hat die Kirche drei Dinge mit Jesus gemacht: Sie hat ihn entjudet, sie hat ihn hellenisiert, und sie hat ihn sehr wirksam uns allen verekelt: durch Zwangspredigten, durch Zwangstaufen, durch Kinderraub – den Rest kennen Sie so gut wie ich. Das Christentum, wie ich es sehe, verdankt seine Gründung dem erhabenen Jesusbild der Urkirche, jener Judengemeinde, die in ihm, neben dem Propheten, einen Gerechten und eine Leuchte Israels oder den Messias sah – alles sterb-

30 liche Söhne Israels. Sobald jedoch die junge Heidenkirche ihren Jesus schrittweise verhimmelte, suchte das Judentum als Reaktion ihn zu verteufeln, denn ein Heiland-Gott, der am Kreuz stirbt, musste, wie Paulus mit Recht sagte, den Juden ein Ärgernis sein, aber keine Torheit den Heiden. Da widerspreche ich dem Paulus. Das war für Heiden keine Torheit, sondern ein höchst willkommener Eintritt in die Heilsgemeinde. Und so wuchsen die beiden Jesusbilder auseinander, bis er zum Gott

35 Jesus bei den Monophysiten im Christentum wurde und im Judentum sein Name tabuisiert wurde; man durfte ihn überhaupt nicht mehr erwähnen. Erst nach Auschwitz kommt es zu einer, wie ich es nennen würde, Wiedermenschwerdung Jesu bei den Christen, und zwar durch eine Akzentverschiebung auf den *vere homo,* auf den wahren Menschen, zu einer Zeit, wo so wenige Zweifüßler wirkliche Menschen sind; Jesus wird also ein Idealmensch. Und bei den Juden kommt er jetzt her-

40 aus aus der Hölle der Polemik des ganzen Mittelalters, zurück zum Judentum seiner Heimat. Jesus wird endlich heimgeholt als Mitmensch, als Mitjude, als Israeli – all diese Deutungen sind nicht schwer aus den Evangelien herauszulesen.

Jesus stand zum Judentum seiner Zeit in einer Kontrastharmonie, und beide Teile dieses Wortes machen ihn für mich ur-jüdisch, ich würde fast sagen, nur-jüdisch. Wieso? Dass er im Geiste

45 jüdisch war, in sechs Dingen zumindest, steht fest: in seiner Hoffnung, in seiner Eschatologie, in seinem jüdischen Ethos, in seinem blinden Gottvertrauen, in seiner gut-jüdischen, messianischen Ungeduld und, last not least, in seinem jüdischen Leiden; das können wir aus allen vier Evangelien ohne Schwierigkeit herauslesen. Dass er oft im Kontrast stand zu seiner Umwelt, machte ihn auch jüdisch, denn ich kenne keine Leuchte des Judentums von Mose an, die nicht lebhaft Widerstand

50 innerhalb des Judenvolkes hervorgerufen hat. … Dass Jesus kontrastiert hat, dass er Feinde und Gegner hatte, das ist einer der schlagendsten Beweise seiner Größe, nicht seines Unjudentums. …

Der synoptische Jesus nach den drei Evangelien: Matthäus, Markus und Lukas, hat nie und nirgends das Gesetz des Mose, das ist überhaupt falsch: die Torah des Mose, gebrochen oder irgendwie zu ihrem Bruch aufgefordert. Beim johanneischen Jesus gibt es eine einzige Stelle, und

55 die ist ein Grenzfall: die Heilung am Sabbat, wo er dem Geheilten sagt: Nimm dein Bett und geh! Da kann man diskutieren, ob ein eventueller Bruch stattgefunden habe. Nirgends aber bei Markus, Matthäus und Lukas. …

Als orthodoxer Jude kann ich, was Sie Auferstehung, Kenosis und Apokatastasis nennen, also die zentralen Theologumena des Christentums, nicht bejahen, weil unsere jüdische Gotteserfahrung uns

60 das nicht so sagt. Verneinen kann ich es aber auch nicht, denn wer bin ich, als gläubiger Jude, der Gottes Heilshandeln a priori definieren will – *definieren* heißt doch abgrenzen, und das wäre, jüdisch gesehen, gotteslästerlich. Kann ich Gott etwas vorschreiben, wie eure mittelalterlichen Theologen einst versuchten, den Herrgott der Welt in ein System einzusperren? Lässt er sich und seine unerforschten Wege auf ein Stück Papier, in ein Buch oder in irgendein theologisches System hinein-

65 zwängen? Das wäre doch lächerlich! *Ich weiß es nicht.* …

Eines weiß ich mit Sicherheit: dass der Glaube an diesen Christus Millionen von Christen ein besseres Leben und einen leichteren Tod geschenkt hat, und ich wäre der Letzte, der daran rüttelte, wenn ich es könnte. Ich kann es ja ohnedies nicht. Was ich kann und sagen will, ist dies: Sie warten auf die Parusie; bei Ihnen ist die Vollerlösung auch noch offen; ich warte auf sein Kommen, aber die

70 Wiederkunft ist ja auch ein Kommen. Wenn der Messias kommt und sich dann als Jesus von Nazaret entpuppen sollte, dann würde ich sagen, dass ich keinen Juden auf dieser Welt kenne, der etwas dagegen hätte. So wäre ein legitimes Warten auf seine Ankunft oder Wiederkunft – und da ist der Unterschied wirklich sekundär –, nicht nur unsere gemeinsame Heilserwartung, sondern in der Zwischenzeit sollten wir uns beide auf das Wissbare konzentrieren. Und da sind die 33 Erdenjahre

75 Jesu legitimer Forschungsbereich für uns beide. Unseren Glauben sollten wir Gott überlassen, weil da keiner dem anderen etwas dreinreden kann. Wir leben ja, Gott sei Dank, in einem religiösen Pluralismus. Nur Gott weiß, welche Wege, die alle zu ihm führen, die kürzesten oder die besseren sind. Ich maße mir beileibe nicht die päpstliche Gewalt an zu unterscheiden, wer von uns besser, wer klüger oder wer weiser glaubt.

P. Lapide 1976

M1b | Pinchas Lapide: Jesus der Rabbi

Ihr sollt euch nicht Rabbi nennen lassen; denn nur einer ist eurer Meister [Rabbi], ihr alle aber seid Brüder. (Mt 23,8)

Jesus war ein „wahrer Mensch", wie es die Evangelien und das Bekenntnis der Kirche bezeugen. Zum wahren Menschen aber gehören ein Stück Erde als Heimatboden, eine Muttersprache, eine bestimmte Tradition, eine eigene Gedankenwelt und die Volkszugehörigkeit. In allen diesen unverzichtbaren Attributen seines Menschseins war Jesus von Nazaret ein Jude, „der zentrale Jude" (Martin Buber) und der echte Rabbi. Kein lauwarmer Randjude oder entwurzelter Auch-Jude war er, wie es
5 sie schon immer gegeben hat, sondern Kernjude und „Volljude", im besten Sinn dieser, bis vor kurzem so arg verrufenen Bezeichnung. „Wahrer Mensch" heißt also im Falle Jesu nichts anderes als: wahrer Jude, wahrer Rabbi. Alles, was ihm vom Stall in Bethlehem bis zum Kreuz auf Golgata widerfuhr, ist nur aus seinem gläubigen Judesein zu erklären und zu verstehen. Alles, was er vollbrachte
10 und unterließ, was er als Rabbi sagte, predigte und gebetet hat, gewinnt volle Bedeutsamkeit nur aus seinem jüdischen Mutterboden.

Seine Gottessohnschaft, die Inkarnation, die Trinität, deren zweite Person Jesus ist – alles, was seit der späteren Kirchengründung zum christlichen Glaubensgut gehört – schmälert sein Judesein um keine Haaresbreite. Im Gegenteil! Alle Würdetitel, die ihm das Neue Testament und die Lehre der
15 Kirche verliehen haben, fußen auf der soliden, irdischen Grundlage seiner lebenslangen Zugehörigkeit zum Volke Israel, als dessen treuer Sohn er nie aufgehört hat, sich zu verstehen. All denen, die das Judentum gerne von Jesu Menschsein abstrahieren, oder sein Heilandsein als eine „Überwindung" seines gebürtigen Judeseins darstellen wollen, antwortet die deutsche Bischofskonferenz in ihrer „Erklärung über das Verhältnis der Kirche zum Judentum" vom 29. April 1980: „Wer Jesus
20 Christus begegnet, begegnet dem Judentum" – eine Aussage, die sich auch der Papst Johannes Paul II. zu eigen gemacht hat, als er im November 1980 in Mainz mit einer jüdischen Delegation sprach.

Was Jesu Judesein im praktischen Bereich des Alltags seiner Tätigkeit als Rabbi bedeutet, fasst der Jesuit und Neutestamentler Pater Wolfgang Feneberg zusammen: „Jesus ist nicht in die Kirche
25 gegangen, sondern in die Synagoge; er hat täglich nicht das Vaterunser und das Ave Maria, sondern zweimal das Schema-Israel und dreimal das Achtzehner-Gebet und das Kaddisch verrichtet; er kannte kein Altes Testament, noch das Neue Testament, sondern nur den *Tenach* – die Hebräische Bibel seines Volkes; er hat keinen Talar und keine christliche Ordenstracht getragen, sondern die Teffillin (Gebetsriemen) und den Gebetsschal; er ging nicht am Sonntag, sondern am Sabbath zum Gottes-
30 dienst; er hatte zuhause kein Kreuz hängen und kein Mutter-Gottesbild, sondern Gebetsriemen, Sabbathlicht, Kelch und Tuch für das Sabbathbrot; er hat nicht Ostern, Pfingsten und Weihnachten, sondern Pessach, Schawuoth und den Jom Kippur gefeiert; er hat keinen einzigen Heiden zum Jünger gemacht, sondern als kleiner, heute würde man sagen, orthodoxer Jude gelebt, gewirkt, sich gefreut und gelitten!" (Das Leben Jesu im Evangelium, Freiburg 1980, S. 255f.). Dem muss hinzugefügt
35 werden, dass weder seine Scheltreden, noch seine so genannten „Streitgespräche" (eigentlich: die bis heute üblichen Lehrgespräche zwischen Rabbinern) oder sein Rabbinisches Sondergut in der Bibelauslegung ihn im geringsten dem Judentum entfremdet haben oder die Grenzen seines jüdischen Glaubens sprengten. [...]

Muss all dies zu einer Einengung Jesu führen, der „nur" ein Jude war, „lediglich" ein Rabbi, der
40 seinen irdischen Wirkungsbereich auf das leibliche Volk der Juden begrenzt hat? Keineswegs! Je tiefer die Bäume in ihrer Muttererde verwurzelt sind, so sagt ein rabbinisches Sprichwort, umso höher ragen ihre Kronen in den Himmel; umso weiter reichen ihre Zweige zu allen Seiten hin.

Genauso ist es mit Jesu profundem, durch und durch gelebtem Judentum, das ihn zu einer der Leitgestalten der Menschheit gemacht hat.

P. Lapide 1987

Schalom Ben-Chorin: Bruder Jesus

Martin Buber hat in seinem Werk „Zwei Glaubenweisen" (1950) das berühmte Wort vom Bruder Jesus gesprochen: „Jesus habe ich von Jugend auf als meinen großen Bruder empfunden. Dass die Christenheit ihn als Gott und Erlöser angesehen hat und ansieht, ist mir immer als eine Tatsache von höchstem Ernst erschienen, die ich um seinet- und um meinetwillen zu begreifen suchen muss …
5   Mein eigenes brüderlich aufgeschlossenes Verhältnis zu ihm ist immer stärker und reiner geworden, und ich sehe ihn heute mit stärkerem und reinerem Blick als je. Gewisser als je ist es mir, dass ihm ein großer Platz in der Glaubensgeschichte Israels zukommt und dass dieser Platz durch keine der üblichen Kategorien umschrieben werden kann."

Mit diesem Bekenntnis Bubers ist auch meine eigene Position abgesteckt. Jesus ist für mich der
10   ewige Bruder, nicht nur der Menschenbruder, sondern mein jüdischer Bruder. Ich spüre seine brüder-liche Hand, die mich fasst, damit ich ihm nachfolge. Es ist nicht die Hand des Messias, diese mit den Wundmalen gezeichnete Hand. Es ist bestimmt keine göttliche, sondern eine menschliche Hand, in deren Linien das tiefste Leid eingegraben ist.

Das unterscheidet mich, den Juden, vom Christen, und doch ist es dieselbe Hand, von der wir
15   uns angerührt wissen. Es ist die Hand eines großen Glaubenszeugen in Israel. Sein Glaube, sein bedingungsloser Glaube, das schlechthinnige Vertrauen auf Gott, den Vater, die Bereitschaft, sich ganz unter den Willen Gottes zu demütigen, das ist die Haltung, die uns in Jesus vorgelebt wird und die uns – Juden und Christen – verbinden kann: Der Glaube Jesu einigt uns, habe ich andernorts gesagt, aber der Glaube an Jesus trennt uns.

Sch. Ben-Chorin 1986

Jesus in Texten des Koran

Sure 3,39–61

[39] Darauf flehte Zacharia zu seinem Herrn und sprach: O Herr, lass mir von dir ein gutes Kind werden, denn du bist ja Erhörer der Gebete. [40] Als er betend in der Kammer stand, riefen ihm die Engel zu: Allah verkündet dir Yahya, den Johannes, welcher das von Allah kommende Wort bestätigen wird. Er wird ein verehrungswürdiger und enthaltsamer Mann und ein frommer Prophet sein. [41] Er aber sprach: O mein Herr, wie soll mir noch ein Sohn werden? Ich bin ja schon in hohem Alter, und meine Frau ist unfruchtbar. Der Engel erwiderte: Allah tut, was er will. [42] Darauf erwiderte er: O Herr, gib mir ein Zeichen. Er antwortete: Dies soll dir ein Zeichen sein: Drei Tage lang wirst du nur durch Gebärden dich mit den Menschen (mit Gott auch durch Worte) verständigen können. Gedenke oft des Herrn und lobe ihn abends und morgens.

[43] Und die Engel sprachen: Maria, Gott hat dich erkoren, gereinigt und bevorzugt vor allen Frauen der ganzen Welt. [44] O Maria, sei deinem Herrn ganz ergeben, verehre ihn und beuge dich mit denen, die sich vor ihm beugen. … [46] Die Engel sprachen ferner: O Maria, Gott verkündet dir das fleischgewordene Wort. Sein Name wird sein Messias Jesus, der Sohn der Maria. Herrlich wird er in dieser und in jener Welt sein und zu denen gehören, denen des Herrn Nähe gewährt wurde. [47] Er wird in der Wiege schon und auch im Mannesalter zu den Menschen reden und wird ein frommer Mann sein. [48] Maria erwiderte: Wie soll ich einen Sohn gebären, da mich ja kein Mann berührte? Der Engel antwortete: Der Herr schafft, was und wie er will; wenn er irgend etwas beschlossen hat und spricht: „Es werde!" - dann ist es. [49] Er wird ihn auch in der Schrift und Erkenntnis, in der Thora und dem Evangelium unterweisen, [50] und ihn zu den Kindern Israels senden. Er spricht: Ich komme mit Zeichen von eurem Herrn zu euch. Ich will euch aus Ton die Gestalt eines Vogels formen, in ihn hauchen, und er soll, auf Allahs Gebot, ein beschwingter Vogel werden. Die Mutterblinden und Aussätzigen will ich heilen und mit Allahs Willen Tote wieder lebendig machen und euch künden, was ihr essen und was ihr in euren Häusern bewahren sollt. Dies alles werden euch Zeichen sein, wenn ihr nur glaubt. [51] Ich bestätige die Thora, die ihr vorlängst erhieltet, erlaube aber einiges, was verboten war. Ich komme mit Zeichen eures Herrn zu euch. Fürchtet ihn und folgt mir. [52] Allah ist mein und euer Herr. Ihn verehrt! Das ist der Weg!

[53] Als Jesus sah, dass viele von ihnen nicht glauben wollten, sprach er: „Wer will mir für Allahs Sache beistehen?" Darauf erwiderten die Jünger: „Wir wollen Allahs Sache verfechten; wir sind Allahs Helfer; wir glauben an Allah, bezeug es uns, dass wir Gläubige sind. [54] O Herr, wir glauben an das, was du offenbart hast, wir folgen deinem Gesandten, darum schreibe uns in die Zahl der Zeugen ein."

[55] Sie, die Juden, ersannen Listen, allein Allah überlistete sie, denn Allah übertrifft die Listigen an Klugheit. [56] Allah sprach: Ich will dich, o Jesus, der Menschen Tod sterben lassen, zu mir erheben und dich von den (Anwürfen der) Ungläubigen reinigen. Die, welche dir folgen, will ich über die Ungläubigen bis zum Auferstehungstage setzen; dann kehrt ihr zu mir zurück, und dann will ich das Strittige unter euch entscheiden. [57] Die Ungläubigen werde ich in dieser und in jener Welt hart bestrafen, und niemand wird ihnen helfen. [58] Die Gläubigen aber, die Gutes tun, werden ihren Lohn empfangen. Die Frevler liebt Allah nicht. [59] Diese Zeichen und Erkenntnis machen wir dir, Mohammed, bekannt. [60] Vor Allah ist Jesus Adam gleich, den er aus Erde erschaffen hat; er sprach: „Werde" – und er wurde. [61] Diese Wahrheit kommt von Allah, sei daher kein Zweifler.

Sure 4,157–160.172

[157] Und weil sie nicht (an Jesum) geglaubt und wider Maria große Lästerungen ausgestoßen haben, darum haben wir sie verflucht. [158] Auch weil sie gesagt haben: „Wir haben den Messias, den Sohn Jesus, Sohn Maria, Gesandten Allahs, getötet." Sie haben ihn aber nicht getötet und nicht gekreuzigt, sondern einen anderen, der ihm ähnlich war. In der Tat sind die verschiedenen Ansichten hierin nur Zweifel, weil sie keine bestimmte Kenntnis haben, sondern nur vorgefassten Vermutungen folgen. [159] Sie haben ihn aber nicht wirklich getötet, sondern Allah hat ihn zu sich erhoben; denn Allah ist allmächtig und allweise. [172] Ihr Schriftbesitzer, überschreitet nicht die Grenzen eurer Religion und sagt nichts anderes von Allah, als was wahr ist. Wahrlich, der Messias Jesus, der Sohn Marias, ist ein Gesandter Allahs, und das Wort, das er Maria nieder sandte, eine Erfüllung Allahs und sein Geist. Glaubt daher an Allah und seinen Gesandten, sagt aber nichts von einer Dreiheit. Vermeidet das, und es wird besser um euch stehen. Es gibt nur einen einzigen Gott. Fern von ihm, dass er einen Sohn habe! Sein ist, was in den Himmeln und auf Erden ist. Allah genügt als Beschützer.

Sure 5,117–118

[117] Und wenn Allah einst Jesus fragen wird: „O Jesus, Sohn der Maria, hast du je zu den Menschen gesagt: Nehmt, außer Allah, noch mich und meine Mutter zu Göttern an?", so wird er antworten: „Preis und Lob nur dir, es ziemte mir nicht, etwas zu sagen, was nicht die Wahrheit ist (wozu ich kein Recht hatte); hätte ich es aber gesagt, so wüsstest du es; denn du weißt ja, was in mir, ich aber nicht, was in dir ist; denn nur du kennst alle Geheimnisse. [118] Ich habe nichts anderes zu ihnen gesagt, als was du mir befohlen hast, nämlich: Verehrt Gott, meinen und euren Herrn.

Sure 19,30–35

[30] Da zeigte sie auf das Kind hin, damit es rede; worauf die Leute sagten: „Wie, sollen wir mit einem Kind in der Wiege reden?" [31] Das Kind (Jesus) aber sagte: „Wahrlich, ich bin der Diener Allahs, er gab mir die Schrift und bestimmte mich zum Propheten. [32] Er gab mir seinen Segen, wo ich auch sei, und er befahl mir, das Gebet zu verrichten und Almosen zu geben, solange ich lebe, [33] und liebevoll gegen meine Mutter zu sein. Er machte keinen elenden Hochmütigen aus mir. [34] Friede kam über den Tag meiner Geburt und werde dem Tage meines Todes und dem Tage, an welchem ich wieder zum Leben auferweckt werde, zuteil." [35] Das ist nun Jesus, der Sohn der Maria; das Wort ist Wahrheit, das sie bezweifeln.

M2b

Mahmoud M. Ayoub:
Konvergieren christliche und muslimische Jesusbilder?

Christen werden im Koran wie folgt angeredet: „Ihr Leute der Schrift! Treibt es in eurer Religion nicht zu weit und sagt gegen Gott nichts aus als die Wahrheit! Christus Jesus, der Sohn der Maria, ist nur der Gesandte Gottes und sein Wort, das er der Maria entboten hat, und Geist von ihm. Darum glaubt an Gott und seine Gesandten und sagt nicht (von Gott, dass er in einem) drei (sei)! Hört auf (so etwas
5   zu sagen)! Das ist besser für euch. Gott ist nur ein einziger Gott. Gepriesen sei er! (Er ist darüber erhaben) ein Kind zu haben" (Sure 4,171).

Wir sehen daher, dass – wie der Christus christlichen Glaubens und Hoffens – der Jesus des Korans und späterer muslimischer Frömmigkeit viel mehr ist als ein bloßes menschliches Wesen oder bloß
10   einfach der Botschafter eines Buches. Während der Jesus des Islam nicht der Christus der Christenheit ist, spricht der Christus des Evangeliums oft durch den einfachen, menschlichen Jesus muslimischer Frömmigkeit. In der Tat: die freien Geister islamischer Mystik fanden im Menschen Jesus nicht nur das Beispiel von Frömmigkeit, Liebe und Weltentsagung, dem sie nachzueifern trachteten, sondern ebenso den Christus, der die erfüllte Menschlichkeit verkörpert, eine Menschlichkeit, die
15   vom Lichte Gottes erleuchtet ist. Dieser Reflex des göttlichen Lichtes im Herzen und in der Seele des Menschen ist in der Sprache islamischer Mystik als tajallī bekannt: die Manifestation der göttlichen Schönheit und Majestät in und durch Menschen. In diesem Begriff von der göttlichen Manifestation konvergieren christliche und muslimische Jesusbilder in vielen Punkten.

M. M. Ayoub 1976

M2c

Mahmoud M. Ayoub: Christlich-muslimischer Ökumenismus?

Diese letzte Phase in der langen Geschichte muslimisch-christlicher Beziehungen steckt noch ganz in den Anfängen. Wenn sie voll verwirklicht ist, wird sie, so hoffen wir, zum wahren Ökumenismus führen: einem Ökumenismus, der dem Islam seinen Platz einräumt nicht als einer Häresie wahren Christentums, sondern als authentischen Ausdruck der göttlichen, unwandelbaren Wahrheit. In die-
5   sem Geist gegenseitiger Anerkennung und Wertschätzung mag der Islam Christen etwas zu lehren haben, was ihren eigenen Glauben an die Wahrheit bestärkt, die Wahrheit, die größer ist als der jeweilige Ausdruck in irgendeiner religiösen Tradition, irgendeinem Individuum oder einer Gemeinschaft. Um dieses Ideal zu verwirklichen, müssten Muslime ebenfalls ihr eigenes Verständnis der wahren Bedeutung von Islam neu durchdenken: gerecht zu werden dem Ur-Bund zwischen Gott und
10   allen Menschen sowie der göttlichen Bestätigung dieses Bundes in verschiedenen Ausdrucksformen gegenüber einer religiös pluralistischen Welt.

M. M. Ayoub 1976

Es gibt keine Wissenschaft namens Buddhologie, das Studium des Lebens des Buddha. Als historische Gestalt wurde der Buddha in Kapilavatthu an der Grenze zwischen Indien und Neapel geboren, heiratete, verließ Haus und Familie, übte sich in vielen Meditationsarten, wurde erleuchtet und verbreitete die Lehre, bis er als Achtzigjähriger starb. Daneben gibt es aber noch den Buddha in uns
5 selbst, der Raum und Zeit transzendiert. Dies ist der lebendige Buddha, der Buddha der höchsten Wirklichkeit, der alle Begriffe übersteigt und uns jederzeit zur Verfügung steht. Der lebendige Buddha ist nicht in Kapilavatthu geboren und starb nicht in Kushinagara.

Die Christologie ist das Studium des Lebens Christi. Wenn man von Christus spricht, muss man wissen, ob man den historischen Jesus oder den lebendigen Jesus meint. Der historische Jesus
10 wurde als Sohn eines Zimmermanns in Bethlehem geboren, reiste weit umher, wurde Lehrer und als Dreiunddreißigjähriger gekreuzigt. Der lebendige Jesus ist der Sohn Gottes, der von den Toten wieder auferweckt wurde und weiterlebt. Im Christentum muss man an die Wiederauferstehung glauben, da man sonst nicht als Christ gilt. Ich fürchte, dass dieses Kriterium manche Menschen davon abhalten könnte, sich mit dem Leben Jesu näher zu befassen. Dies ist bedauerlich, weil man Jesus Christus
15 sowohl als historisches Tor als auch als höchstes Tor schätzen kann.

Wenn man sich in Leben und Lehre Jesu vertieft, kann man in die Wirklichkeit Gottes eindringen. Liebe, Verständnis, Mut und Hinnahme sind Ausdruck des Leben Jesu. Gott gab sich uns durch Jesus Christus zu erkennen. Mit dem Heiligen Geist und dem Königreich Gottes in sich nahm Jesus
20 Berührung mit den Menschen seiner Zeit auf. Er redete mit Prostituierten und Steuereintreibern und hatte den Mut, alles zu tun, was zur Heilung seiner Gesellschaft notwendig war. Als Kind von Maria und Josef ist Jesus der Sohn von Menschen. Als jemand, der von der Energie des Heiligen Geistes beseelt wurde, ist er der Sohn Gottes. Die Tatsache, dass Jesus sowohl Menschensohn als auch Gottessohn ist, ist für den Buddhisten nicht schwierig zu akzeptieren. Man kann das Wesen der Nicht-
25 Zweiheit an Gottsohn und Gottvater beispielhaft erkennen, denn ohne Gottvater in sich könnte der Sohn nicht existieren. Im Christentum wird Jesus meist als der einzige Sohn Gottes betrachtet. Ich glaube, dass es wichtig ist, jede Handlung und jede Lehre Jesu während seines Lebens sehr intensiv zu betrachten und dies als Modell für die eigene Übung zu nehmen. Jesus lebte genauso, wie er es lehrte, und daher ist das Studium des Lebens Jesu für das Verständnis seiner Lehre von entschei-
30 dender Bedeutung. Für mich ist das Leben Jesu seine wichtigste Lehre, wichtiger noch als der Glaube an die Wiederauferstehung oder an die Ewigkeit.

Den Weg sehen, den Weg einschlagen

35 Als Jesus sagte: „Ich bin der Weg", meinte er damit, dass man *seinen* Übungsweg gehen muss, wenn man eine wirkliche Beziehung zu Gott haben will. In der Apostelgeschichte bezeichnen die Frühchristen ihren Glauben immer als den „Weg". Für mich ist „Ich bin der Weg" eine bessere Aussage als „Ich kenne den Weg". Der Weg ist keine Asphaltstraße. Wir müssen aber zwischen dem „Ich" unterscheiden, von dem Jesus sprach, und dem „Ich", das man üblicherweise vor Augen hat. Das „Ich" in seiner Aussage ist das *Leben* selbst, sein Leben, das der Weg ist.

40 Wenn man nicht wirklich Jesu Leben betrachtet, dann kann man den Weg nicht sehen. Wenn man sich damit zufrieden gibt, einen Namen zu preisen, und sei es der Name Jesu, dann praktiziert man damit nicht das Leben Jesu. Man muss ein tiefes, liebevolles und wohltätiges Leben führen, wenn man wirklich Jesus Ehre erweisen will. Der Weg ist Jesus selbst, nicht irgendeine Vorstellung von ihm. Eine wahre Lehre ist nicht statisch. Sie ist nicht bloß Worte, sondern die Wirklichkeit des
45 Lebens. Viele, die weder den Weg noch das Leben haben, versuchen anderen ihre Vorstellung vom Weg aufzuzwingen. Dies sind aber bloß Worte, die nichts mit dem wirklichen Leben oder einem wirklichen Weg zu tun haben. Wenn man das Leben und die Lehren des Buddhas oder das Leben und die Lehren des Jesu verstanden hat und wirklich praktiziert, tritt man in das Tor ein und gelangt in das Reich des lebendigen Buddhas und des lebendigen Christus, und es zeigt sich uns eine Vision des
50 ewigen Lebens.

Freude am Leben

55 „Es gibt einen Menschen, der für das Wohlergehen und das Glück aller auf Erden erschienen ist. Wer ist dieser Mensch?" Diese Frage findet sich im *Anguttara-Nikaya*. Für die Buddhisten ist dieser Mensch der Buddha. Für die Christen ist es Jesus Christus. Durch unser tägliches Leben können wir helfen, dass dieser Mensch weiter gegenwärtig ist. Wir brauchen nichts weiter zu tun, als achtsam zu gehen, friedliche, glückliche Schritte auf diesem Planeten zu machen.
60 Atmen Sie tief, und genießen Sie Ihren Atem. Seien Sie sich bewusst, dass der Himmel blau ist und die Vögel schöne Lieder singen. Genießen Sie es, lebendig zu sein, und Sie helfen dadurch dem lebendigen Christus und dem lebendigen Buddha, noch sehr lange Zeit gegenwärtig zu sein.

T. Nhat Hanh 1999

„Was, glaubst du, würden Jesus und der Buddha sich zu sagen haben, wenn sie sich heute begegnen würden?" Tatsache ist, dass Jesus und der Buddha sich nicht nur heute begegnen; nein, sie sind sich auch gestern begegnet, und sie werden das auch morgen tun. Sie sind immer in mir, und sie kommen sehr friedlich und konfliktfrei miteinander aus. Sie sind wirkliche Brüder, sie sind wirkliche

5 Schwestern.

Ein Christ ist ein Kind Jesu; Jesus ist sein Vater, Jesus ist sein Vorfahre. Insofern als wir die Nachkommen unserer Vorfahren sind, sind wir deren Fortsetzung. Ein Christ oder eine Christin ist also eine Fortsetzung von Jesus Christus. Er bzw. sie *ist* Jesus Christus. Ein Buddhist oder eine Buddhistin ist ein Kind des Buddha, er oder sie ist eine Fortsetzung des Buddha. Er bzw. sie *ist* der

10 Buddha. Als Kind deiner Mutter und deines Vaters bist du deren Fortsetzung. Du *bist* deine Mutter, du *bist* dein Vater, ob du das nun magst oder nicht.

Der Buddha und Jesus begegnen einander, wenn ein Buddhist und eine Christin zusammenkommen. Das geschieht Tag für Tag – in Europa, in Amerika, in Asien. Überall treffen sich der Buddha und Christus. Was haben sie einander zu sagen? Stell dir vor, Jesus wäre vor dreihundert Jahren in

15 Vietnam mit dem Buddha zusammengekommen. Glaubst du, der Buddha hätte gesagt: „Wer bist du? Warum bist du hier? Die Vietnamesen haben ihre eigene spirituelle Tradition. Möchtest du, dass sie dieser den Rücken kehren und sich einem anderen Glauben zuwenden?" Und hältst du es für wahrscheinlich, dass Jesus geantwortet hätte: „Ihr Vietnamesen, ihr seid doch auf einem falschen spirituellen Weg. Sagt euch von ihm los und folgt dem spirituellen Pfad, den ich euch anzubieten habe.

20 Er ist der einzige Weg, der zur Erlösung führt."

Es gibt unendlich viele Flüchtlinge aus asiatischen Ländern in Europa und Amerika – aus Indochina, aus Thailand, aus Burma, aus Tibet. Sie haben ihre religiösen Überzeugungen mitgebracht. Haben sie das Recht, auch in ihrer neuen Heimat ihrem Glauben entsprechend zu leben? Haben sie das Recht, Nicht-Buddhisten in ihre religiösen Überzeugungen einzuweihen und sie an ihren Prakti-

25 ken teilhaben zu lassen? Könnt ihr euch vorstellen, dass Jesus geantwortet hätte: „Nein, in Europa haben wir schon das Christentum. Ihr maßt euch zu viel an, wenn ihr versucht, hier einen neuen Glauben zu propagieren?"

Ich hielt einmal in Nordfrankreich, in Lille, einen Vortrag, in dem ich erklärte, ich könne mir vorstellen, wie Jesus und der Buddha, miteinander Tee trinkend, zusammensäßen und wie der Buddha

30 Jesus fragte: „Mein lieber Bruder, ist es in unserer Zeit wohl zu schwierig, den Menschen in spiritueller Hinsicht wegweisend zur Seite zu stehen? Ist es heutzutage schwieriger als in den früheren Zeiten, freimütig und furchtlos zu sein und in den Menschen Verstehen und Liebe zu wecken?" Das hätte eine von Buddha an Jesus gerichtete Frage sein können. Als Nächstes hätte er fragen können: „Was, mein Bruder, kann ich tun, um dir zu helfen?"

35 Jesus war ein im höchsten Maße freimütiger und furchtloser Mensch. Er war ein Lehrer, dem die Kraft der Liebe, des Heilens und Vergebens innewohnte. Mit seinen Fragen ging es dem Buddha um Klärung des Problems, was zu tun sei, um den Menschen zu helfen, und wie das, was in unserer Zeit erloschen und verloren zu sein scheint, wieder herzustellen und zum Leben zu erwecken sei: nämlich Vertrauen, Mut und Liebe.

40 In uns allen, ganz gleich, mit welcher Kirche wir uns verbunden fühlen, ist Jesus lebendig. Wenn wir uns nur darum bemühen, die Menschen dahin zu bringen, so zu leben und zu praktizieren, dass sie einander wieder lieben, verstehen und akzeptieren können. Es spielt keine Rolle, ob wir Angehörige der orthodoxen, katholischen, protestantischen oder anglikanischen Kirche sind, wichtig ist allein, dass wir uns um eine Lösung des Problems kümmern, wie die christliche Botschaft heutzu-

45 tage zu vermitteln, zu empfangen und zu verstehen ist. Tun wir das, so ist Jesus in uns lebendig.

Unsere heutige Zeit ist grundverschieden von der Zeit vor zweitausendfünfhundert Jahren, als der Buddha in Indien lehrte. Wir müssen uns heute die Frage stellen: Was ist zu tun, um den Buddhismus als spirituelle Tradition zu erneuern? Wie kann ein Buddhist den wahren Geist des Dharma zum Ausdruck bringen? Wie müssen wir vorgehen, um die wahre Energie von Liebe, Mit-

50 gefühl und Verstehen zu erzeugen? Viele Buddhisten sind heutzutage ein wenig vom rechten Praktizieren abgekommen, insofern als sie dem Analysieren und Reden über die Lehre, dem Organisieren und Ausprobieren aller möglichen scheinbaren Heilswege zu viel Bedeutung beimessen. Sie haben das Wesentliche des Dharma aus den Augen verloren. Sie lehren und praktizieren in einer Weise, die unserer Zeit nicht angemessen ist, und folglich neuen Generationen die wahre Lehre nicht ver-

55 mitteln.

Die Frage, die der Buddha an Jesus richtet, ist eine Frage, die er sich selbst stellt. Der Buddha und Jesus sind zwei Brüder, die einander helfen müssen. Sowohl der Buddhismus als auch das Christentum haben Hilfe nötig – nicht um des Buddhismus oder des Christentums willen, sondern um der Menschheit, um der anderen Spezies auf der Erde willen. Wir leben in einer Zeit, in der der

60 Individualismus Vorrang hat vor den Bedürfnissen der Gemeinschaft. Wir leben in einer Zeit, in der Gewalt herrscht, in der die Unwissenheit erdrückend ist. Die Menschen sind nicht länger fähig, einander zu verstehen und miteinander zu kommunizieren. Wir leben in einer Zeit, da überall Zerstörung ist und viele Menschen am Rand der Verzweiflung stehen. Das ist der Grund, weswegen dem Buddha geholfen werden sollte. Das ist der Grund, weswegen Jesus geholfen werden sollte.

65 Anstatt einander zu diskriminieren, sollten der Buddha und Jesus jeden Tag zusammenkommen, jeden Morgen, jeden Nachmittag, jeden Abend, damit sie einander brüderlich zur Seite stehen können. Ihre Begegnung ist die Hoffnung der Welt.

Wir müssen dem Buddha und Jesus die Gelegenheit geben, sich in jedem Augenblick in uns zu treffen. Denn wir alle haben es nötig, in unserem täglichen Leben den Geist des Buddha und den

70 Geist Jesu zu berühren; sie müssen in uns manifest werden. Für uns alle sind ihre Energien so entscheidend, damit wird unsere Angst, unsere Verzweiflung und unseren Kummer umarmen und überwinden können.

Sowohl Jesus als auch der Buddha erklären, dass es möglich ist, unseren Frieden und unsere Hoffnung wiederzufinden. Unser innerer Friede, unsere geistige Stabilität, unsere Hoffnung kommt

75 denen zugute, die wir lieben, und überhaupt all unseren Mitmenschen. Jeder Schritt, den wir in Richtung Frieden tun, jedes Lächeln und jeder liebevolle Blick hilft dem anderen und bringt ihn dazu, vertrauensvoll in die Zukunft zu blicken.

Darum sollte der Buddha Jesus helfen, sich vollkommen zu erneuern, und umgekehrt sollte auch Jesus dem Buddha helfen, neue Kraft zu gewinnen. Jesus und der Buddha sind keine bloßen Ideen;

80 sie sind in uns und in unserer Umgebung lebendig. Wir können täglich mit ihnen in Berührung kommen.

T. Nhat Hanh 2000

Wenn Buddhisten und Christen zusammenkommen, sollten wir in Achtsamkeit ein gemeinsames Mahl als wahre Übung der Kommunion einnehmen. Achtsam ein Stück Brot oder eine Schale Reis zu essen und wahrzunehmen, dass jeder Bissen ein Geschenk des ganzen Universums ist, heißt intensiv leben. Wir brauchen uns nicht vom Essen ablenken zu lassen, auch nicht durch die Lesung von Schriften oder Lebensgeschichten von Bodhisattwas oder Heiligen. Wo Achtsamkeit ist, da sind auch der Buddha und der Heilige Geist bereits gegenwärtig.

Das Wunder besteht nicht darin, auf dem Wasser wandeln zu können. Das Wunder besteht darin, auf der grünen Erde zu wandeln, zutiefst im gegenwärtigen Augenblick zu verweilen und sich wirklich lebendig zu fühlen.

In seinem Buch „Die Schwelle der Hoffnung überschreiten" äußert sich Papst Johannes Paul II.: „Wenn [Christus] nur ein Weiser wäre wie Sokrates, ein Prophet wie Mohammed oder ein Erleuchteter wie Buddha, dann wäre er mit Sicherheit nicht, was er ist. Er ist der einzige Mittler zwischen Gott und den Menschen." Hinter dieser Aussage steht der Gedanke, dass das Christentum den einzigen Weg zur Erlösung bietet und alle anderen religiösen Traditionen wertlos sind. Diese Haltung schließt jeden Dialog aus und fördert die religiöse Intoleranz und Diskriminierung. Sie ist nicht hilfreich.

Die meisten Grenzen zwischen den Kulturen sind künstlich. Die Wahrheit hat keine Grenzen. Die bestehenden Unterschiede sind weitgehend Unterschiede der Betonung.

T. Nhat Hanh 2001

Der Kampf gegen den so genannten „Pharisäismus", der die ganze Evangelien-Tradition durchdringt, erschien früher als eine antiquierte Angelegenheit, als ein obsoleter Streit; bestenfalls neigte man dazu, gewisse aktuell klingende Sprüche auf die zeitgenössischen politischen Gegner anzuwenden, so zum Beispiel auf den „Pharisäismus" der bürgerlich-humanistischen Schöngeister. Aber nach

5 den Erfahrungen, wie leicht es eigentlich ist, in einer beliebigen ideologischen oder gesellschaftlichen Position ähnlichen „pharisäischen" Neigungen zu verfallen …, beginnen Tausende von Menschen solche Passagen tiefer zu verstehen und höher zu schätzen. Denn auch wenn der Mensch nicht zu „Gott" ruft, findet man doch überall Typen, die stolz und selbstzufrieden sind, „dass sie nicht sind wie die anderen Leute" (Lukas 18,11).

10 Jedem Leser, der die neutestamentlichen Texte in die Hand nimmt und versucht, unvoreingenommen, mit bloßer Wissensbegierde und Verständnisbereitschaft an sie heranzutreten, wird es selbst auffallen, welche außerordentliche Dringlichkeit sich in allen diesen Texten spiegelt: Die Sache, um die es geht, wird als unermesslich wichtig aufgefasst, als revolutionär und einzigartig, und das ohne Rücksicht darauf, dass der Großteil der Zeitgenossen kein Interesse an ihr zeigt. Die urchristliche

15 Bewegung sieht ihre Sache, ihre „Wahrheit", sei sie vorläufig auch nur einer Minderheit offenbar, deshalb als so dringlich an, weil sie einen drastischen Umbruch der menschlichen Angelegenheiten und Werte überhaupt betrifft, weil es um etwas wahrhaft Umwälzendes geht oder bald gehen soll.

20 Es ist ein Irrtum – wir betonen das –, wenn sich die Ansicht verbreitet hat, Jesus habe die Menschen durch die Betonung des „Königreiches Gottes" gewonnen. Diese Ansicht verschiebt die Wirklichkeit scheinbar nur geringfügig, jedoch in einer entscheidendenden Weise. Die Ursache seiner Wirkung kann nur so erklärt werden, dass Jesus nicht vor allem Verkünder des „Königreiches Gottes" im Sinne der Ankündigung des „künftigen Zeitalters" war; das waren vor ihm und auch neben ihm viele.

25 Jesus war ein mitreißender Verkünder des augenblicklichen Anspruchs an den Menschen vom Standpunkt dieses „künftigen Zeitalters", was etwas bedeutend anderes ist. Das Wesen und der Sinn seiner ganzen Verkündigung ist nicht: „Es kommt das himmlische Königreich", sondern: „Ändert euch! Kehrt um! Macht Ernst damit, dass ihr vor Gott steht und Gott mit euch spricht! Er ist nahe, und ihr sollt ihm nahe sein" (Matthäus 4,17). Oder in einer entfalteten, aber auch so sicher nur verkür-

30 zenden Form: „Die Stunde ist gekommen! Gottes Herrschaft bricht an! Ändert euch! Verlasst euch auf mein Wort!" (Markus 1,15) … Der Ausspruch von Markus ähnelt schon in seiner Formulierung vier Überschriften, vier Thesen, die das Wesen von allem erfassen, um was es dann gehen wird.

Und alle Einzelheiten, von den einzelnen Beispielen der „Bergpredigt" bis zu den komplizierten moralischen Ermahnungen des Paulus, haben ihre Authentizität nur, soweit wir sie gerade als Details

35 der einen grundlegenden Botschaft von der Wandlung zum Königreich Gottes begreifen. Für das ganze „neue Testament", ja für die ganze christliche Tradition gilt das herrliche Wort aus der Bergpredigt, das Wort, das das Wesen der Botschaft Jesu ausdrückt: „Setzt euch für die Herrschaft Gottes ein und die Gerechtigkeit, die er will. Das übrige wird euch zufallen" (Matthäus 6,33). Das bedeutet nicht, Einzelheiten zu bagatellisieren, sondern durch eine höhere Perspektive erst die „Übersicht",

40 die richtige Haltung zu ihnen zu erlangen. Ähnliches drückte später Augustinus in dem berühmten Wort aus: „Liebe – und tue dann, was du willst!"

In moderner Terminologie würden wir sagen, dass aus der entfremdeten Zukunft, die uns wesentlich fremd ist, der erwarteten Zukunft, die vielleicht „kommt", aus einer Zukunft, die Teil der Natur ist, Jesus eine gelebte, eine menschliche Zukunft macht. Es wäre also möglich – wenn wir jenes zeitge-
45 bundene mythische Gewand ganz ablegen –, die erwähnte grundlegende Botschaft Jesu (Matthäus 4,17) folgendermaßen zu übersetzen oder eher schon zu interpretieren (doch wenn die Übersetzung eines zwei Jahrtausende alten Textes nicht Interpretation ist, wird sie zum Unsinn): „Lebt anspruchs-voll, denn vollkommene Menschlichkeit ist möglich." Sie ist „nahe", das heißt, man kann sie greifen, man kann moralisch besser, reiner sein, man kann mehr Mensch sein, und zwar durch eigenes
50 Zutun. Anders gesagt: Niemand zwingt dich schließlich, niedrig, gemein, feig, egoistisch – verding-licht, würden wir heute sagen – zu leben. Auch wenn die „Umstände" des Lebens, auch wenn die „Verhältnisse", die „Zeit", die persönliche Schwäche oder schlaue Berechnung dazu verführen, hat man letztlich immer die Möglichkeit – sei es auch in Ketten –, sein Bewusstsein und seine Haltung nicht auf die eigene Not zu reduzieren, hat man die Möglichkeit, sich „emporzuheben", „anders zu
55 sein", „sich innerlich zu wandeln", sich strebend um das mögliche „Königreich Gottes" zu bemühen und damit zu ihm zu gehören.

„Kommt her zu mir alle, die ihr müde seid und ermattet von übermäßiger Last (die ihr seufzt unter harten Geboten und unter der Angst, es Gott nicht recht zu machen). Aufatmen sollt ihr und frei sein.
60 Dient Gott, wie ich ihm diene, ich will es euch lehren. Ich herrsche nicht über euch, und Gott ist in mir in liebender Demut. Aufatmen sollt ihr (denen Gott ein Tyrann war). Denn Gott zu dienen wie ich ist schön, und leicht ist die Last, die der Glaube mir nachträgt" (Matthäus 11,28–30). Die geläufige und traditionelle kirchliche Auffassung hebt meistens einerseits die Komponente des Dulders hervor, des Trösters in jeder Schwierigkeit, andererseits Christus in seiner Herrlichkeit, in seinem Sieg über
65 das Böse, den Tod, die „Welt". „Ich habe von dir geredet und habe gearbeitet, um dich und deine Macht und Herrlichkeit bekannt zu machen. Das war der Auftrag, den ich erfüllen sollte und den ich nun abgeschlossen habe. Gib mir nun den Lichtglanz wieder, die Macht und die Herrschaft in deinem Reich, die ich hatte, ehe die Welt entstand" (Johannes 17,4–5). Es gibt keinen Zweifel, dass die menschliche Existenz beide Pole braucht; sie hat das Bedürfnis, Schwierigkeiten, Schmerzen, Miss-
70 erfolge zu überwinden – und das Bedürfnis, sich zu etwas emporzuheben, was die Alltäglichkeit und Niedrigkeit übersteigt. Deshalb fanden diese beiden Pole der kirchlichen Auffassung Christi immer Anklang bei Millionen; doch die oppositionellen Bewegungen, die die sozialen Interessen und die revolutionäre Stimmung der Massen ausdrückten, konnten außer diesen beiden Polen des vergött-lichten Christus auch die Sehnsucht des Jesus von Nazareth entdecken, Feuer und Schwert in die
75 Welt zu tragen, um den grundlegenden Umbruch zu erreichen: „Ich bin gekommen, ein Feuer auf die Erde zu werfen, und nichts wünschte ich sehnlicher, als dass es brennte!" (Lukas 12,49).

M. Machovec 1972

Zwischenrede: „Jesus für Atheisten"

„Allmählich", so schreibt Helmut Gollwitzer in seinem Geleitwort des Buches „Jesus für Atheisten" von Milan Machovec, „lesen wir also miteinander die Bibel, dieses merkwürdige, immer wieder lebendig werdende Buch. Die Christen lesen die hebräische Bibel mit den Juden und nicht mehr isoliert von ihnen; die Juden lesen das Neue Testament mit den Christen und nicht mehr abgeschreckt von ihnen; die Marxisten lesen die Bibel und wollen mit den Christen darüber sprechen. Dabei bleiben sie weiter, was sie waren: Juden, Christen, Marxisten."[47] Diese Sätze beschreiben zugleich die Situation der sechziger und siebziger Jahre des vergangenen Jahrhunderts, in denen – es geht hier nur um die Frage atheistischer Bibellektüre – der christlich-marxistische Dialog wichtig und gemeinsame Bibellektüre möglich waren. Diese Zeit ist vorbei. Doch Jesus ist für Atheisten unterschiedlicher Couleur noch immer eine Herausforderung. Gollwitzers Geleitwort schließt mit dem Glaubenssatz: „Wenn Christen und Atheisten in gleicher Praxis miteinander die Bibel lesen, dann bekommen sie sich neu zu sehen, dann sehen sie einander ‚nicht ferne vom Reiche Gottes' (Markus 10,34)."[48]

Einander neu sehen lernen, darum geht es, wenn religionslose Menschen Jesus entdecken und nach seiner Bedeutung fragen. Einander neu sehen lernen, darum geht es dann auch, wenn Christinnen und Christen diese Sicht Jesu zur Kenntnis und ernst nehmen. So sind diese Überlegungen zu Jesus aus drei Gründen wichtig: Zum einen sind sie um ihrer selbst willen zur Kenntnis zu nehmen, zum andern eröffnen sie neue Begegnungsmöglichkeiten mit Menschen ohne Glauben und zum dritten verdeutlichen sie vielleicht Sichtweisen auf Jesus, die Christinnen und Christen, die die Theologien und Kirchen eher ausblenden. Auf alle Fälle: ein spannender Prozess.

Im Folgenden geht es um Texte von Milan Machovec. Milan Machovec, 1925–2003, studierte Philosophie und klassische Philologie an der Prager Karls-Universität, wo er von 1953 bis 1970 und dann nach der Wende seit 1989 einen Lehrstuhl für Philosophie innehatte. In den sechziger Jahren gehörte Machovec zu den Initiatoren des christlich-marxistischen Dialogs. Wegen seiner aktiven Teilnahme am Prager Frühling 1968 wurde er 1970 aus der Universität entlassen. Er gehörte zu den Unterzeichnern der „Charta 77". Als Orgelspieler in einer katholischen Pfarrkirche in Prag hielt er sich zwischen 1970 und 1989 „über Wasser". Er selbst bezeichnete sich einmal als einen „Theologen durch Selbststudium". Sein Buch „Jesus für Atheisten" wurde in mehr als 15 Sprachen übersetzt und seinerzeit auch in Deutschland viel beachtet.

Literatur zur Vorbereitung

U. Kühn, Christologie. Tübingen 2003. S. 35–39 und 46–52.
M. Machovec, Jesus für Atheisten. Gütersloh 1972.

Unterrichtsideen

Zunächst gibt L. eine kurze Einführung in die Biographie Machovec'. Ziel der dann folgenden Lektüre und Bearbeitung der Texte **M4** sollte sein, zu entdecken, dass es Machovec „um den Menschen selbst geht, um seine Zukunft und seine Gegenwart, um sein Siegen und Versagen, seine Liebe und seinen Schmerz, um seine Verzweiflung und unauslöschliche Hoffnung".[49]

---

47 M. Machovec, Jesus für Atheisten. Gütersloh 1972. S. VII.
48 AaO. S. XVII.
49 AaO. S. 269.

Bearbeitungsfragen/-aufgaben

■ Welche Erfahrungen nötigen einen Atheisten, das Neue Testament zu lesen?
■ Was an Jesus erscheint wichtig und bedeutsam?
■ Was fehlt Ihnen (möglicherweise) an dem aus den Texten zu erhebenden Jesusbild?
■ Welches Menschenbild wird in Machovec' Überlegungen zu Jesus deutlich?

Bearbeitungs-/Diskussionsfragen

■ Was würden Sie atheistische Gesprächspartner im Zusammenhang der Texte gerne fragen, worüber mit Atheisten gerne diskutieren?
■ Können Christinnen und Christen von Jesus reden, ohne von Gott zu reden?
■ Welchen Raum haben atheistische Menschen in Ihrem Glauben?

VII. Mach's wie Gott, werde Mensch!

Theologische und didaktische Aspekte

Theologie ist Entscheidungslehre, deshalb führt sie zum Handeln und findet ihr Ziel in der Nachfolge Christi. Wie Theologie beginnt mit dem Gebrauch der Sinne und deshalb Wahrnehmung die erste theologische Aufgabe ist (s.o. I), so führt sie über reflektierte Wahrnehmungen zur Praxis: Wo nichts wahrgenommen wird, kann nichts entschieden werden; wo nicht gehandelt (oder unterlassen) wird, nutzen Entscheidungen nichts.

Der Gang dieses Kurses führt nun abschließend zu Fragen der Lebensführung eines Christen und einer Christin. Nach den Wahrnehmungen von Christusbildern in Gesellschaft und Kultur und nach christologischer Reflexion in der gegenwärtigen Theologie, nach dem Rückgriff auf die *norma normans* aller christologischen Reflexion, die biblischen Traditionen, und auf christologische Entscheidungen der Kirche, nach der Weitung des Blickes und des Nachdenkens hinsichtlich der Gestalt Jesu Christi in anderen Kulturen und Religionen geht es nun um einen zentralen Ertrag dieses Lernweges: Was trägt dies aus für die individuelle und gesellschaftliche Praxis von Christenmenschen? Dabei geht es nicht um die Reflexion ethischer Grundlagen oder um einzelne ethische Entscheidungen. Vielmehr steht zunächst ein Gedanke im Vordergrund, den Albert Camus, ein französischer atheistischer Existentialist des vorigen Jahrhunderts, so formuliert hat: Die einzige Richtschnur, „die heute originell ist: leben und sterben lernen und, um Mensch zu sein, sich weigern, Gott zu sein. ... Jeder sagt dem andern, er sei nicht Gott." (A. Camus, Der Mensch in der Revolte. Reinbek 1953. S. 248)

„Mach's wie Gott, werde Mensch!" – so lautet der Titel dieses gesamten Unterrichtsweges. Darum geht es letztendlich, wenn wir Christus nachdenken, christologisch denken lernen, dass wir Menschen werden, weil Gott Mensch wurde und Jesus der Mensch war, der wir sein können, ein exemplarischer Mensch.

Martin Luther formulierte in seiner 17. These gegen die scholastische Theologie von 1517: „Kraft unserer Natur können wir nicht wollen, dass Gott Gott ist. Im Gegenteil, wir wünschen, dass wir selber Gott sind und Gott nicht Gott sei." Was dieser Wille zustande gebracht hat, zeigt die Geschichte der Neuzeit: ein Selbstbewusstsein des Menschen, der wie Gott sein will. Horst Eberhard Richter, der Psychoanalytiker, beschreibt dies als „Gotteskomplex" und kommt zu einer ähnlichen Aufgabenstellung wie Albert Camus: „Jeder sagt dem andern, er sei nicht Gott." Gleichsam „von außen" werden Theologie und Christologie auf den Kern ihrer Botschaft und deren Reflexion verwiesen. Theologisch geht es dabei zentral um den Kreuzestod Jesu Christi und die Botschaft von Kreuz und Auferstehung. Der Tod Jesu am Kreuz würde uns stumm machen. Das „Wort vom Kreuz" auf dem Hintergrund der Botschaft von der Auferstehung Jesu, lässt uns Gott wahrnehmen. „Am Kreuz geht Gott auf unseren Urwunsch, dass wir sein wollen wie er, ein, und stellt alles auf den Kopf: Wir wollten unsterblich sein. Jetzt sind wir wie er, weil er am Kreuz wie wir wurde: Sterblich und ohne Antwort auf die Warum-Frage (Mt 27,46). Jesus starb mit einem lauten Schrei. Erst das Wort vom Kreuz legt das Kreuz als alles veränderndes Heilsgeschehen aus. Das geschieht dadurch, dass es das Kreuz im Kontext des Lebens Gottes auslegt und unser Leben im Kontext dieser Auslegung des Kreuzes. Die Rede von der Auferweckung gehört in diesen Zusammenhang: Sie spricht die Wahrheit des Kreuzes in Gottes und in unserem Leben aus. ... Das Kreuz zeigt, worin die Göttlichkeit Gottes besteht: Nicht in allmächtiger Selbstdurchsetzung, sondern in ‚ungeschuldeter Selbsterniedrigung um unserer willen' (Ingolf U. Dalferth). Diese vorbehaltlose Selbstlosigkeit zu unseren Gunsten nennt Johannes Liebe, Paulus Gerechtigkeit." (P. Biehl/F. Johannsen, Einführung in die Glaubenslehre. Neukirchen-Vluyn 2002. S. 202).

Die Texte von Horst Eberhard Richter aus seinem Buch „Gotteskomplex" zeigen kritisch die Verkennung Gottes als eines Gottes allmächtiger Selbstdurchsetzung und die Verkennung des Menschen, der sein will wie dieses Gottesbild.

Die Hinweise auf Taufe und Abendmahl wollen weder eine Tauf- oder Abendmahlslehre noch eine Sakramentenlehre entfalten, sondern lediglich Denkanstöße anbieten, was es heißen kann, Mensch zu sein: ein Mensch, der sich selbst geliebt weiß und sich selbst lieben darf; ein Mensch, der in Gemeinschaft steht und diese Gemeinschaft als heilende und stärkende Gemeinschaft annehmen darf. Es geht um den Zusammenhang von Identität und Gemeinschaftsfähigkeit der Menschen. Das macht den Menschen nicht klein, sondern groß, so dass Karl Barth formulieren konnte: „Seit Gott Mensch wurde, gibt es für den Menschen nichts Höheres als den Menschen."

Nachfolge bedeutet dann Menschwerdung: Ich darf und kann in der Gemeinschaft mit anderen Menschen wie in der Gemeinschaft mit der Natur Mensch werden. Ich darf mich ausrichten an dem exemplarischen Menschen Jesus: So können Menschen sein …

Didaktisch bedeutet dieser Schluss des Unterrichtsmaterials, drei Grundaufgaben des Religionsunterrichtes nochmals wahrzunehmen: Aufklärung, Seelsorge und Lebensorientierung. Ausgehend von dem nun erreichten christologischen Wissen sollen sich Sch. aufklärend mit gegenwärtigen Menschenbildern (Richter und Camus) auseinander setzen, seelsorgerlich können sie sich einander einladen, Mensch zu werden und zu sein, und praktisch können sie sich orientieren, welche Grundentscheidung für das eigene Leben oder für den gegenwärtigen Augenblick nur es impliziert, Jesus nachzufolgen.

Intentionen

Die Sch. sollen sich kritisch mit der Zivilisationskritik Richters auseinander setzen und ihr eigenes Menschenbild und gesellschaftliche Menschenbilder daraufhin befragen, ob Richters Analyse zutreffend erscheint.

Die Sch. sollen Taufe und Abendmahl als zentrale Ausdrucksformen eines christlichen Menschenbildes wahrnehmen. Sie sollen erläutern können, inwieweit die Stichworte Identität und Gemeinschaft Taufe und Abendmahl charakterisieren. Sie sollen ggf. eigene Erfahrungen mit Taufe und Abendmahl artikulieren können.

Die Sch. sollen das zentrale Kriterium der Nachfolge – Menschwerdung der Menschen – erläutern und mit dem Gottesbegriff verknüpfen können.

Die Sch. sollen angeben können, inwiefern Jesus als exemplarischer Mensch gesehen werden kann.

Unterrichtsideen/Verlaufsplanung/Projektideen

1. Haben wir einen Gotteskomplex?

Literatur zur Vorbereitung

A. Camus, Der Mensch in der Revolte. Reinbek 1953.
H. E. Richter, Der Gotteskomplex. Reinbek 1979.

Unterrichtsideen

Die Texte **M1a** beschreiben zunächst den von Richter so genannten „Gotteskomplex" und die Ersetzung Gottes durch die Vernunfterkenntnis, an deren Regeln auch Gott gebunden sei; diesem Textzusammenhang ist das Zitat von Camus zugeordnet. In **M1b** skizziert Richter das „Bild von Menschen mittlerer Größe"; diesem Text ist das Zitat von W. Huber zugeordnet.

Nach der Lektüre von **M1a** entwerfen die Sch. zunächst ein Schaubild oder ein Lernposter, mit dessen Hilfe sie Richters kritischen Argumentationsgang darstellen und erklären können.

Bearbeitungsfragen/-aufgaben

- Welche konkreten Beispiele fallen Ihnen ein für die Selbstvergötterung des Menschen?
- Inwiefern passt das Zitat von Camus in diesen gedanklichen Zusammenhang?
- Erläutern Sie das von Richter gebrauchte Bild der Eltern-Kind-Beziehung, das er bei seiner Beschreibung des Übergangs vom Mittelalter zur Neuzeit verwendet.
- Steht die Behauptung Richters, der Mensch sei Kind geblieben, nicht im Widerspruch zu den intellektuellen Fähigkeiten, die der Mensch sich angeeignet hat?
- Wie beschreibt Richter den Zusammenhang von Ohnmacht und Naturbeherrschung?
- Wie sehen Sie den Menschen: Ist der Mensch des Menschen Gott, dem droht, mit einem „objektiv selbstmörderischen Größenwahn" unterzugehen? Oder ist der Mensch des Menschen Mitmensch, der aufgerufen ist, ein menschliches Maß für das Zusammenleben zu finden?
- Inwiefern passt das Zitat von Wolfgang Huber in diesen gedanklichen Zusammenhang?

2. Taufe: Es geht um mich!

Der traditionelle Text zum Thema „Taufe" aus Luthers Kleinem Katechismus (**M2**) wurde bewusst ausgewählt. Er mutet die Sch. fremd an – so fremd wie möglicherweise das Geschehen der Taufe selbst. Die Fremdheit des Textes erfordert zwei miteinander verknüpfte Arbeitsschritte: Zunächst geht es darum, zu verstehen, wie Luther inhaltlich die Taufe versteht und erläutert. In einem zweiten Schritt sollen die Sch. Luthers Text als „Steinbruch" nehmen, um in ähnlicher Struktur oder auch anders zu artikulieren, was Taufe für sie und ihre Identität bedeutet, bedeuten könnte oder was wohl gemeint war damit, dass ihre Eltern sie haben taufen lassen oder nicht.

Bearbeitungsfragen/-aufgaben

- In welcher Form erläutert Luther, was die Taufe ist und bedeutet?
- Welche inhaltlichen Gesichtspunkte sind ihm wichtig?
- Wie lässt sich der Text Luthers in eine zeitgemäße Sprache übersetzen?
- Welche inhaltlichen Gesichtspunkte lehnen Sie ab, welche sind Ihnen wichtig?
- Was bedeutet Ihnen (Ihre) Taufe?

3. Abendmahl: Es geht um Gemeinschaft!

Der Text von H.-M. Barth (**M3**) thematisiert die dreifache Gemeinschaftsstruktur des Abendmahles
- mit Jesus Christus,
- mit den am Abendmahl Teilnehmenden,
- mit allen Menschen und der gesamten Kreatur.

Es geht in diesem Text nicht um all die vielen Fragen und Probleme, die mit dem Stichwort „Abendmahl" auch zu diskutieren wären, sondern lediglich um den Gemeinschaftsaspekt, der im Abendmahl deutlich und gefeiert wird.

Literatur zur Vorbereitung

H. M. Barth, Dogmatik. Evangelischer Glaube im Kontext der Weltreligionen. Gütersloh 2001, S. 637–661.

Bearbeitungsfragen/-aufgaben

- Welche der drei Gemeinschaftsstrukturen ist für Sie nachvollziehbar und welche nicht?
- Haben Sie selbst Gemeinschaftserfahrungen mit dem Abendmahl gemacht? Was blieb Ihnen eher fremd?
- Was steht den Möglichkeiten, im Abendmahl Gemeinschaft zu erfahren, entgegen?
- Wie könnte eine Abendmahlsfeier aussehen, die Gemeinschaft erfahrbar macht und die Teilnehmenden stärkt und zueinander in Beziehung setzt?

4. Jesus – der Mensch wie er sein sollte: Phantasie und Gehorsam

Die Textzusammenstellung in **M4** geht aus von „dem Glaubenden", der gelernt hat, „ich" zu sagen, und fragt von dort zurück nach Jesus, um anschließend die Frage von Gehorsam und Phantasie zu thematisieren. Diese Texte Dorothee Sölles beschreiben Menschen, wie sie sein können, Menschen, die Ich sagen können, deren Gehorsam keine Heteronomie ist, sondern Ausdruck ihrer Autonomie, und deren Verhalten sich an der Phantasie für das Glück der Menschen orientiert.

Literatur zur Vorbereitung

D. Sölle, Phantasie und Gehorsam. Stuttgart 1968

Unterrichtsideen

Die Texte Sölles knüpfen an **M7a** und **M7b** des Bausteins II an. Von daher empfiehlt es sich, darauf zurückzugreifen. Dass Menschen gelernt haben, „ich" zu sagen, knüpft an den Gedanken der Taufe an, in der es um meine Identität geht. Gehorsam und Phantasie knüpfen an das Abendmahl an, in dem es um Gemeinschaft geht.

Bearbeitungsfragen/-aufgaben

- Wie denken Sie über dieses Jesusbild und die daraus abgeleitete Konsequenz, dass Glaubende Ich-starke Menschen sind?
- Welchem Verständnis von Gehorsam widerspricht Sölles Verständnis dieses Wortes?
- Aus welchen Gründen möchte wohl D. Sölle Tugenden nicht nur als Pflicht verstehen?
- Versuchen Sie sich das Zusammenleben von Menschen vorzustellen/auszumalen, in dem die Tugenden überflüssig werden, die unsere Phantasie nicht brauchen.

Haben wir einen Gotteskomplex?

Der lange Zeit als großartige Selbstbefreiung gepriesene Schritt des mittelalterlichen Menschen in die Neuzeit war im Grunde eine neurotische Flucht aus narzisstischer Ohnmacht in die Illusion narzisstischer Allmacht. Der psychische Hintergrund unserer so imposant scheinenden neueren Zivilisation ist nichts anderes als ein von tiefen unbewältigten Ängsten genährter infantiler Größenwahn.

5 Wie das Kind, das sich gewaltsam und illusionär selbst in eine allmächtige Elternfigur verwandelt, um seinen unverlässlichen Eltern nicht länger wehrlos ausgeliefert zu sein, trägt unsere Zivilisation seit damals zahlreiche Merkmale einer krampfhaften Selbstüberforderung. Der verunsicherten Beziehung zu Gott, die einen langen Prozess schmerzhafter Auseinandersetzung erfordert hätte, hat man sich durch Identifizierung entzogen.

10 Aber das durch diese Gleichsetzung erzeugte großartige Selbstbewusstsein ist stets trügerisch geblieben, und das auf die technische Naturbeherrschung fundierte Machtgefühl verleugnet seit je die tatsächliche infantile Abhängigkeit von eben dieser Natur, ohne deren Ressourcen ein Überleben der Menschheit undenkbar ist. Dies ist eben der Pferdefuß neurotischer Überkompensation: Da die Ohnmachtsangst nur durch unkritische Selbstüberschätzung, die passive Auslieferung nur durch

15 gewaltsame Überaktivität in Schach gehalten wird, hat sich eine verhängnisvolle Unfähigkeit fixiert, noch diejenigen natürlichen Abhängigkeiten zu registrieren und zu akzeptieren, welche die menschliche Existenz begrenzen. Aber es liegt eben im Wesen dieses unbewussten Ohnmacht-Allmacht-Komplexes, dass die Brüchigkeit des größenwahnsinnigen Selbstbildes so schwer durchschaubar werden kann. Nachdem die Gewissheit der Geborgenheit in Gott entfallen ist und das Ich nur noch in

20 seiner Selbstgewissheit und in der egozentrischen Naturbeherrschung Halt sucht, bleibt ihm nichts anderes übrig, als das illusionäre Moment dieser Selbstvergötterung zu verleugnen. [...]

Die Menschen sind unfähig zu akzeptieren, dass eben die Mittel, die bislang unumstritten zur unaufhörlichen Erweiterung unserer Selbstsicherheit tauglich sein sollten, nun auf einmal ganz anders bewertet werden müssen. Es ist eine mit der hintergründigsten neurotischen Dynamik verbundene

25 Paradoxie, dass den so lange idealisierten quantitativen Methoden in dem Augenblick nicht mehr vertraut werden kann, in dem diese beweisen, dass der Anspruch einer immer vollständigeren naturwissenschaftlich-technischen Inbesitznahme der Natur gleichbedeutend mit Selbstvernichtung ist. Die Angst, sich die seit dem Mittelalter nur verdrängte infantile Abhängigkeitsposition einzugestehen, ist fatalerweise momentan immer noch viel größer als die Angst, mit einem objektiv selbstmörderischen

30 Größenwahn unterzugehen. Das ist der Fluch dieses kollektiven Komplexes, des Ohnmacht-Allmacht-Komplexes, den man auch zusammenfassend als Gotteskomplex bezeichnen kann.

Die spektakulären Entdeckungen der naturwissenschaftlichen Ursachenforschung stützen von Anfang an das Verleugnungssystem, weil sie ja, anders als die Rezepte der mittelalterlichen Magie, tatsächlich viele unheimliche Naturprozesse durchschaubar machen. Begeistert von der Tragfähig-

35 keit der mathematischen Methode, vermag man sich – mit Descartes – fortan zu suggerieren, die intellektuelle Gewissheit mache eine Selbsttäuschung unmöglich. Die mathematische Logik trügt nie. Wenn man der „raison", der Vernunfterkenntnis, folge, so erklärt Malebranche, einer der bedeutendsten französischen Philosophen in der unmittelbaren Nachfolge des Descartes, verfüge man über das unendliche und unabhängige Prinzip, an welches auch Gott gebunden sei. ... Die Ver-

40 fügung über die „raison" garantiert dem Menschen, das ist die heimliche triumphale Folgerung, gottgleiche Unabhängigkeit und Macht. Der seit dem Mittelalter versteckt erhalten gebliebene Aberglaube bedingt die Illusion, durch praktische Ausnutzung der mathematischen Naturgesetze die eigene Endlichkeit überwinden zu können.

H. E. Richter 1979

Die einzige Richtschnur, „die heute originell ist: leben und sterben lernen und, um Mensch zu sein, sich weigern, Gott zu sein. ... Jeder sagt dem andern, er sei nicht Gott.

A. Camus 1953

Ein Mensch mittlerer Größe

Der verinnerlichte Gotteskomplex hat zwischen der Stufe der kindlichen Abhängigkeit und der Stufe des narzisstischen Übermaßes ein Vakuum gelassen. So haben sich die Menschen entweder immer nur ganz klein gesehen, was sie zu verdrängen versuchten, oder nur ganz groß, was sie sich eben mit Hilfe der Verdrängung einzubilden verstanden. Dazwischen konnte sich nicht das Selbstbild entfal-
5   ten, das für ein eigentliches gedeihliches Zusammenleben … das einzig Sinnvolle wäre: nämlich das Bild von Menschen mittlerer Größe, die sich in einer Gemeinschaft auf gleicher Stufe befinden, die ihre Freiheit in dieser Gemeinschaft und nicht gegen sie verwirklichen wollen und die ihre Abhängigkeit untereinander nicht als einseitige Unterdrückungsverhältnisse hassen oder fürchten müssen, sondern als sinnvolles symmetrisches Aufeinanderangewiesensein bejahen können.

H. E. Richter 1979

Die Weisheit der Religionen sagt: Der Mensch kann nur leben, wenn er sich in einem größeren Lebenszusammenhang versteht, über den er nicht verfügt. Diese Weisheit erschließt sich uns Heutigen nicht mehr dadurch, dass wir uns der Übermacht der Natur beugen müssen. Sie kann nur im Akt bewusster Selbstbegrenzung anerkannt werden.

W. Huber 1990

Taufe: Es geht um mich!

Das Sakrament der heiligen Taufe

Zum Ersten: Was ist die Taufe?

Die Taufe ist nicht allein schlicht Wasser, sondern sie ist das Wasser in Gottes Gebot gefasst und mit Gottes Wort verbunden.

Welches ist denn solch Wort Gottes?

Da unser Herr Christus spricht bei Matthäus im letzten Kapitel: Gehet hin in alle Welt, lehret alle Völker und taufet sie im Namen des Vaters und des Sohnes und des Heiligen Geistes.

Zum Andern: Was gibt oder nützt die Taufe?

Sie wirkt Vergebung der Sünden, erlöst vom Tode und Teufel und gibt die ewige Seligkeit allen, die es glauben, wie die Worte und Verheißung Gottes lauten.

Welches sind denn solche Worte und Verheißung Gottes?

Da unser Herr Christus spricht bei Markus im letzten Kapitel: Wer da glaubet und getauft wird, der wird selig werden; wer aber nicht glaubet, der wird verdammt werden.

Zum Dritten: Wie kann Wasser solch große Dinge tun?

Wasser tut's freilich nicht, sondern das Wort Gottes, so mit und bei dem Wasser ist, und der Glaube, so solchem Worte Gottes im Wasser trauet. Denn ohne Gottes Wort ist das Wasser schlicht Wasser und keine Taufe; aber mit dem Worte Gottes ist's eine Taufe, das ist ein gnadenreich Wasser des Lebens und ein Bad der neuen Geburt im Heiligen Geist;

wie Paulus sagt zu Titus im dritten Kapitel: Gott macht uns selig durch das Bad der Wiedergeburt und Erneuerung des Heiligen Geistes, welchen er ausgegossen hat über uns reichlich durch Jesus Christus, unsern Heiland, auf dass wir durch derselben Gnade gerecht und Erben seien des ewigen Lebens nach der Hoffnung. Das ist gewisslich wahr.

Zum Vierten: Was bedeutet denn solch Wassertaufen?

Es bedeutet, dass der alte Adam in uns durch tägliche Reue und Buße soll ersäuft werden und sterben mit allen Sünden und bösen Lüsten; und wiederum täglich herauskommen und auferstehen ein neuer Mensch, der in Gerechtigkeit und Reinigkeit vor Gott ewiglich lebe.

Wo steht das geschrieben?

Der Apostel Paulus spricht zu den Römern im sechsten Kapitel: Wir sind samt Christus durch die Taufe begraben in den Tod, auf dass, gleichwie Christus ist von den Toten auferweckt durch die Herrlichkeit des Vaters, also sollen auch wir in einem neuen Leben wandeln.

M. Luther

Abendmahl: Es geht um Gemeinschaft

Während bei der Taufe der Akzent auf der Begründung christlicher Identität liegt, geht es beim Herrenmahl primär um Gemeinschaft mit Christus und die Gemeinschaft der Getauften untereinander, formal gesehen also um den Aspekt der Sozialität. Dies ist in einer dreifachen Hinsicht zu entfalten.

5

Gemeinschaft mit Christus

Sie steht für das reformatorische Verständnis im Vordergrund: „Für euch gegeben und vergossen zur Vergebung der Sünden". Luther hat die Gemeinschaft zwischen Christus und den Glaubenden zu
10 verdeutlichen versucht mit Hilfe des Bildes von einem „Gütertausch" zwischen Christus und den Glaubenden: Er wählt für sich den Tod und schenkt ihnen das Leben. „Mein Leib": Er selbst für die Menschen, mit seiner ganzen Geschichte, seinem ganzen Sein. „Mein Blut": sein Leben, sein Sterben für sie, die Sünder.
　　Bei der von den neutestamentlichen Berichten her sich nahe legenden Gemeinschaft mit Jesus
15 Christus geht es natürlich zugleich um die Gemeinschaft mit dem dreieinigen Gott, die sich auch auf die geschöpfliche Wirklichkeit des Menschen bezieht. Durch die Gemeinschaft mit Gott in Christus wird die geschöpfliche Wirklichkeit der Glaubenden neu qualifiziert und vom Eschaton angerührt. Neben der Vergebung der Sünde gehört daher auch die Überwindung des Todes zur Gabe des Herrenmahls. Die von Ignatius von Antiochien gebrauchte Wendung, das Herrenmahl sei „Medizin
20 der Unsterblichkeit", war zwar missverständlich formuliert, spricht aber einen bedeutsamen Sachverhalt an. Nicht von ungefähr hat das Herrenmahl in der Sterbebegleitung einen wichtigen Ort. In seiner Beziehung auf die gesamte psychosomatische Wirklichkeit des Glaubenden gewinnt es seine spezifische therapeutische Kraft auch jeweils innerhalb der betreffenden Situation, in der es gefeiert wird. Eine verfolgte Gemeinde in Asien oder Afrika wird die Gemeinschaft mit ihrem Herrn anders
25 wahrnehmen als eine äußerlich unangefochtene Konfirmandengruppe in Mitteleuropa.

Gemeinschaft der Glaubenden untereinander

30 Indem sich Jesus Christus in Brot und Wein den Glaubenden vergegenwärtigt, schafft er auch unter diesen selbst eine neue Beziehung. Sie wird durch seine heilvolle Gegenwart konstituiert, nicht etwa durch gruppendynamische Prozesse, obgleich sie Auswirkungen gruppendynamischer Natur durchaus hat. … Luther hat den sozialen Aspekt des Herrenmahls in seinem Abendmahlssermon von 1519 zur Geltung gebracht, wo er schildert, wie die Glaubenden zu einem Brot zusammengebacken
35 und aus vielen Trauben zu einem Trank zusammengekeltert werden. Die Liturgie macht diesen Aspekt durch den Ritus des Friedensgrußes deutlich.
　　Es geht dabei aber um die Gemeinschaft nicht nur der aktuell Kommunizierenden, sondern um die spirituelle Verbindung mit der weltweiten Christenheit, die sich auch in konkreten Partnerschaften und gegenseitigen Hilfsaktionen reproduzieren wird. Liturgie und Diakonie finden so ihre direkte
40 Entsprechung. Christen und Christinnen in aller Welt können und sollen sich gegenseitig in Anspruch nehmen – auf materieller, geistiger und spiritueller Ebene.
　　Die Nähe zum auferstandenen, im Mahl sich vergegenwärtigenden Herrn bewirkt eine innere Verbindung zu allen, denen er nahe ist – der Tod kann dabei keine entscheidende Grenze darstellen. Wer am Herrenmahl teilnimmt, weiß sich zusammengehörig mit allen, die je im Laufe der Geschichte den
45 Weg des Glaubens gegangen sind. In der Gemeinschaft, die durch das Herrenmahl konstituiert wird, verbinden sich die Lebenden mit den Vollendeten, vereinigt sich die irdische Gemeinde mit allem, was Gott preist durch Christus, „durch welchen deine Majestät loben die Engel, anbeten die Herrschaften, fürchten die Mächte; durch welchen die Himmel und aller Himmel Kräfte samt den seligen Seraphim mit einhelligem Jubel dich preisen …".

Im Herrenmahl ereignet sich wenigstens ansatzweise der Anbruch der neuen Welt. Was die Gemeinschaft mit Gott und die Gemeinschaft zwischen den Menschen stört, hat keine Zukunft. In Christus beginnt die neue Wirklichkeit. Die um den Tisch des Herrn versammelte Gemeinde ist, so armselig sie aussehen mag, im Kern die neue Menschlichkeit. Damit verbindet sich die Absage an die Gesetze des alten Äons; das Herrenmahl ist ein „Mahl wider aller Apartheid". Seine therapeutische Kraft wirkt sich aus auf den Einzelnen, auf die Gemeinde und von da auf die säkulare Gesellschaft und auf den gesamten Oikos. Die Materie ist gewürdigt, der heilvollen Vergegenwärtigung Jesu Christi zu dienen: Eine umfassende, über die Grenzen der Christenheit, ja des Menschlichen hinausgreifende Sozialität alles Seienden kommt in den Blick.

Auch die außermenschliche Kreatur wird in die Gemeinschaft des neuen Äons einbezogen.

Das Herrenmahl ist, so gesehen, ein kosmisches Geschehen, Anbruch der Integration von allem Erlösungsbedürftigen in Christi Leib, in Gottes Reich.

H. M. Barth 2001

Jesus – der Mensch wie er sein sollte: Phantasie und Gehorsam

Ich sagen

Der Glaubende ist ein Mensch, der gelernt hat, „ich" zu sagen ohne Überheblichkeit, die eine Form der Angst ist, mit einer Gewissheit, die man an Jesus von Nazareth ablesen kann, von dem nicht
5   zufällig so viele Worte überliefert sind, die sein Ichsagen bezeugen: „Ich" vergebe dir deine Sünde, „ich" sage dir, stehe auf, „ich" rufe dich, komm mit – bis zu den großen Antithesen der Bergpredigt, wo Jesus sein „ich aber sage euch" gegen die religiös gegründete und geheiligte Autorität des Moses stellt, oder bis zu den Worten, die der 4. Evangelist Jesus sprechen lässt und die ebenfalls in nicht überbietbarer Weise „Ich bin" sagen. Ich bin das Brot, das Wasser, das Licht, das Leben.
10   Diese Worte sind von einer vollständigen Furchtlosigkeit getragen, nicht nur den Mächtigen gegenüber, die Jesus solcher Reden wegen verurteilten, sondern auch allen verinnerlichten Formen der Macht gegenüber, die uns von unserer Kindheit an begleiten und unsere Lebensfähigkeit, unseren Mut, unsere Hoffnung verstümmeln. In dieser Art „ich" zu sagen, erscheint Jesus als der nicht-verstümmelte Mensch, dem nicht Gewalt angetan wurde, bis er sich unterwarf, der nicht gebeugt,
15   gezähmt, gebrochen und angepasst wurde. Jesus hat etwas von dem Jungen im Märchen, der auszog, das Fürchten zu lernen, nur dass er es bis in den Tod hinein nicht lernte und andere noch in sein Furchtloswerden hineinzog. Diese Art zu leben setzt ein Ich voraus, das nicht mehr in den Spannungen zwischen Überich und Es kleingedrückt wird, sondern das diese Spannungen als die eigenen begreift, annimmt, integriert. ...
20   Wie kommt es aber, dass Jesu Ich so stark war? Woher nahm er seine Furchtlosigkeit? Worin beruhte sein Geheimnis? Verehrte Hörer, ich werde mich hüten, Ihnen hier mit den theologischen Antworten, die sich einigermaßen nahe legen, zu kommen. Diese großen Vokabeln wie Vollmacht oder Gottessohnschaft erklären nichts. Ich kann das Geheimnis Jesu nur verstehen, wenn ich es teile. Ich kann die Furchtlosigkeit nur dann Gnade nennen, wenn ich selber furchtlos geworden bin.
25   Ich kann vom Sohn des lebendigen Gottes nur sprechen, wenn er mein Bruder geworden ist, das heißt, dass ich das gleiche genieße, was er genießt: die gleichen Rechte und das gleiche Glück.

D. Sölle 1971

Neue Tugenden der Phantasie

Es ist ein ethisches System denkbar, in dem alle Tugenden, die unsere Phantasie nicht brauchen, überflüssig werden. Der Gehorsam wird abgelöst, Ordnung, Pünktlichkeit, Sauberkeit, Sparsamkeit
5   und Fleiß – um nur einige Gehorsamstugenden zu benennen – werden nur noch dort Sinn haben, wo sie im Dienst der Einfühlung in den anderen Menschen stehen.
Pünktlichkeit gilt nicht als solche für gut, aber die Phantasie weiß, wie Unpünktlichkeit in bestimmten Situationen verletzen kann.
Unordnung ist kein Unglück, aber sie kann unsere Spannkraft und Wachheit störend aufhalten.
10   Sie kann Zeit fortnehmen, ja sie kann das Strahlende, das ein Mensch haben kann, verdunkeln.
Es ist ein ethisches System denkbar, in dem sich alle Tugenden auf Phantasie gründen. Ich nenne einige dieser neuen Tugenden, die gerade für das nahe Zusammenleben der Menschen im privaten Bereich wichtig werden: die Toleranz und der Humor, der gerechte Zorn und die Einfühlung, die Initiative und die Beharrlichkeit einer produktiven Vorstellungskraft.

D. Sölle 1968

C Lernerfolgsüberprüfungen
Klausur

Das ist die christologische Frage: das Verhältnis Jesu zu Gott. Hier erreicht die Gottesfrage ihre letzte Tiefe: Die letzte Tiefe? Haben nicht gerade hier besonders viele Menschen heute Schwierigkeiten? Jesus? Ja! Gott? Nun gut! Aber Gottes Sohn? Sind das nicht alles mythologische Vorstellungen, für das moderne Denken schlechterdings nicht mehr nachvollziehbar? Fürchten die einen die Wieder-
5 holung der alten Bekenntnisformeln, die sie nicht mehr verstehen, so die anderen die Abschaffung jener Formeln, an die sie immer geglaubt haben.

Dass die frühe Christenheit den auferweckten Jesus an Gottes Seite sah – „sitzend zur Rechten des Vaters" –, das hatte durchaus ernsthafte Gründe. Denn nach alter orientalischer Sitte ist der, der zur Rechten des Königs sitzt oder steht, sein Sohn oder Stellvertreter. Und genau als dieser erschien
10 er jetzt seiner Gemeinde, er, der schon zu seinen Lebzeiten aus einer letztlich unerklärlichen Gottes-erfahrung, Gottesgegenwart, Gottesgewissheit, ja Einheit mit Gott, seinem Vater, heraus geredet und gehandelt hatte und der jetzt zu Gott „erhöht" ist.

Nach der Erfahrung, dem Widerfahrnis der Auferweckung Jesu, war der Gemeinde tatsächlich kein Titel zu hoch, als dass sie ihn nicht seiner würdig erachtet hätte: Menschensohn, Herr, Messias,
15 Christus, Davidssohn, Gottesknecht, Heiland, Gottessohn, Gotteswort – über 50 verschiedene Namen werden für ihn im Neuen Testament gebraucht. Die Entscheidung für oder gegen das Gottes-reich, zu der er in seinem irdischen Leben herausgefordert hatte, wurde nun zu einer Entscheidung für oder gegen den, der ins Gottesreich bereits eingegangen war und es verkörperte. Aus dem zum Glauben Rufenden wurde der Inhalt des Glaubens, aus dem Evangelium Jesu das Evangelium von
20 Jesus als dem Christus. Man glaubte nun nicht mehr nur wie er, man glaubte an ihn.

H. Küng, Wie heute von Gottes Sohn gesprochen werden kann. 2000

Arbeitsaufträge

1. Geben Sie Küngs Gedankengang in eigenen Worten wieder und gehen Sie insbesondere auf die Differenz von Jesus von Nazareth und Jesus Christus ein.
2. Erläutern Sie das Verhältnis Jesu zu Gott anhand ausgewählter theologischer Konzepte, die Ihnen bekannt sind.

3. Diskutieren Sie die Differenz zwischen dem „Glauben wie Jesus" und dem „Glauben an Jesus" auf dem Hintergrund Ihrer Kenntnis jüdischer Überlegungen zu Jesus Christus.
4. Nehmen Sie kritisch Stellung zu Küngs Überlegungen.

Mündliche Abiturprüfung

Zweiter Artikel des Apostolikums

Ich glaube ... an Jesus Christus,
seinen eingeborenen Sohn, unsern Herrn,
empfangen durch den Heiligen Geist,
geboren von der Jungfrau Maria,
gelitten unter Pontius Pilatus,
gekreuzigt, gestorben und begraben,
hinabgestiegen in das Reich des Todes,
am dritten Tage auferstanden von den Toten,
aufgefahren in den Himmel;
er sitzt zur Rechten Gottes,
des allmächtigen Vaters;
von dort wird er kommen,
zu richten die Lebenden und die Toten.

Zweiter Artikel des Credo in einer modernen Übertragung

Ich glaube an Jesus, Christus, geboren als Mensch,
als Angehöriger des jüdischen Volkes.
Beispiel radikal gelebter und gelehrter Liebe,
der Liebe und Barmherzigkeit Gottes allen Menschen gegenüber,
unabhängig von ihrer Herkunft und ihrem bisherigen Leben.
Wegen dieser seiner Botschaft der Liebe verkannt, verlassen
und schließlich wie ein Rebell von den Römern gekreuzigt.
Jesus, ein Symbol für die Inkarnation Gottes im Menschen,
Symbol für das Leiden Gottes mit dem Menschen,
Symbol für das Ende des Leidens, Sieg über Tod und Verzweiflung
sowie die Hoffnung und Gewissheit eines Neubeginns inmitten der Nacht.

Margitta Dillenardt, 2000

Arbeitsaufträge

1. Beschreiben Sie Inhalt und Stil der beiden Bekenntnisse im Vergleich.
2. Benennen Sie zentrale Gemeinsamkeiten und Differenzen der beiden Bekenntnisse.
3. Wie lässt sich theologisch die Vielfalt möglicher Jesus-Bilder und Bekenntnisse zu Jesus begründen?
4. Nehmen Sie kritisch – zustimmend und/oder ablehnend – und begründet zu einzelnen Aussagen der beiden Bekenntnisse Stellung.

Vorschlag für eine Facharbeit

Christologische Vielfalt

Arbeitsaufträge

1. Zeichnen Sie die Ihrer Ansicht nach am weitesten auseinander liegenden neutestamentlichen christologischen Entwürfe nach und erläutern Sie deren jeweiligen sozial- und religionsgeschichtlichen sowie theologischen Hintergrund.
2. Zeichnen Sie die Ihrer Ansicht nach am weitesten auseinander liegenden gegenwärtigen christologischen Entwürfe, die Sie kennen, nach und versuchen Sie, deren sozial- und religionsgeschichtlichen sowie theologischen Hintergrund anzugeben.
3. Was bedeutet die Vielfalt neutestamentlicher und gegenwärtiger christologischer Entwürfe unter hermeneutischen Gesichtspunkten hinsichtlich des Verständnisses Jesu?
4. Was bedeutet die Vielfalt neutestamentlicher und gegenwärtiger christologischer Entwürfe für Ihren eigenen Glauben und Ihr Verständnis Jesu Christi?

Arbeitsmaterial

Das vorliegende Unterrichtskonzept und davon ausgehend theologische Literatur.

Quellenverzeichnis

S. 21: © Annedore Klinksiek, Frankfurt.

S. 22: Marie Luise Kaschnitz, in: Gedichte [vergriffen], Claasen Verlag in der Ullstein Buchverlage GmbH, Berlin.

S. 22: Robert Gernhardt, „Choral", aus: ders., Lichte Gedichte, © Robert Gernhardt 1997. Alle Rechte vorbehalten S. Fischer Verlag GmbH, Frankfurt am Main.

S. 36: K. Barth, KD II/2, Evangelischer Verlag AG, Zürich 1959, S. 56f.

S. 36: K. Barth, Dogmatik im Grundriss, Evangelischer Verlag AG, Zürich 1947, S. 73f.

S. 36: K. Barth, KD IV/1, Evangelischer Verlag AG, Zürich 1960, S. 8.

S. 37: K. Barth, KD II/2, Evangelischer Verlag AG, Zürich 1959, S. 101, 177, 181f.

S. 37: K. Barth, Die Menschlichkeit Gottes, Evangelischer Verlag AG, Zürich 1956, S. 10f., 15, 18, 22.

S. 38: P. Tillich, Religiöse Reden. Band II: Das Neue Sein, Evang. Verlagswerk, Stuttgart 1959, S. 73f.

S. 39f.: D. Bonhoeffer, Ethik, © Chr. Kaiser/Gütersloher Verlagshaus GmbH, Gütersloh.

S. 40: D. Bonhoeffer, Widerstand und Ergebung, © Chr. Kaiser/ Gütersloher Verlagshaus GmbH, Gütersloh.

S. 42: G. Ebeling, Das Wesen des christlichen Glaubens, Siebenstern, 2. Aufl. München u.a. 1965, [Mohr, Tübingen 1959], S. 41, 47, 49-51, 66 [Auszug].

S. 42f.: H. Gollwitzer, in: H. Spaemann (Hg.), Wer ist Jesus von Nazareth – für mich?, Kösel, München 1973, S. 21ff.

S. 43: H. Gollwitzer, Befreiung zur Solidarität. Einführung in die evangelische Theologie. © Chr. Kaiser/Gütersloher Verlagshaus GmbH, Gütersloh [Auszug].

S. 44f.: F.-W. Marquardt: Das christliche Bekenntnis zu Jesus, dem Juden. Eine Christologie. Band 2, © Chr. Kaiser/Gütersloher Verlagshaus GmbH, Gütersloh [Auszug].

S. 46f.: D. Sölle, Wählt das Leben, Kreuz, Stuttgart u.a. 1980, S. 95–97, 104–109 [Auszug].

S. 47f.: D. Sölle, Fantasie und Gehorsam, Kreuz, Stuttgart/Berlin 1968, S. 63, 65, 66f., 79, 71 [Auszug].

S. 48: D. Sölle, Politische Theologie, Kreuz, Stuttgart 1982, S. 193f.

S. 49f.: L. Schottroff, Befreiungserfahrungen. Studien zur Sozialgeschichte des Neuen Testaments. © Chr. Kaiser/Gütersloher Verlagshaus GmbH, Gütersloh [Auszug].

S. 51: K. Barth, KD III/2, 540f. Evangelischer Verlag AG, Zürich 1959 [Auszug].

S. 52: R. Bultmann, Kerygma und Mythos I, H. Reich / Evang. Verlag, Hamburg 1967, S. 42–44, 46f., [Auszug].

S. 52: W. Marxsen, Die Auferstehung Jesu als historisches und als theologisches Problem, © Chr. Kaiser/Gütersloher Verlagshaus GmbH, Gütersloh [Auszug].

S. 53f.: W. Pannenberg, Systematische Theologie. Band 2, Vandenhoeck & Ruprecht, Göttingen 1991, S. 385–402 [Auszug].

S. 55f.: L. Schottroff, Befreiungserfahrungen. Studien zur Sozialgeschichte des Neuen Testaments, © Chr. Kaiser/Gütersloher Verlagshaus GmbH, Gütersloh [Auszug].

S. 57f.: H. M. Barth, Dogmatik. Evangelischer Glaube im Kontext der Weltreligionen, © Chr. Kaiser/Gütersloher Verlagshaus GmbH, Gütersloh [Auszug].

S. 66f.: G. Theißen, A. Merz, Der historische Jesus: ein Lehrbuch, Vandenhoeck & Ruprecht, Göttingen 1997, S. 41–48, 51, 89f., 122 [Auszug, teils wörtliche Übernahme, teils Zusammenfassungen].

S. 68: H. Braun, Jesus – Der Mann aus Nazareth und seine Zeit, © Kreuz Verlag, Stuttgart 1969 und 1984, S. 39f.

S. 69f., 73f., 75: J. Roloff, Jesus, Beck Wissen in der Beck'schen Reihe Nr. 2142, Verlag C.H. Beck – ISBN 3-406-447422.

S. 71f.: E. Schweizer, Jesus, das Gleichnis Gottes: was wissen wir wirklich vom Leben Jesu? Vandenhoeck & Ruprecht, 2. Aufl. Göttingen 1996, S. 77-81.

S. 83, 86, 143: Lutherbibel, revidierter Text 1984, durchgesehene Ausgabe in neuer Rechtschreibung, © 1999 Deutsche Bibelgesellschaft, Stuttgart.

S. 91: D. Sölle, Ich will nicht auf tausend Messern gehen. Gedichte, dtv 10651, München 1986, S. 24f.

S. 91f.: M. Backes, M. Marx, I. Behl, E. Wegmann in: P. Rosien, Mein Credo. Band 1, Publik Forum, Oberursel 1999, S. 28f., 35, 41, 75.

S. 101: E. Mveng, in: H.-R. Weber, Und kreuzigten ihn, Vandenhoeck & Ruprecht, Göttingen 1980.

S. 102: K. Kosaka, in: H.-R. Weber, Und kreuzigten ihn, Vandenhoeck & Ruprecht, Göttingen 1980.

S. 103: R. Zapata, in: H.-R. Weber, Und kreuzigten ihn, Vandenhoeck & Ruprecht, Göttingen 1980.

S. 104f.: E. Pénoukou, in: Yvette Aklé / Francois Kabasélé / Cécé Kolién (Hg.), Der schwarze Christus, © Verlag Herder, Freiburg im Breisgau 1989.

S. 106: V. Küster, Die vielen Gesichter Jesu Christi. Christologie interkulturell, Neukirchner Verlag Neukirchen-Vluyn 1999, S.65–67 [Auszug].

S. 107: J.-J. Ela, Mein Glaube als Afrikaner, © Verlag Herder, Freiburg im Breisgau 1987.

S. 108f., 110: C. Valluvassery, Christus im Kontext und Kontext in Christus. Chalcedon und indische Christologie bei Raimon Panikkar und Samuel Rayan, LIT, Münster 2001, S. 86–90, 102–104.

S. 111: L. A. de Silva, Mit Buddha und Christus auf dem Weg, © Verlag Herder, Freiburg im Breisgau 1998.

S. 112, 113: Leonardo Boff, Jesus Christus, der Befreier, © Verlag Herder, Freiburg im Breisgau 1986.

S. 114: J. Sobrino in: I. Ellacuría / J. Sobrino (Hg.), Mysterium Liberationis. Grundbegriffe der Theologie der Befreiung, Bd 1, Edition Exodus, Luzern 1995, S. 584f.

S. 115: Ökumenische Vereinigung... in: Von Gott reden im Kontext der Armut, © Verlag Herder, Freiburg im Breisgau 1999.

S. 122f.: P. Lapide in: H. Küng / P. Lapide, Jesus im Widerstreit. Ein jüdisch-christlicher Dialog, Calwer / Kösel, Stuttgart / München 1976, S. 7–9, 12–14, 23f., 25f., 46f., 48f. [Auszug].

S. 124: P. Lapide, Wurde Gott Jude? Vom Menschsein Jesu, Kösel, München 1987, S. 61–63.

S. 125: Sch. Ben-Chorin, Bruder Jesus. Der Nazarener in jüdischer Sicht, © 1986 by List Verlag der Ullstein Buchverlage GmbH, Berlin

S. 128f.: M. M. Ayoub in: „The Muslim World", LXVL, 1976, S. 187, S. 165.

S. 130: T. Nhat Hanh, Buddha und Christus heute. Verbindende Elemente von Buddhismus und Christentum, Goldmann, 2. Aufl. München 1999, S. 57–59, 77f., 80f.

S. 131f.: T. Nhat Hanh, Dialog der Liebe. Jesus und Buddha als Brüder. © Verlag Herder, Freiburg im Breisgau 2000.

S. 133: T. Nhat Hanh, Meditationen zu „Lebendiger Buddha, lebendiger Christus", Goldmann, München 2001, S. 52, 28, 29, 10.

S. 134f.: M. Machovec, Jesus für Atheisten, © Chr. Kaiser/Gütersloher Verlagshaus GmbH, Gütersloh [Auszug].

S. 141, 142: H. E. Richter, Der Gotteskomplex, Rowohlt, Reinbek 1979, S. 29–31, 218.

S. 142: W. Huber, Konflikt und Konsens, © Chr. Kaiser/Gütersloher Verlagshaus GmbH, Gütersloh.

S. 144f.: H. M. Barth: Dogmatik. Evangelischer Glaube im Kontext der Weltreligionen, © Chr. Kaiser/Gütersloher Verlagshaus GmbH, Gütersloh.

S. 146: D. Sölle, Das Recht, ein anderer zu werden. Luchterhand, Neuwied/Berlin 1971, S. 32–41 [Auszug].

S. 146: D. Sölle, Fantasie und Gehorsam. Kreuz, Stuttgart 1968, S. 68.

S. 147: H. Küng, Wie heute von Gottes Sohn gesprochen werden kann, in: H. Pawolowski (Hg.), Mein Credo. Bd. 2, Publik Forum, Oberursel 2000, S. 138f.

S. 149: Margitta Dillenardt, in: H. Pawolowski (Hg.), Mein Credo. Bd. 2, Publik Forum, Oberursel 2000, S. 55.

Innovative Unterrichtskonzepte

Die neue Reihe: TLL Thema

Thematische Schwerpunkte und innovative Zugänge.
Praxisorientierte Unterrichtsentwürfe und Kopiervorlagen

Wolfgang Fenske
Ein Mensch hatte zwei Söhne
Das Gleichnis vom verlorenen Sohn in Schule und Gemeinde
TLL Thema. 2003. 160 Seiten mit 1 Abbildung, kartoniert
ISBN 3-525-61552-3

Zugänge zu den großen Fragen des Lebens: Wer ist
Gott? Was zählt im Leben?

Ruth B. Bottigheimer
Eva biss mit Frevel an
Rezeptionskritisches Arbeiten mit Kinderbibeln in Schule
und Gemeinde
Übersetzt und für den Religionsunterricht in Deutschland
bearbeitet von Martina Steinkühler.
TLL Thema. 2003. 181 Seiten mit 29 Abbildungen, kartoniert
ISBN 3-525-61551-5

Die kritische Auseinandersetzung mit Kinderbibeln hilft Kindern und Jugendlichen, eigene
Positionen zu finden und Sinn zu entdecken.

Dieter Schupp
Muss ich Jesus gut finden?
Neue Zugänge zu Jesus in Schule und Gemeinde
TLL Thema. 2003. 125 Seiten mit Kopiervorlagen, kartoniert
ISBN 3-525-61553-1

23 Begegnungen des kritischen Jüngers „Jossi" mit
Jesus – Texte aus der Perspektive des Zweiflers.

Gerhard Jüngst / Ilka Kirchhoff / Manfred Tiemann
Es ging ein Engel durch den Raum
Engelsbotschaften verstehen in Schule und Gemeinde
TLL Thema. 2003. 190 Seiten, zahlr. Abbildungen, kartoniert
ISBN 3-525-61554-X

Wie kann man Engel im Unterricht lebensrelevant
zum Thema machen?

Werner H. Ritter / Margarete Pohlmann (Hg.)
Gut oder Böse?
Urteilsbildung in Schule und Gemeinde
TLL Thema. 2004. 198 Seiten mit 7 Abbildungen, 10 Grafiken,
kartoniert
ISBN 3-525-61555-8

Aus verschiedenen Perspektiven wird die gängige
Rede von „Gut und Böse" auf theologisch fundier-
tem Hintergrund konturiert.

Inge Kirsner / Michael Wermke (Hg.)
Gewalt – Filmanalysen
für den Religionsunterricht
2004. 187 Seiten, kartoniert
ISBN 3-525-61487-X

Bilder der Gewalt in neueren Filmen: Wie funktionieren sie, welche Botschaften transportieren sie,
wie geht man verantwortlich mit ihnen um?

Entscheidend ist, dass Jugendliche – auch und
gerade im Religionsunterricht – lernen, Filme zu
‚lesen', zu hinterfragen und z.B. Verherrlichungs-
techniken zu durchschauen.

Religionsunterricht praktisch
Unterrichtsentwürfe und Arbeitshilfen
für die Sekundarstufe II.
Herausgegeben von F. Büchner, M. Wermke und B. Zweigle

Albrecht Geck
Ist der Mensch noch zu retten?
Kirche auf dem Weg ins 21. Jahrhundert
2003. 159 Seiten mit zahlreichen Abbildungen und Kopiervorlagen, DIN A4, kartoniert
ISBN 3-525-61415-2

Der Mensch in der Moderne fordert die Kirche in
ihrer historisch gewachsenen Gestalt zu Aktualisierungen heraus: Ausgangspunkt des Bandes sind
Alltagserfahrungen der Schüler*innen*. Sie werden
mit Grundgedanken christlicher Anthropologie
und Ekklesiologie ins Gespräch gebracht.

Mirjam Zimmermann / Ruben Zimmermann
Die Bibel – Vom Textsinn zum Lebenssinn
2003. 148 Seiten mit zahlreichen Abbildungen und Kopiervorlagen, DIN A4, kartoniert
ISBN 3-525-61416-0

„Im Blick auf das Bibelverständnis geht es darum,
das eng begrenzte Wahrheitsverständnis der Schülerinnen und Schüler zu entgrenzen, um so die
Voraussetzungen zu schaffen, die Wahrheit der
Bibel neu zu entdecken." (Mirjam Zimmermann)

V&R

Vandenhoeck
& Ruprecht